中国古代名医的智慧

付 辉 于少泓 牟道玉 主编

山东大学出版社

图书在版编目(CIP)数据

中国古代名医的智慧/付辉，于少泓，牟道玉主编.
—济南：山东大学出版社，2020.5
ISBN 978-7-5607-6629-4

Ⅰ.①中…　Ⅱ.①付…　②于…　③牟…　Ⅲ.①中医师一生平事迹一中国一通俗读物　Ⅳ.①K826.2-49

中国版本图书馆 CIP 数据核字(2020)第 094449 号

责任编辑　王文珺
封面设计　牛　钧

出版发行　山东大学出版社
社　　址　山东省济南市山大南路 20 号
邮政编码　250100
发行热线　(0531)88363008
经　　销　新华书店
印　　刷　山东和平商务有限公司
规　　格　720 毫米×1000 毫米　1/16
　　　　　13.75 印张　254 千字
版　　次　2020 年 5 月第 1 版
印　　次　2020 年 5 月第 1 次印刷
定　　价　55.00 元

《中国古代名医的智慧》
编委会

主　　编　付　辉　于少泓　牟道玉

副 主 编　马丽虹　英振昊　刘巨海　黄　涛

编委会委员　丁　懿　郭琛琛　王　宁　崔　滢
董　戌　尹燕燕　朱巍明

绪 论

中国是一个历史悠久的文化古国,光辉灿烂的中华文明孕育了丰富多彩的中医药文化,承载着中国古代人民同疾病做斗争的经验和理论知识。中国历史上涌现过众多著名医家,他们不仅有高超的医术、深厚的文化底蕴,也有高尚的医德、独特的人格魅力。本书通过讲述这些名医的成长经历及其经典故事,为读者敞开一扇大门,走进古代名医的内心世界,体会其为人处世的宗旨和中国传统医学背后的秘密。

提到中国传统文化与医学,就不得不提到"中"字。"中"在甲骨文中写作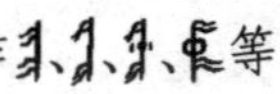等,代表的是两面旗帜的中央位置。"中"字代表着中国古代的"中和"思想,正如《礼记·中庸》中所说:"喜怒哀乐之未发,谓之'中'。发而皆中节,谓之'和'。中也者,天下之大本也。和也者,天下之达道也。致中和,天地位焉,万物育焉。"也就是说,在喜、怒、哀、乐等情感发生之前平静淡然的状态,称为"中";感情发生后,能够自我调节,不失控,称为"和"。"中"是天下事物变化的根本,"和"是天下事物变迁的原则。能够完全达到"中和"的境界,天地便可安居正位,万物则可顺利生长。"中"即中正、不偏不倚。

中国传统文化的"中"字是天下万物变幻的关键。"中"不仅仅是自然变化、社会变迁的根本道理,也是为人处世的原则。在地域方面来说,"中"指中原地带。在先秦以前,华夏族人自认为其居住的地方是"天下之中",所以把当时华夏族生活的地区称为"中国",而把周围其他民族的居住地分别称为蛮、戎、夷、狄(东夷、西戎、南蛮、北狄)。天体方面的"中"则是指北极星，也是神的化身。“中”也约束人的思想行为，使其不能过激，也不能过于颓废。

在医学中，“中”字也有着非常重要的地位。比如阴阳、五行失去平衡，“中”的状态被打破，则人体会产生相应的疾病；治疗疾病时，则需要重构人体的平衡，也就是“中”。中医理论中的“平衡阴阳”与“扶正祛邪”的根本治则，其实是调整人的身体，使其达到“中”的健康状态。

谈起医学的起源，我们从汉字“医”的原始写法中可见端倪。

医字分别有“醫”“毉”两种写法。其中，“醫”字由“匚”“矢”“殳”“酉”四部分组成，“匚”代表一栋房子，“矢”代表箭，“殳”代表大木头，也是古代军队攻城时用来撞击城门的一种有尖头的兵器，“酉”代表酒坛子，引申为古代外科手术用的麻醉剂。因此，“醫”字表示医生使用用酒调制成的麻药把病人灌醉，然后以针、锥、刀、剪、凿等医疗器械为病人做手术，把箭等病灶除掉。实际上，在远古时期，人类与自然环境及野兽做斗争，外科疾病也相对比较多，治疗经验比较发达。在上古时期，黄帝的臣子中有众多名医，其中俞跗是非常著名的外科医生，他治病通常不用汤药、针灸、按摩，而是以用刀划开皮肤，解剖肌肉，结扎筋脉等手术治疗为主。传说一次俞跗看病归来听到哭声，一问方知邻居的孩子暴毙。他急忙到死者家里，问清孩子死前的情况后，感觉死者有异，忙叫人将“尸体”抬来，脱去衣服，用刀剖开其腹腔查找病灶，发现过多未熟之肉堵塞肠道。俞跗立刻取出肉食，清洗肠道，缝合伤口，然后将一些草药塞入“死者”鼻腔，之后不过半日，“死者”复生。当时人们称赞俞跗“出丧的灵车能返回，要埋的死人能复活”。正因为俞跗在外科方面杰出的成就，在他晚年时，黄帝派仓颉、岐伯、雷公三人整理他的医术。这也是“醫”字在创造之初为什么以外科为主的原因。不幸的是，在这本书尚未面世时，仓颉去世，俞跗的儿子俞执将此书带回交给俞跗修订，而俞跗在夜间手术时不小心打翻火烛导致火灾，俞跗、俞执葬身火海，房子、书都化为灰烬，相关外科技术也失传。

“医”字的另外一种写法是“毉”——上“殹”下“巫”。上古时期医学本源于巫，《山海经·海内西经》中记载：“开明东有巫彭、巫抵、巫阳、巫履、巫凡、巫相，夹窫窳之尸，皆操不死之药以距之。”并有对诸巫医的记载：“有灵山，巫咸、巫即、巫肦、巫彭、巫姑、巫真、巫礼、巫抵、巫谢、巫罗十巫，从此升降，百药爰在。”（《山海经·大荒西经》）其中，巫彭乃黄帝臣，历史上有“巫彭初作医”的记载，巫彭也被尊为中国医学的发明者，他除了用巫术为人治病外，还用药物知识治疗疾病；巫咸是尧之臣，占卜的创始者，相传巫咸以巫祝的方法治疗疾病，能延长人之福气，治愈人的疾病；师巫相传曾写了《小儿颅囟经》，能判断小儿的疾病生死，是小儿科的鼻祖。后来，巫、医从同源走向分离。中国医学的演进，开始于巫，接着是巫和医混合，然后巫和医又分离开来。

秦汉是中国医学的第一次发展高峰时期，以伤寒、杂病和外科最为突出的临床医学的发展达到了前所未有的水平。三国两晋南北朝期间，中国社会长期处于动乱割据的状态，医学在脉学、针灸学、药物方剂学、伤科、养生保健学等方面取得了成果，为医学的全面发展积累了经验。隋唐时期是中国医学发展史上的第二次发展高峰时期，这一时期国家重归安定，国力强盛，文化繁荣，形成了空前的辉煌，中国医学在这一时期也得到了全面的发展，医学家们在各自的研究领域获得了更为丰富的成果。北宋、南宋是中国医学发展的重要时期，这一时期的政府对医药的重视促进了医药的迅速发展。北宋政府组织人员编纂方书和本草，设立校正医书局，铸造针灸铜人，改革医学教育，设立惠民局、和剂局、安剂坊、养济院、福田院等，有力地促进了医药卫生的进步。两宋时期是北方少数民族与汉族的文化大融合时期，是中国医学史上学派争鸣、民族医学奋起的一个辉煌的时期，为多源一体化的中国传统医学注入了新的活力，中国传统医学呈现了蓬勃的生机。至明代，医药学发展出现革新趋势，在探究传染病病因、创造人痘接种预防天花、中药学研究等方面进入新的层次，中外医药的交流范围已达亚、欧、非的许多国家与地区。中学的输出、西学的东渐，使中外医学文化在交流接触中互惠受益。清代，中国医学进入普及与升华发展的时期，在这一时期，有王清任躬身于人体解剖，著有《医林改错》，反映了中国医界大胆革命论者的开拓进取精神。

中医的称呼开始于明清时期，当西方医学传入中国后，为了区分两者，开始有“中医”的称呼。在西方医学没有传入我国以前，中国传统医学从业者基本不叫“中医”这个名字，而是有其独特的称谓。

第一个名字为“岐黄”，“黄”是黄帝，“岐”是他的臣子岐伯。岐黄之术源于我国上古时期，其标志性典籍是《黄帝内经》。上古黄帝时期名医很多，有精于医术医理的岐伯，擅长经脉治疗的伯高，以五行运气疗疾的鬼臾区，精于针灸的少俞，擅长本草药理的桐君，擅长体质之论的少师，用巫术为人治病的巫彭，精通诊断和针灸的雷公，以及上文提到的外科名医俞跗等。黄帝是一个敏而好学的君主，他常和各位名医探讨医学问题。相传黄帝常同岐伯、雷公等臣子坐而论道，讨论医学问题，研究疾病的病因、诊断以及治疗原理等，并予以阐明，其中的很多内容都以一问一答的形式记录于《黄帝内经》中。经过整整三年的研讨，他们共问答讨论了1080个有关天道、地道、人道方面的问题，由文字官仓颉记录，刻于兽骨，成为《黄帝内经》的雏形。后来，《黄帝内经》经历代医家丰富完善，由于基本上是黄帝询问，岐伯作答，阐述医学理论，因此中国传统医学被称为“岐黄之术”，“岐黄”也就成了中医的别名，岐伯则被后世称为“华夏中医始祖”。

第二个名字为“青囊”。据说，华佗曾因得罪权贵，被押入死囚牢。有个狱卒敬重华佗，每天拿酒食给他吃。华佗非常感激，将自己所写《青囊书》赠送给狱卒。后人为纪念华佗，又称中医为“青囊”。

第三个名字为“杏林”。据说东汉建安时期有位名医叫董奉，他是福建侯官（今福州）人，与南阳的张仲景、谯郡的华佗齐名，并称为东汉末年“建安三神医”。董奉少年学医，信奉道教，成年后当过一段时间的小官，后长年隐居于江西庐山南麓，热衷于为山民诊疗疾病。董奉医术高明，行医时从不索取酬金，他规定若治好小病，患者栽杏树一株可抵诊金；治好重病，患者栽杏树五株可抵诊金。几年之后，庐山一带的杏林多达十万株之多，一望无际。每当杏子熟时，董奉让百姓自行取杏，但百姓感其仁慈，并未随意摘取。董奉就在杏林旁边建了粮仓，申明需要杏子的人可用谷子自行交换。没过多久，粮仓也满了，董奉就用粮食救济庐山贫苦百姓和南来北往的饥民，一年之中救助的百姓多达二万余人。董奉行医济世的高尚品德，赢得了广大百姓的敬仰之情。董奉去世后，庐山一带的百姓便在杏林中设坛祭祀这位仁慈的道医。后来，人们又在董奉隐居处修建了杏坛、真人坛，以纪念董奉。为表达对董奉的崇敬之情，“杏林”一词也在后来渐渐成为医家的专用名词。

第四个名字为“悬壶”。在古代，“壶”指葫芦，是用来盛酒、水的器皿，那它是怎么和医生扯上关系的呢？据《汉书·费长房传》记载，东汉时期，有个叫费长房的小官吏看到一卖药老翁常在街上卖药，吃了药的人疾病全好了，而老翁又将收取的药钱布施给贫困的人。老翁常常带着一个葫芦，人称“壶翁”。费长房仰慕老者的医术和医德，便拜老者为师。数年后，费长房学成后出山，成为一代名医，为纪念老翁，他行医时总将葫芦背在身上，悬壶行医，济世为民。从此以后，许多郎中也效仿此行为，把葫芦当招牌，以表示自己医术高超，因此人们开始把葫芦当作医生的标志。

第五个名字为“坐堂”，这一名称源于张仲景。张仲景生于汉末纷乱之世，当时社会道德沦丧，疾病流行，给人民带来了莫大的灾难。张仲景目睹惨状，秉着救死扶伤的精神，立志学习医术，以解除人民大众的疾苦。张仲景任长沙太守期间，正值疫疠流行，许多贫苦百姓慕名前来求医。他对前来求医者总是热情接待，细心诊治，从不拒绝。按照当时的社会风气，做官的人为了维护尊严，不能私自进入民宅，也不能随便和民众接触。为救治百姓，张仲景想出了“大堂诊病”的办法，择定每月的初一和十五两天为诊病日。每到这一天，张仲景都会坐在公堂上为民众诊治疾病。他也常在自己的名字前冠以“坐堂医生”四个字。张仲景在公堂上救贫贱之厄，冲破了“礼不下庶人”的戒律，体现了一个医生对民众的同情和对病人的高度责任感，从而在人民群众的心中留下了深刻的印象。后来，张仲景弃官行医，走街串巷，深入民间为百姓治病，广泛搜集单方、验方草药等，著书立说，为弘扬我国医学做出了重大贡献。张仲景以爱人、知人、救危、扶厄的济世理念，处处为病人着想的高尚医德和坚决反对巫术、庸医的斗争精神，受到广大人民的爱戴和崇敬。后世行医者为纪念和弘扬他的高尚医德，便效仿沿用“坐堂医生”的称呼。

“万物悉备，莫贵于人”(《素问·宝剑全形论》)的“贵人”思想是我国古代医学最基本的社会心理动机之一，而正是出于这种“尊生贵人”的思想，才有了将医术定位于“仁术”的理念。什么是“仁术”?《论语·颜渊》记载:“樊迟问仁。子曰:爱人。”在儒家思想中，这种“仁”乃人性之生发。医术之所以能成为仁术，其源自医者之仁，仁心则是医事活动的最根本依据。明代冯梦龙在《警世通言》中写道:“古人医在心，心正药自真。”清代喻昌的《医门法律·问病论》中说:“医，仁术也。仁人君子必笃于情，笃于情则视人犹己，问其所苦，自无不到之处。”对古代医家来说，行“医”和行“仁”是一个统一的过程。在古代儒士看来，“学而优则仕”“兼济天下”能够造福百姓，除此之外，最好的济世之途就是行医。宋代范仲淹提出“不为良相，当为良医”的人生理想。正是这种“仁”的思想，使中国古代医学焕发出无穷的魅力和勃勃生机，引领众多聪慧仁爱之士投身其中。

目　录

XIAN QIN MING YI

第一章

先秦名医

第一节　上古至秦代的医学

传说上古之始，混沌氤氲，本是没有生命的，但自盘古以一柄大斧开天辟地，神州大地上便孕育出无数生灵。从此，神州大地上便有了江河湖泽、琼山玉壑，花鸟虫兽其乐融融。古神女娲又塑泥成形，吐息化气以为灵，于是最高级的生物——人类诞生了。上天诸神对作为万灵之子的人类颇为偏爱，又降下伏羲、水神、雨师、云师、风伯、海神等一班神灵扶助人类生息繁衍，营火耕作，兴修土木，乐业安居。然而人类脱胎于云泥，滋养于谷畜，沐露于风雨，难免引恙招邪，于是又有神农遍尝百草，甄验药性，为凡人祛邪医病，使人类续衍至今。

诚然，神话传说中的上古轶事充满了玄幻色彩与理想主义，令人流连忘返，但我们还是要站在辩证唯物主义历史观的角度，客观、审慎地讲述一下人类几千年来的医药发展史，一同研究、探明华夏沃土上的先民究竟是如何与恶劣的自然环境作斗争，并最终适应环境，养护形神，调摄健康的。

上古时代，先民过着茹毛饮血的原始生活，肉是生吃，血是鲜饮，尤其是在火被广泛应用于烹饪之前，食物往往腥臊恶臭，自贯肠胃，加之先民衣不蔽体、席天枕地，非常容易受到自然邪气的侵袭，发为疾病，但以当时的科技水平和医疗条件，我们自然是不能强求古人有太多像今天一样的饮食卫生习惯和良好的起居环境。先民总是要生病的，生病后除了靠着自身正气抵抗，随缘祈安之外，对于疾病这种威胁生命的恶敌，他们并未坐以待毙。为了与病邪斗争，有的先民开始通过一些异乎常人的行为与措施对抗这些无形的恶魔，这些人就是巫。

我们先来看一下“巫”的汉字构成：一个“工”加两个“人”。其中，“工”的上下两横分别代表天和地，中间的“丨”则表示能上通天意，下达地旨，相互连通之渠道，加上“人”，就是通达天地，中合人意的意思，符合中国古代哲学中“天、地、人”三才一体的整体恒动思想，而这也恰好是中医学基础理论的立论之本。我们再进一步解析一下，“巫”字中的“人”不是孤立的人，而是复数的“人”，有芸芸众生之意，它隐含着祖先渴望与天地上下沟通联络，借助“巫”这一群体为纽带，完成天地人之间的衔接的梦想。

古人认为，巫能够与鬼神相沟通，能调动鬼神之力为人消灾致福，如降神、预言、祈雨、医病等。久而久之，巫成为古代社会生活中一种不可缺少的职业。巫的本义是能以舞降神的人，在中国古代，医师也称“巫”，而在现代社会，“巫”这个字则更多地被赋予了超自然、神秘主义的色彩，例如巫师、女巫。可以说，在远古时代，“巫”便是医的代名词，在其后的发展过程中，医先是从巫中分化衍生而出，后又并行发展，最终分化两立。

先民先后经历了旧石器和新石器时代，从茹毛饮血、露宿风餐到逐步以棚栏驯养畜生、采植、定居。伴随着生产力水平的不断发展，先民的生活条件也慢慢得到改善，但却远不如今日生活之安逸舒适，淋雨涉水总是难以避免。他们夏曝骄阳，冬披寒风，虫兽毒蛊也常伴身旁，饮食卫生自然也不能像现如今一般清洁，所以各种创伤疾病接踵而至。

然而，巫以一种奇妙的姿态游走于现实和虚幻之间，借助精神因素对人体的健康和疾病加以干预。我们可以说巫是迷信的傀儡，是远古时代科学技术匮乏、医疗知识贫瘠的产物，但却不能说巫的存在毫无意义。巫是远古先民抗争疾病的最原始形态，也是先民中表达渴求健康，祛病强身的最淳朴诉求的代言人。

随着朝代的更替和文化观念的变革，医药知识与经验逐渐与巫术分离，按自身的规律发展，医、巫分歧越来越明显。两周时期，医已具备专门化、职业化的性质，但仍未脱离古人的巫医思想。周朝的医疗知识仍然处于萌芽状态，这一时期，经脉学说、脏腑学说、药物治病理念、针灸疗法、养生之论等中国医学基础理论逐渐形成，直至春秋战国时期最终与巫术决裂，从而为秦汉时期医学基础理论的蓬勃发展奠定了基础。

第二节　先秦名医的故事及其智慧

一、千古炎黄的回响　——黄帝

我们之所以被称为“炎黄子孙”，就是因为黄帝。黄帝并非是一位医生，他其实是一位富有传奇色彩的伟大领袖。

黄帝大约生活于公元前2717～公元前2599年，作为古华夏部落联盟的首领，远古时代华夏民族的共主，号称“五帝之首”，被尊为中华人文初祖。关于黄帝的身世，由于年代久远，史料并无确凿记载，根据神话传说所述，其父为少典，其母为附宝。黄帝本姓公孙，后改姓姬，故称“姬轩辕”，他居于轩辕之丘，号轩辕氏，建都于有熊，亦称“有熊氏”，有熊就是今天的河南新郑。

黄帝一生最为后世所津津乐道的事情恐怕就是与九黎部落酋长蚩尤的旷世之战。传说中他驱风雷，灭魍魉，斩蚩尤，杀了个天昏地暗，也杀出了华夏民族最初的版图，最终封禅泰山之巅。这一切似乎跟我们要谈的名医智慧没有关系，然而我们讨论古代医学时却无论如何都绕不开黄帝。

有一本相传为黄帝所著且以他的名字命名的旷世之作，为中国传统医学的发展奠定了理论基础，这便是《黄帝内经》。《黄帝内经》分为《素问》和《灵枢》两部分，是中国现存最早的医学典籍，与《难经》《伤寒杂病论》《神农本草经》并列为传统医学四大经典。其中《素问》重点论述了与脏腑、经络、病因、病机、病症、诊法、治疗原则以及针灸等相关的理论。《灵枢》则是在《素问》的基础上，除了论述脏腑功能、病因、病机之外，还重点阐述了经络腧穴、针具、刺法及治疗原则等。

《黄帝内经》的问世标志着中医学理论体系的初步确立。《黄帝内经》在中国传统文化和哲学理论的基础上建立了中医学沿用至今的“阴阳五行学说”“脉象学说”“藏象学说”“经络学说”“病因学说”“病机学说”“病症”“诊法”“论治”及“养生学”“运气学”等理论，从整体恒动的立场论述了常见的医学问题，构建了“天、地、人”三才一体的“自然—生物—心理—社会整体医学模式”。《黄帝内经》中的理论源于中国古人对自然和生命现象的长期观察、日常生活经验的积累以及大量的临床实践。《黄帝内经》奠定了古人对人体生理、病理、诊断以及治疗的认识基础，是中国影响极大的一部医学著作，被称为“医之始祖”。

这本书的编排方式非常有趣，主要以黄帝与岐伯、雷公等人问答、对话的形式阐述病机病理，首创了“治未病”的先进预防思想，同时提出了养生、摄生、益寿、延年等现代健康管理理念的雏形。《黄帝内经》系统论述了中医学哲学基础及病因、病机、诊法、治法等一系列医学问题，其中很多理论至今仍是中医临床工作所遵循的基本规则。

1. 第一个问题：寿命

《素问·上古天真论》中记载：

> 昔在黄帝，生而神灵，弱而能言，幼而徇齐，长而敦敏，成而登天。乃问于天师曰：“余闻上古之人，春秋皆度百岁，而动作不衰；今时之人，年半百而动作皆衰者，时世异耶？人将失之耶？”
>
> 岐伯对曰：“上古之人，其知道者，法于阴阳，和于术数，食饮有节，起居有常，不妄作劳，故能形与神俱，而尽终其天年，度百岁乃去。今时之人不然也，以酒为浆，以妄为常，醉以入房，以欲竭其精，以耗散其真，不知持满，不时御神，务快其心，逆于生乐，起居无节，故半百而衰也。
>
> 夫上古圣人之教下也，皆谓之虚邪贼风，避之有时，恬淡虚无，真气从之，精神内守，病安从来。是以志闲而少欲，心安而不惧，形劳而不倦，气从以顺，各从其欲，皆得所愿。故美其食，任其服，乐其俗，高下不相慕，其民故曰朴。是以嗜欲不能劳其目，淫邪不能惑其心，愚智贤不肖不惧于物，故合于道。所以能年皆度百岁而动作不衰者，以其德全不危也。”

这是一段关于长寿之道的经典论述，其中所蕴含的健康理念至今仍有着非常重要的意义。我们来看一下黄帝和岐伯究竟说了些什么。

黄帝生而聪慧，年龄还很小时就善于言辞，幼年时对事物的理解力很强，长大后，不仅思维敏捷，而且忠厚诚实，成年以后，登上了天子之位。

有一天，黄帝向岐伯问道："我听说远古时代的人们，大都能活到一百岁，且动作依旧灵活，并不显得衰老。可是现在的人，才五十岁左右便动作迟缓，呈现出一派衰老的迹象。古代人和现代人的这种差别，是由于时代与环境造成的呢？还是因为人们违反了养身之道造成的呢？"

岐伯首先讲了远古人们养生的原则，他答道："上古的人，懂得天地运行的道理，遵从自然界阴阳寒暑变动之规律，恰当地运用养生的方法，饮食有所节制，作息有规律，既不妄事操劳，又避免过度的房事，所以能够形神俱旺，协调统一，活到天赋的自然年龄，超过百岁才离开人世。"

岐伯又告诉黄帝现代人寿命衰减的原因："现在的人就不是这样了，他们喝酒就像喝水一样随意，滥饮无度，使反常的生活成为习惯；喝醉酒之后又纵欲享乐，贪恋女色，耗竭真精，完全不懂得存留精气，驾驭精神，而只是追求内心最原始的快感，违背了生命本初的意旨，错乱了最基本的生命节律，与自然生命之道相违背，所以到半百之年就衰老了。"

岐伯接着讲到了自然变化的应对之法："古代深懂养生之道的人在教导普通人的时候，总会讲到要对自然界各种异常气候变动以及致病邪气存有敬畏和警惕，适时地避开可能导致疾病发生的因素。"

岐伯说的气候变换导致的"邪气"，通常是指四季之中，春天多风，夏天多暑，秋日多燥，冬天多寒，因此，我们就应该春避风，夏避暑，秋润燥，冬保暖，因时制宜地做出最明智的选择，才能有效地规避疾病的发生。

岐伯注重精神和形体的协调，他说："心情要清静安闲，排除杂念妄想，以使真气顺畅，精神守持于内，这样疾病就无从发生，人们就可以心志安闲，少有欲望，情绪安定而没有焦虑，形体劳作而不疲倦，真气因而调顺，各人都能随其所欲而满足自己的愿望。"

这些话教导我们要尽可能保持淡泊的心性，不要心存杂念与妄想，总是追求一些自己难以企及的欲望，这样内心是无法得到安宁的。只要能放下这些内心的杂质，自然能够使精神内守，真气从流，气血顺畅，人就不容易生病。岐伯话中提到的祖先，他们心性闲适而没有过多的欲望，内心平静而没有焦虑与恐惧。他们顺从并适度满足自然的欲望，很容易就得到内心的满足，这样的状态是最容易让人感觉心情畅快的，也是保持健康的重要因素。

岐伯接着说："人们无论吃什么食物都觉得甘美，随便穿什么衣服也都感到满意，大家喜爱自己的风俗习尚，愉快地生活，无论社会地位尊贵或者卑贱，都不羡慕他人，民风甚为淳朴敦厚。因而各种嗜好、欲望都不能迷了古人的双眼，各类淫邪都无法动摇其本心，无论尊卑贵贱，无论智愚贤不肖，都不为外界物欲所惊扰，符合养生之道。所以，古人能够年龄超过百岁而动作不显得衰老，正是由于领会和掌握了修身养性的方法，而身体不被内外邪气干扰危害所致。"

古人正是以这样良好的心态生活着，他们吃饭穿衣都比较随意，饭可饱人，衣能暖体即可，不像现在的人这样挑三拣四，穷奢极欲。无论在何种风俗环境下，他们都能感到内心的快乐，都能安守本位，不相互羡慕、嫉妒。众生皆合乎天地之道、修身养性之法，并身体力行，免受内外邪气的侵扰，故而身体康健，活到百岁以上而身体不见衰老之象自然也不是什么难事了。

综观此段经典论述，概括起来，健康之道无外乎此五点：

一是要法于阴阳，效法自然界阴阳变化规律，在适宜的季节气候里做恰当的事情，顺应自然阴阳变动，而不要违逆自然常理。

二是要和于术数，借助恰当的方法保养形神，通过运动强健形体，通过凝神守意安静内心，以求形神合一。

三是要饮食有节制，不要暴饮暴食，不要偏嗜酒肉厚味，应当合理搭配膳食，饥饱如常，形成良好的饮食习惯。

四是要起居作息有节，既不要熬夜，也不要贪眠，应该顺应日中阴阳变动，调理作息。

五是劳作不要违背常度。体力劳动、脑力劳动都可以在一定程度上激发阳气，适度而为可强身、健体、益脑，若体劳或脑劳过度，则过犹不及；尤其要房劳适度，不要纵欲贪欢，耗伤元精。

只有掌握了健康之道，保持形神和谐统一，才有可能尽终天年，延年益寿。《黄帝内经》中这些宝贵的理念至今仍然有着极强的实践价值。

2.第二个问题:发育与生长规律

《素问·上古天真论》中写道:

> 帝曰:“人年老而无子者,材力尽耶,将天数然也。”
>
> 岐伯曰:“女子七岁,肾气盛,齿更发长;二七而天癸至,任脉通,太冲脉盛,月事以时下,故有子;三七肾气平均,故真牙生而长极;四七,筋骨坚,发长极,身体盛壮;五七,阳明脉衰,面始焦,发始堕;六七,三阳脉衰于上,面皆焦,发始白;七七,任脉虚,太冲脉衰少,天癸竭,地道不通,故形坏而无子也。丈夫八岁,肾气实,发长齿更;二八,肾气盛,天癸至,精气溢泻,阴阳和,故能有子;三八,肾气平均,筋骨劲强,故真牙生而长极;四八,筋骨隆盛,肌肉满壮;五八,肾气衰,发堕齿槁;六八,阳气衰竭于上,面焦,发鬓斑白;七八,肝气衰,筋不能动,八八天癸竭,精少,肾藏衰,形体皆极,则齿发去。肾者主水,受五脏六腑之精而藏之,故五藏盛,乃能泻。今五藏皆衰,筋骨解堕,天癸尽矣。故发鬓白,身体重,行步不正,而无子耳。”
>
> 帝曰:“有其年已老而有子者何也。”
>
> 岐伯曰:“此其天寿过度,气脉常通,而肾气有余也。此虽有子,男不过尽八八,女不过尽七七,而天地之精气皆竭矣。”
>
> 帝曰:“夫道者年皆百数,能有子乎。”
>
> 岐伯曰:“夫道者能却老而全形,身年虽寿,能生子也。”

黄帝问岐伯:“人老了就不能再生育了,是由于精力衰竭了呢,还是自然规律呢?”

岐伯说:“女子到了七岁,肾气盛旺起来,乳齿更换,头发开始茂盛。十四岁时,天癸[1]产生,任脉通畅,太冲脉旺盛,月经按时来潮,具备了生育子女

---

① “天癸”是“天一癸水”的简称。天,指先天;一,为水之生数,水为万物之源,万物之生,皆自水始。癸,为十天干之一,按五行配水。因“天癸”乃阴精,来源于先天,由肾中精气所生,故名之。天癸是肾精中能促进性机能和生殖能力的一种物质,在肾精充实到一定程度时成熟而发挥作用,化生的能够推动生殖机能并促进生殖器官发育成熟的精微物质,相当于促性腺发育激素,随肾中精气的盛衰而盛衰。男精女血是其发挥作用的标志。

的能力。二十一岁时，肾气充满，智齿长出，牙齿就长全了。二十八岁时，筋骨坚实，头发长到极致，身体最为强壮。三十五岁时，阳明经脉气血逐渐衰弱，面部开始憔悴，头发也开始脱落。四十二岁时，太阳、阳明、少阳脉气自头面部开始衰减，脸上皮肤干焦枯憔，头发开始变白。四十九岁时，任脉气血虚弱，太冲脉的气血也逐渐衰弱泄出，天癸枯竭，月经闭止，便失去了生育能力。

男子到了八岁，肾气充实，头发生长，乳牙更替。十六岁时，伴随着肾中精气的充盛，天癸也如约而至，精气盈满而能外泄，阴阳气血调和，具备了生育能力。二十四岁时，肾气充盈而均衡，筋骨强劲有力，智齿生长，牙齿长全。三十二岁时，筋骨丰隆盛实，肌肉壮实。四十岁时，肾气衰退，头发开始脱落，牙齿也失去光泽而变得枯槁。四十八岁时，阳经气血自上而衰，面皮焦枯，头发花白。五十六岁时，肝气衰竭，筋骨的活动不能灵活自如。六十四岁时，天癸也消耗殆尽了，肾中所藏元精亏少，肾的功能也近乎枯竭，牙齿头发脱落，形体衰疲。肾主水而藏精，受五脏六腑之精气而藏之，故而脏腑精气充盛，肾才有精可泻。如今五脏都已经衰竭，筋骨也松懈衰堕，天癸也没了，所以白发苍苍，身体沉重，步伐不稳，生育能力也随之丧失了。”

黄帝说：“有的人老年得子，是什么道理呢？”

岐伯说：“这是他天赋的精力超过常人，气血经脉尚且通畅，肾气也有盈余。虽然有些老年人还可以生孩子，但男性也很难超过六十四岁，女性很少超过四十九岁，精气便枯竭了。”

黄帝说：“掌握养生之道的人，百岁之时还能生育吗？”

岐伯说：“掌握养生之道的人，能延缓衰老而保全形体，虽然年高，也能生育子女。”

这段对话以肾中精气的盛衰为中心，以“七”“八”为基数，描述了人一生中身体的盛衰全貌。“七”与“八”是古人根据男女两性发育过程的差异所总结出的大体约数。女性比男性发育期早、成熟早，但衰老也早，故取“七”。《类经》中记载：

> 男子属阳，当合阳数；女子属阴，当合阴数。而今女反合七，男反合八，何也？盖天地万物之道，惟阴阳二七而已，阴阳作合，原不相离，所

以阳中必有阴，阴中必有阳。

肾中精气的盛衰关系到人的生殖机能及人的生长衰老，该理论为中医治疗小儿发育不良、成人早衰以及生殖疾病提供了依据，是生殖理论及衰老学说的理论基础。

冲、任与经、孕的关系，为后世妇科学的发展奠定了基础。冲为血海，任主胞胎，但二者均是肾精充实时才能充盛、畅通。同时冲、任以血为本，肝为血海，女子以肝为先天，故月经病、不孕、滑胎等从肝、肾论治。

很难想象，在科技水平和医疗技术水平都极为低下的远古时期，古人就已经能将人一生的发育规律掌握得如此细致，对于女性月经来潮、闭经绝育，男性遗精、衰老的大致年龄估算都与如今的人体发育学基本一致，让人叹为观止。

3.第三个问题：饮食五味

《素问·五藏生成》中记载：

> 心之合脉也，其荣色也，其主肾也。肺之合皮也，其荣毛也，其主心也。肝之合筋也，其荣爪也，其主肺也。脾之合肉也，其荣唇也，其主肝也。肾之合骨也，其荣发也，其主脾也。是故多食咸，则脉凝泣而变色；多食苦，则皮槁而毛拔；多食辛，则筋急而爪枯；多食酸，则肉胝而唇揭；多食甘，则骨痛而发落，此五味之所伤也。故心欲苦，肺欲辛，肝欲酸，脾欲甘，肾欲咸，此五味之所合也。

根据中医五行学说对藏象的系统分类，肝、心、脾、肺、肾依次对应了木、火、土、金、水，并与脏腑形窍通过经络相互联络，五行之间有生克制化的复杂关系，而这种哲学关系也映射到五脏之中：心属火，合于血脉，显应于面色，其主为肾水，肾水可以制约心火；肺属金，合于皮，显应于毛，其主为心，心火可以制约肺金；肝属木，合于筋，显应于爪甲，其主为肺金，肺金可以制约肝木；脾属土，合于肌肉，显应于口唇，其主为肝木，肝木可以制约脾土；肾主水，合于骨骼，显应于头发，其主为脾土，脾土可以制约肾水。

肝、心、脾、肺、肾又依次对应了五味之中的酸、苦、甘、辛、咸，所以在日常饮食之中我们需要注意食味偏嗜所带来的危害。

如果吃咸的食物过多，则咸应肾水，肾水制约心火，心主脉而应面色，故而脉道滞涩而脸色更变。

如果吃苦的食物过多，则苦应心火，心火制约肺金，肺主皮毛，所以皮肤枯槁毛发脱落。

如果吃辛辣之物过多，则辛应肺金，肺金制约肝木，肝主筋而爪为筋之余，人就会筋脉拘挛抽搐，爪甲干枯脆裂。

如果吃酸的食物过多，则酸应肝木，肝木制约脾土，脾主肉而其华在唇，人会肌肉皮厚皱缩而口唇干裂翻起。

如果甜的东西吃得太多，则甘甜应脾土，脾土制约肾水，肾主骨生髓而其华在发，人会发生骨痛病，头发也会脱落。

以上便是五味偏嗜对脏腑形窍所造成的损害。所以，我们在日常饮食中应该注意苦养心，辛养肺，酸养肝，甘养脾，咸助肾，这是五味与五脏的相合关系，切不可偏嗜过食某一味，应适当搭配，使饮食五味调配合理适度，这才是健康之道。

4.第四个问题:生活起居，作息习惯

我们已经习惯了“早睡早起身体好”的说法，而《黄帝内经》中也对四季养生有所论述，指出并非执于一理即可益寿延年，而应当顺时而作，因时制宜，灵活应对。

《素问·四气调神大论》中记载：

> 春三月，此为发陈。天地俱生，万物以荣，夜卧早起，广步于庭，被发缓形，以使志生，生而勿杀，予而勿夺，赏而勿罚。此春气之应，养生之道也；逆之则伤肝，夏为实寒变，奉长者少。
>
> 夏三月，此为蕃秀。天地气交，万物华实，夜卧早起，无厌于日，使志勿怒，使华英成秀，使气得泄，若所爱在外。此夏气之应，养长之道也；逆之则伤心，秋为痎疟，奉收者少，冬至重病。
>
> 秋三月，此谓容平。天气以急，地气以明，早卧早起，与鸡俱兴，使志安宁，以缓秋刑，收敛神气，使秋气平，无外其志，使肺气清。此秋气之应，养收之道也；逆之则伤肺，冬为飧泄，奉藏者少。
>
> 冬三月，此为闭藏。水冰地坼，勿扰乎阳，早卧晚起，必待日光，使

志若伏若匿，若有私意，若已有得，去寒就温，无泄皮肤，使气极夺。此冬气之应，养藏之道也；逆之则伤肾，春为痿厥，奉生者少。

阳春三月，按照节气是指从立春日至立夏前一日之间。此时阳气生发，自然界万物复苏，正值草长莺飞之时。人应当顺应自然界阳气升腾之势，晚上适当晚睡一会儿（注意：不需要早睡，但也不要太晚，熬夜定然是不行的），早上迎着春日朝阳早早起来，到宽广的户外散散步，披散开头发，解开衣带，尽可能保持形体舒缓宽松，以使情志生养。顺应春季生发之象，人的精神情志和行为应该有利于生机的发展，促进生机旺盛，不可违逆生机，克伐生命。这便是春天的养生之道，如果违逆这种规则，很容易伤肝，并且由于春天始于调摄，生长之气不足，夏天容易出现寒性病变，制约了夏天的长养之势，这对于健康是非常不利的。

炎炎夏日，按照节气是指从立夏日至立秋前一日之间。此时天地阴阳二气交合，万物繁茂兴盛而充实。人应当借着自然界壮旺的阳气，晚上晚睡，早上早起，只要有太阳的时间，就尽可能不要睡觉，尽可能不要动怒，使自己的精神饱满，适应夏气以成其秀美，活得像夏天那样奔放而绚丽，让体内气机适度外泄，如慈爱之心表现于外，将体内阳气释放入周遭自然。这便是夏天的养长之道，如果违逆会损伤心，秋天容易得疟疾类的疾病，不利于秋季人体气机的收敛。

金秋三月，按照节气是指从立秋日至立冬前一日之间。此时自然界万物长成，熟而结果，形态平定不再生长。秋季风清劲急，秋风扫落叶，万物萧条肃杀，山川清肃景静。人在此时应当早睡早起，模仿鸡的生活作息，使神志安宁平定而内敛，以避开秋季肃杀之气，谨守内心，不要向外过多地展露情绪，使肺气内敛而得以肃降。这便是秋天的收养之道，如果违逆则会伤肺，冬天会出现完谷不化的泄泻，也就是夹带着未消化食物的腹泻，这是很不利于冬季闭藏的。

寒冬三月，按照节气是指从立冬日至来年立春前一日之间。此时阳气内伏，万物潜藏，自然界冰天雪地，天寒地冻。所以这个时间人要早睡但不要早起，万万不要扰动消耗人体阳气，最好是等到太阳出来，地面温度略微回升时再起床劳作。人一定要使神志内藏，安静自若，如有隐私不能外泄，要有如获得心爱之物而窃喜，做好防寒保暖，不要使皮肤过多出汗，以免阳气频繁外泄而损耗。这便是冬天的养藏之道，如果违逆则会伤肾，春天容易发生四肢软弱无力而逆冷的病症，不利于春天的生发。

关于黄帝，我们确实无法像对扁鹊、华佗等一众名医那样，从史料中获取其行医使药的蛛丝马迹，即使《黄帝内经》相传为黄帝所作并因而得名，但后世医史学家也并不认为其真的是黄帝所编撰。目前较为普遍的看法是此书最终成书于西汉，并非由某一人所著，而是由中国历代黄老医家传承、增补、发展创作而来。正如《淮南子·修务训》中所言，该书冠以黄帝之名，意在溯源崇本，借以说明中国医药文化发祥之悠长，实非一时之言，亦非一人之手。但这并不影响黄帝作为炎黄子孙始祖的地位，也不会抹灭华夏民族几千年来为了生存繁衍而与自然抗争，与疾病对峙，用一代又一代人的聪明才智孵育出中华医药宝库的丰功伟绩。

二、闻缓丧胆，病逃膏肓——医缓

医缓是《左传·成公十年》中记载的一位名医，生平不详，后来其名被用来泛指良医。医缓的医疗事迹要跟一位君王挂上联系，这就是晋景公，医缓的这段事迹还造就了一个我们非常熟悉的成语：病入膏肓。

晋景公，姬姓，名獳，春秋时期晋国第二十六代君主（前 599～前 581 年在位），晋文公之孙、晋成公之子。鲁成公八年，晋景公杀了晋国的大夫赵同和赵括。因为晋景公一直身体不好，恐死后生变，他就在鲁成公十年（前 581 年）把大儿子立为晋国的君主。在这之后，晋景公就做了一个梦，梦里烟雾缭绕，还出现了一个长发及地的恶鬼。这恶鬼生得身形高大，面貌丑陋，它一边像猩猩一样拍打着自己的胸膛，一边远远地冲着晋景公哭闹咆哮："你杀掉了我的子孙，此乃不仁不义之举！上天一定会为我报仇的！"正说着，那恶鬼突然发难，向冲着晋景公的位置冲了过来，一路势不可挡，撞碎了大门，冲破了景公的卧室，直面景公。晋景公被吓得不轻，连滚带爬地逃到另一间屋子，但那恶鬼却穷追不舍，连续破门而入，死缠烂打，直闹得晋景公从梦中惊起，满身冷汗淋漓。坊间传言这恶鬼乃是赵括爷爷的鬼魂，来找晋景公追命了。

古人都是比较迷信的，晋景公被噩梦吓醒之后，急忙把桑田巫召来占卜，结果这位巫师说出的情况与他梦中所见如出一辙。景公惊恐地问道："若真是那老鬼来讨命，我最后会怎么样呢?"巫师答道："大王恐怕是吃不成新收的麦子了。"晋景公闻听此言，病情迅速加重了。当时秦国的经济、文化发展较快，医疗水平在各国当中也是相对较高的，出了很多名医，于是晋景公便派人去秦国求医。秦国的国君秦桓公听说后，派医缓来给他治病。

当医缓还在前往晋国的路途上颠簸之时，晋景公又做了一个梦，这次梦里倒是没有恶鬼了，只有两个小孩。晋景公听到其中一个小孩说道："听说景公请了医缓来对付咱们，这人可是很厉害，咱们恐怕抵挡不了，究竟怎样才能逃过一劫呢?"另一个小孩说："只要我们躲到'肓'的上面、'膏'的下面，量他有天大的本事，又能把我们怎样?"景公醒来后，觉得一头雾水，不明白这梦又是什么意思。

医缓抵达晋国，为景公诊查一番之后，对景公说："您的病位十分凶险，在'肓'的上面，'膏'的下面。那个地方不能使用灸法，针刺也无法触及，即便是汤药的药力也不能深入，我实在没有办法。"晋景公一听，反倒坦然了，也就不再挣扎。他很大度地称赞了医缓的高明医术，还赏赐了丰厚的礼物，随后便把医缓送回秦国去了。

命运终结的日子终于还是到了。等到了六月间的丙午日，晋景公突然想吃新鲜的麦子，便吩咐手下让管理田产、野物的官吏将新收的鲜麦献上来，并让御厨用其置备了面食。这时候晋景公突然想起桑田巫当初说他吃不到新鲜麦子的事儿，便又派人把桑田巫召来，洋洋得意地让他看过了摆在自己面前的面食，还问他是怎么回事，桑田巫无从答起，景公就把他杀了。

然而桑田巫死得着实冤枉。

杀了桑田巫，晋景公准备美美地享受新麦，也享受挑战命运后的自由，但就在此时，他突然觉得肚子发胀，疼痛难忍，无论如何也坚持不住，只好放下碗筷，先去解决内急。后面的事情就很诡异了，晋景公居然在上茅厕的时候掉到粪池里淹死了。可怜的晋景公最终还是用死亡验证了桑田巫为他卜定的命运。

自从医缓为晋景公诊病之后，“病入膏肓”就作为成语流传下来了。“病入膏肓”本意是指病情特别严重，无法医治，也比喻事态严重到不可挽回的地步。在中医理论中，膏、肓是用以说明人的身体结构的专用术语。膏，指的是心下部位；肓，指的是膈上心下的部位。膏肓合用，则主要喻指疾病部位深且隐蔽，处于难以医治之所。古人认为，如果在膏肓之处生有病灶，则药石罔效，难以救治。在中医经络腧穴学中，还有一个名为“膏肓”的穴位，位于人体的背部，第四胸椎棘突下，左右旁开三寸，肩胛骨内侧，主治咳嗽、气喘、肺痨、健忘、遗精、完谷不化。指压此穴，可以治疗肩膀肌肉僵硬、酸痛。

顺便说一句，医缓还是史料记载的最早的专职医生。医缓，或者说医缓所代表的专职医生的出现，反映了春秋战国时期，伴随着社会制度的变革，生产力得到解放，经济文化水平提高，医学也得到迅速的发展。这促使医学开始逐渐摆脱巫术的束缚，一步步走上独立发展的道路。

三、上医治国 ——医和

医和，生平不详，春秋时秦国良医，他最大的贡献是提出了“六气病源说”。

据《左传·昭公元年》记载，鲁昭公元年(前 541 年)，晋平公生病，向秦国求医，秦景公派医和去给他治病。诊病以后，医和对晋平公说：“你的病不能治了。亲近女色，病如蛊症。这既不是鬼神作怪，也不是饮食失调，而是因为迷惑于女色而丧志。辅佐你的良臣将要死去，老天爷不再保佑晋国了。你就是不死，也要失去诸侯们的拥戴。”晋平公说：“女人不可亲近吗?”医和回答说：“应当有节制。”

赵文子听了医和的话，便说：“我赵武和晋国的几位公卿大夫们辅佐国君成为诸侯盟主，至今已经八年了。国内没有凶恶的暴政，外面诸侯们也没有二心。你为什么还说‘良臣不生，天命不佑’呢?”

医和回答说："我是在预言即将发生的事。我听说'正直的人不辅助偏邪的人；光明磊落的人不为暗昧迷惑者谋事；巨木不长在高险的位置；松柏不生在潮湿的地方'。赵文子你不能直谏君主、使其不被女色迷惑，竟使君主生出这些病来。而你还不知自退，反以自己的政绩为荣，八年的时间就夸说已经很长了，怎么能保住国家长治久安呢？"

赵文子说："医生还要管到国事上来吗？"

医和回答说："上等的医生可以治国家的毛病，其次才是治人的病。医官本来也是一个官呀！"

赵文子又问："晋平公还能活多久呢？"

医和回答说："如果诸侯继续拥护他当盟主，他最多能活三年；如果不再支持他当盟主，他也活不过十年。超过十年以后，晋国必有大灾难。"

就在那一年的十二月，赵文子便死了，诸侯也开始背叛晋国，拥立楚国为盟主。鲁昭公十年，晋平公也去世了。此后，晋国的国势便每况愈下，直到最终被三家瓜分，连名字都从春秋历史上消失了。医和的预言全都准确地兑现了。

在医和与晋平公的谈话中，他除了仔细地解释了"蛊"病的各种含义，还使用了阴阳、四时、五行、五声、五色、五味、六气等中医病因学和诊断学的概念，对后世和中医有关的理论发展和普及有一定的推动作用。

医和提出了著名的"六气病源说"，这个学说倡导"六气以阴阳为纲，而淫生六疾统于阴阳"，这是中医病因学理论的基本框架和雏形。

四、神医扁鹊　——秦越人

扁鹊，姬姓，秦氏，名缓，字越人，号卢医，大约生活在公元前 407～前 310 年，是春秋战国时期的名医。据《汉书・艺文志》记载，扁鹊著有《扁鹊内经》《扁鹊外经》两本著作，但都已经散失。现存的《难经》是后人托名扁鹊之作。关于扁鹊的籍贯，目前有三种说法，一为渤海郡鄚（今河北省任丘县北)，一为齐国卢邑(今山东济南长清)，一为渤海郡郑(今河南郑州新郑)。

由于扁鹊医术高超，被当时的世人公认为神医，所以当时的人们借用了上古神话中黄帝时的神医"扁鹊"的名号来称呼他。关于扁鹊的医术如何习得，《史纪·扁鹊仓公列传》中记载了这样一个典故：

扁鹊年轻时，在一家客馆做主管人，当时有个叫长桑君的客人经常到馆里打尖留宿，此人虽然衣着平朴，但生得仙风鹤骨，时不时抱着一卷厚厚的竹简，一边喝酒一边品读，读到兴致处则满饮一杯，举止甚为清奇。客馆里的伙计们都只顾着招呼衣着华丽的富商巨贾，而忽略了这位长桑君，久而久之，甚至生出些许不耐烦来，唯有扁鹊毕恭毕敬地服侍长桑君。长桑君常常在微醺之际偷偷观察扁鹊，发现了扁鹊异乎常人的品质，偶尔会跟扁鹊闲聊几句，扁鹊便真挚地回应，聊到兴致起时，两人还一起开怀大笑。就这样寒来暑往，十多年过去了，有一天，长桑君摆摆手叫扁鹊和自己坐在一起，悄悄对扁鹊说："你服侍我有段光景了，我很是感激，却没什么好回报的。我是个游医，身上有本秘藏的医方。现在我老了，想将医方传给你，你万万不要泄漏出去。"扁鹊说："遵命。"从此，一代名医的篇章就此展开。

在以后的日子里，扁鹊把长桑君赠予的医方奉若圭臬，反复研读。经过长期的学习，扁鹊逐渐掌握了其中的精妙理论，并积极付诸实践，在临床工作中不断提升自己，进而精通了各科疾病的治疗方法。他涉猎广泛，成了类似于今天全科医生的医生，很是厉害。

公元前361年之后，扁鹊来到赵国的都城邯郸(今河北省邯郸市)。因为当地人很重视妇女，而妇科经带胎产常为病患，所以他便做带下医(妇科医生)，在当地很有名气。

前357年，扁鹊来到齐国的都城临淄(今山东省淄博市临淄区)，留下了为齐桓公诊病的轶事。

扁鹊离开临淄后，于前354年到了魏国的都城大梁(今河南省开封市)。在大梁时，他曾见过魏国的国王魏惠王。

前350年，扁鹊来到秦国的都城咸阳，在前345年前后的一段时间里，他和弟子子阳、子豹等人，都逗留在那里行医。

大约于前317年，他们又来到周都洛阳(今河南省洛阳市)，做了耳目痹医（类似于今天的五官科、风湿科医生）。

公元前310年，扁鹊再度来到咸阳，做了小儿医。

扁鹊及其弟子不辞艰辛，行程四千余里，周游列国，济世救人，每到一处都随着当地的习俗和水土风貌而改变治疗范围，成为医、药、技非常全面的全科医生。扁鹊的足迹遍布大江南北，救死扶伤，起死回生，在民间留下了很多具有传奇色彩的轶事。

一望三询，未病先防

据《韩非子·喻老》记载，扁鹊取道汤阴（今河南省汤阴县），渡过黄河，经长清（今山东济南市长清区），于前357年来到了齐国的都城临淄。

齐桓侯田午派专人招待他，并亲自接见了扁鹊。扁鹊与桓侯寒暄一阵之后，望着桓侯的脸打量了半天，看得桓侯很不自在。桓侯露出疑惑的表情问："先生何故总是盯着寡人的脸看来看去？"扁鹊说道："我行医已久，可以查色按脉，知晓疾病所在。现在我看了您的面色，发现您有疾病在身，不过还好，目前病情非常轻浅，不难调治，如果耽误的话，恐怕病情会继续发展。"桓侯大笑答道："寡人能吃能喝，身体健壮，哪有什么病啊。"扁鹊摇了摇头，离开了。看着扁鹊远去的背影，桓侯就对左右的手下说："这些当医生的人啊，就知道赚钱。明明没病，也得给你硬安排个名头出来，真是可笑。"

过了五天，扁鹊又来见桓侯，他观望良久，说道："大王，您的病已经深入血脉，这次得治疗了，不然会更加深重的。"桓侯有点不耐烦："先生，上次您就说寡人有病，但是几日以来，我吃喝安好，睡眠充足，没什么异样，还是请先生不要再多事了。"扁鹊摇摇头，只好又退下去了。桓侯感到很不高兴，对左右说："装神弄鬼，故弄玄虚。寡人身体明明健康得很，他却非要让我觉得自己有病，实在是可恨。"

就这样又过了几天，扁鹊再次觐见桓侯，这一次他仔细端详了桓侯，言辞恳切地说："大王，您的病已经深入肠胃之间了，如果再不治疗的话，就真的来不及了。"桓侯听了非常生气，直接拂袖而去，不再理会扁鹊了。

这之后，扁鹊在齐国都城里又游历了几天，有一天，他遇到了出游的桓侯。这一次，扁鹊没有再主动上前，而是远远地看着桓侯。桓侯也看到了扁鹊，他本以为这个讨厌的江湖郎中又要来推销他的医术，正待发作，却见扁鹊用衣袖遮了脸，倒退两步，急匆匆地闪开了。

桓侯非常纳闷，便派人追上去询问原因。扁鹊对来人说："大王的病我早就看出来了，奈何大王根本不听我的话，使病情一步一步加重。当初疾病尚轻浅，在皮肤腠理的时候，用粗盐或艾草热敷一下便能痊愈了，但是大王没有听我的；后来疾病深入血脉，用针刺调治一下也能奏效，但大王也没有听；再后来疾病深入胃肠，用清火的药酒灌服也还能挽回，但大王依然置若罔闻。现在大王的病已经深入骨髓，纵然是掌管生死的神明都救不了大王，我自然也是无可奈何。所以我没有脸再见大王。"

手下人把扁鹊的话回禀桓侯后，桓侯很生气。但没过多久，桓侯突然感觉身体不舒服，全身疼痛难忍。他这才感觉不妙，急忙派人去请扁鹊，可等差人来到扁鹊下榻的宾馆，却发现早已是人去楼空，原来扁鹊已经取道魏国，跑到秦国去了。桓侯最终因病医治无效而死去了。

这段故事中所展示的扁鹊超凡的医术，实在是令人叹为观止。在这里我们就不得不说一下扁鹊对于中国古代诊断技术的影响。《史记·扁鹊仓公列传》记载，扁鹊诊病已能"切脉、望色、听声、写形，言病之所在"，这基本上就是现如今中医临床所用的四大诊法"望、闻、问、切"的雏形。

很多读者认为，在大夫行医的过程中，治疗才是最重要的步骤，只有给患者开了药、动了刀才算是治疗。然而在实际的临床工作中，诊断的重要性完全不亚于治疗，甚至胜过治疗。所谓"诊断"，是指从医学的角度对人们的精神和体质状态作出的判断。医学上侧重于在给患者做检查之后判定患者的病症及其发展情况，这是治疗、预后、预防的前提。可以说，没有准确的诊断，就不可能施加有效的治疗。传统医学的诊断往往更多地依靠医生的个人经验和诊断技法，而不像现代医学这样依赖仪器和实验室检验结果。

扁鹊在与齐桓侯交流的过程中，使用了四诊的第一大诊法——望诊，即医者运用视觉，对人全身和局部的一切可见征象以及排出物等进行有目的的观察，以了解健康或疾病状态。广义的望诊内容是十分庞杂的，包括神、色、形、态、舌象、脉象、皮肤、五官九窍等的情况以及排泄物、分泌物的形、色、质、量等。由于舌象、面色反映内脏病变较为准确，临床实用价值较高，因而形成了面色诊、舌诊两项中医独特的传统诊法。扁鹊在对齐桓侯面色的望诊中，不仅看出了其疾病之所在，而且明晰了随着时间推移而产生的由浅入深、由轻及重的演进过程，可谓出神入化，奈何齐桓侯不识良医忠言，可悲可叹。

换心移位，形神合一

据《列子·汤问》记载，鲁国的公扈和赵国的齐婴，身体都有点儿小毛病，这两人志趣相投，病情相惜，就一起找到扁鹊，请他为之诊病。

扁鹊细致地为两人诊察了身体，然后对公扈说："你心高气傲，才思敏捷，很多事情都想去做；但你身体孱弱，心思缜密，计谋多端，胆气不足，并不能果断地作出决定。"

扁鹊又对齐婴说："你的情况跟他正好相反。你志气不足，没有什么谋虑却过于执着。"齐婴闻及此处，脸憋得通红，心想这大夫是来戏耍我的吗？扁鹊察觉到了齐婴的变化，微微一笑，继续说道："但是你也有优点啊，你的身体素质可是比他好多了。"齐婴这才畅然。

扁鹊又说道："你们两个人，一个神强体弱，另一个神弱体强，各有偏颇，形神不相统一，才导致疾病发生。我有一个办法能解决你们的问题。"公扈、齐婴二人齐声说："愿闻其详。"扁鹊便继续说道："如果把你们两个人的心脏相互交换一下，形强制神强，神弱配形弱，形神之间的关系就能得到平衡，病也自然就好了。"

齐婴立即就同意，公扈虽然犹豫，却耐不住齐婴在旁边鼓动，加上扁鹊名声在外，也便收了顾虑，遵从医令。

于是，医学史上神奇的一幕出现了。扁鹊先是让二人喝了药酒，让齐婴和公扈都昏死了过去，然后便用刀剖开他们的胸膛，将两人的心脏切下来，交换放置，缝合整理。等一切收拾妥当，扁鹊又吩咐小童子给他们吃药。二人很快便转醒过来，发现各自的身体都非常健康，就向扁鹊告辞回家了。

心脏是人体循环系统的动力器官，通过节律性的收缩与舒张，为血液的流动和血压的维持提供必要条件，是人体维系生命最重要的器官之一。中国古代医学对于心的理解既有现代医学中结构性解剖心脏的内容，同时也具有抽象的藏象功能性内涵。中国古人认为心脏是君主之官，为五脏六腑之大主，主血脉，主管血液的化生、运行与脉管的舒缩通利。心藏神明，统管人体各脏腑生理机能和精神情志活动，这显然与现代医学系统解剖学中的心脏功能描述并不符合，因为这是古人通过取象比类和实践参照所获取的对于心功能的一种整体性认识。事实上，中医学中的心既包含了与现代医学相一致的循环系统的功能，也涵盖了造血、神经、内分泌等系统的复合功能。但无论是在中医还是西医的认识中，心对于生命而言都是一个极其关键的器官。科学发展至今，心外科已经能够通过手术置换心脏结构（比如瓣膜）以拯救患有严重心脏疾病的患者，全心置换手术也已实现。

扁鹊在几千年前施行换心之术的传说，杜撰的成分是很高的，且不说两千年前有没有换心技术，单就开胸手术的生命维持而言，该传说中的记录也是很匪夷所思的。这里我们没有必要去纠结扁鹊究竟能否换心，怎么换心，只看这则轶事中所蕴含的有价值的信息。

最突出的是对“形神一体”的认识。人体是一个有机的整体，精、气、血、津液、神之间有着相互依存、相互制约的关系。从生命活动的大体上来看，人体可分为“形”与“神”两个部分。精、气、血、津液均是人体内的基本精微物质，是产生一切机能和维持生命活动的物质基础，皆归属为“形”。而人体生命的主宰及总体现，包括了精神、意识、思维活动，概称之为“神”。形与神二者之间相辅相成，相互依附而不可分割。无形则神无以附，无神则形无以活；形为神之宅，神为形之主。形神统一是生命存在的根本保证。《灵枢·本藏》说：“人之血气精神者，所以奉生而周于性命者也。”从齐婴和公扈两人身上，我们看到了形神抗拒的不和谐状态，而扁鹊也很敏锐地洞察到这一关键，并从调和形神的角度给出了治疗的方案，力求形神合一，精神内守，身体康健，这种治病理念是难能可贵的。

除了换心，扁鹊还有更加匪夷所思的行医故事，但就真实度而言，这则故事却比换心“靠谱得多”。

虢国太子起死回生

据《史记·扁鹊仓公列传》记载，有一次，扁鹊带着弟子一行游历到了虢国都城（现河南省三门峡市一带），至城门处，听闻城内传来哀乐声。他们进城一打听，才知道虢国太子病死了，城内正在举行哀悼的仪式。出于职业敏感和本能，扁鹊急忙让弟子们找来一个爱好方术的中庶子（战国时掌管公族事务的官员）问："太子是得什么病死的？"

中庶子很专业地告诉扁鹊："太子患了气血不能按时运行的病。由于气血不能按时运行，导致郁结不能宣散，突然发作于体外，造成了内脏的损害。太子体内的正气不能遏止邪气，邪气聚集起来而又不能宣散，因此阳气虚衰，阴邪旺盛，便突然昏倒，撒手人寰了。"

扁鹊问道："太子死了多久了？"

"今日鸡鸣时分死的。"

扁鹊又问："现在入殓了没有？"

"尚未入殓。"

扁鹊如释重负地长出了一口气，整顿衣冠，对中庶子说："烦劳阁下禀告贵国的国君，我乃齐国渤海的秦越人，治病救人多年，初到贵国，未曾效力，但如今太子罹难，我能用医术使太子复活。"

扁鹊在当时名声很大，中庶子也有所耳闻，但还是不相信他能把死去的人救活。中庶子疑惑地看着扁鹊，以为他是在说大话，就问了一句："先生是说能使太子起死回生？"扁鹊点头应允。中庶子依旧不停地问道："先生此话当真？太子明明已经死去了，人死怎么可能复生？"

中庶子顿了顿又说："我听老人们讲，上古时代有一位叫作茅父的神医，治病善用奇术，每次治病时他都会在草席上铺陈好用茅草扎制的神器，然后面北背南，毕恭毕敬地顶礼膜拜，冲着面前的神器咏颂法咒，如此十几个照面的功夫，那些东倒西歪、相互搀扶的患者，就变成了活蹦乱跳的健康人。您的医术可有茅父高明？"

扁鹊回答："我没有茅父这种本事。"

中庶子闻言又说道："我还听说古时有位叫俞附的医生，治病根本不用汤药酒剂、石针导引、按摩药敷，只需稍作诊察就能发现病症的根结所在，然后依循五脏的腧穴，割开皮肉，疏通脉络，联结筋脉，按治髓脑，割治膏肓的病邪，疏理隔膜，冲洗肠胃，清洗五脏，修炼精气，改变形色，让死过去的患者复生。您的医术有这样高明吗?”

扁鹊说:“我也没有。”

中庶子见扁鹊连连否认,便道:“我们一大帮医生治了一个上午,也没有什么起色。你这也不能,那也不能,又怎么敢说可以救活太子?”

扁鹊受此责难,不禁仰天长叹,道:“你也太小瞧人了!人从竹管里往天上看,想了解的天空太大,而能看到的却太小;人用锥子去戳刺大地,想刺的东西那么幅员辽阔,而锥尖所能刺到的地方却是如此狭小!我虽不才,但也行医多年,游历四方,曾亲眼见过、亲手治过许多类似的患者。你们太子所患之病叫作‘尸厥’,这是体内阴气不能向外发散,体表阳气不能向内回归,气血无法循环,表里不能沟通,上下无以升降所造成的。你现在就可以回去看一看太子,摸一摸他的大腿,应当是温暖的;仔细听一听他的鼻息,或者用一缕毛发放在他的鼻孔附近试一下,他应当还有微弱的气息。如果真的如我所言,就有生还的可能!”

中庶子闻听此言,急匆匆地赶到太子“尸身”前,用手摸了一下他的大腿,果然是温的,又拽下自己一缕头发,探到他的鼻前悬着,只见发丝随着他微弱的鼻息轻轻飘摆。中庶子终于明白过来,慌忙跑去报告虢君。

虢君听说了,立刻召唤手下一起来到扁鹊下榻的宾舍,请求扁鹊施救。

扁鹊对虢君道:“太子根本没有死,只是犯了尸厥而已。此病乃是因为阳气陷入阴脉,脉气缠绕冲动了胃气,经脉受损,脉络壅塞,分别下注入下焦、膀胱,因此阳脉下坠,阴气上升,阴阳两气会聚,互相搏结,不能畅行。阴气又逆而上行,阳气只好向内运行,阳气徒然在下在内鼓动却不能上升,在上在外被阻绝不能被阴气遣使,在上又隔绝了阳气的脉络,在下又破坏了阴气的筋纽,这样阴气破坏、阳气隔绝,使人的面色衰败血脉混乱,所以整个人看上去就会像死去了一样。太子实际没有死。依我的经验来看,若是因为阳入袭阴而阻绝脏气的话,则能治愈;如若是因为阴入袭阳而阻绝脏气,则无以为治。这些情况,往往是在五脏厥逆时突然发作。有经验的医生能治愈这种病,倘是庸医,便会因困惑而使患者陷入危险。”

虢君闻之,更是拜请连连,扁鹊也顾不得多言,连忙召唤弟子们取来治病工具,让学生子阳磨砺针石,取百会穴对太子行针,没过多久,太子便苏醒了。扁鹊又让学生子豹准备能入体五分的药熨，再加上八减方的药剂混合煎煮，交替在太子两胁下熨敷。不一会儿，太子竟然能够坐起来了。通过进一步调和阴阳，太子又接连吃了二十天汤剂，身体便逐渐恢复了。

这件事发生之后，民间争相传颂扁鹊有起死回生之力，补天再造之功。这些话最终也传到了扁鹊的耳中，扁鹊却丝毫没有因此而洋洋得意，他非常谦逊地说："我可没有什么本事让死人回生。此人本就未死，我只不过让他重新转复正常而已。"

一代神医的陨落

说到扁鹊的死，我们就不得不先说一下秦武王嬴荡。

秦武王，约生活在公元前 329 年～前 307 年，嬴姓，秦氏，名荡，战国时期秦国国君，公元前 310 年～前 307 年在位，秦惠文王之子。秦武王身形高大，强壮有力，孔武好战，但他并非四肢发达、头脑简单之辈。他在位期间设置丞相，驱逐张仪，结盟魏国，联越制楚，攻拔宜阳，设置三川，平定蜀乱，修改封疆，更修田律，疏通河道，筑堤修桥，可以说是政绩满满。

但是他的性格争强好胜、好勇斗狠。平日里，秦武王最喜欢的事情就是比武角力，而且他也很赏识雄武有力之人，他手下的高官如任鄙、乌获、孟说等人，都是身强体壮、形体魁梧的大力士。秦武王四年(前 307 年)，武王突然心血来潮，要与孟说比赛举"龙文赤鼎"，结果大鼎脱手，砸断胫骨，气绝而亡，时年 23 岁，谥号为烈(悼)。

好勇者亡于争胜，武王之死令人叹息，他的死也引发了扁鹊的悲剧。

据《战国策》记载，扁鹊一众人来到秦国，很快便受到秦武王的关注，被召入宫中诊病。依仗着精湛的医术，扁鹊解决了很多令其他御医手足无措的问题，深得秦武王赏识，但也得罪了秦武王手下的一众御医。其中有一个叫作李醯的人尤为歹毒，他深知自己的医术远远不及扁鹊，唯恐将来失宠，便暗中派人在扁鹊的必经之路上劫杀扁鹊，使一代名医就此陨落。

小　结

虽然扁鹊不行罹难，遭人暗算而死于非命，但他的医术、医道、医德却千古流传。司马迁在《史记·扁鹊仓公列传》中说:“女无美恶,居宫见妒;士无贤不肖,入朝见疑。故扁鹊以其伎见殃,仓公乃匿亦自隐而当刑。缇萦通尺牍,父得以后宁。故老子曰‘美好者不祥之器’,岂谓扁鹊等邪?”司马迁还曾称赞扁鹊:“扁鹊言医,为方者宗。守数精明,后世修(循)序,弗能易也。”日本医师滕惟寅说:“扁鹊,上古之神医也。”后世诸贤都给予了扁鹊极高的评价,而老百姓更是把这位名医奉若神明,称颂至今。

扁鹊穷尽一生,认真总结前人和民间的临床经验,结合自己的医疗实践,在传统中医学诊断、病理、治法领域都做出了开创性的贡献。扁鹊的学术思想和医疗经验,在我国医学史上承前启后,深刻而久远地影响了我国医学的发展。因此,医学界历来把扁鹊尊为我国古代医学的祖师,将他喻为“中国的医圣”“古代医学的奠基者”。

扁鹊在诊视疾病时,已经能综合应用望色、听声、写形和切脉这些系统的诊断方法,这正是传统中医独具特色的四诊法,也就是我们所说的望诊、闻诊、问诊和切诊。扁鹊精于望色,能通过望色辨识病症并推断病程演变和预后,这一点从扁鹊见齐桓侯的轶事中体现得淋漓尽致。

扁鹊十分重视疾病的预防。在扁鹊见齐桓侯的故事中,扁鹊之所以多次进谏桓侯,劝说他及时接受医治,就是因为看到了桓侯病情由轻及重的必然趋势,并且能够自觉地运用治未病的理念去提前加以干预,意欲防病于未然,将疾病消灭在萌芽状态,或者在尚未不可收拾之前阻截疾病转变的路径,以达事半功倍之效。“治未病”的理念最早源自于《黄帝内经》:“上工治未病,不治已病,此之谓也。”治,为治理、管理的意思。治未病即采取相应的措施,防止疾病的发生、发展。中医学治未病的理念主要包括未病先防和既病防变两点,这种思想在今天的临床工作中仍然有着宝贵的价值。

扁鹊精通内、外、妇、儿、五官等科,综合应用砭刺、针灸、按摩、汤液、热熨等方法治疗疾病,可谓全能医生,也是现代全科医生的鼻祖。扁鹊还能根据各地的需要,入乡随俗、因地制宜地开展医疗活动,这也为现代基层医疗工作模式改革提供了极大的启发。

扁鹊医德高尚,他在周游列国的沿途为百姓解决病苦,不贪图名利,不妄取钱财,足迹遍及中原大地。每到一地,他都随俗而变,根据群众需要行医，急患者之所急。扁鹊虽为古人，却不为唯心主义思想所染，客观严谨地提出了著名的“六不治”理论：“骄恣不论于理，一不治也；轻身重财，二不治也；衣食不能适，三不治也；阴阳并，藏气不定，四不治也；形羸不能服药，五不治也；信巫不信医，六不治也。”（《史记·扁鹊仓公列传》）这“六不治”既是扁鹊行医济世的原则，也是扁鹊信守医道本分的执念，尤其是第六不治“信巫不信医”，表明扁鹊将自己的诊治体系与巫蛊迷信划清了界限，为传统医学走上唯物主义道路奠定了基础，具有跨越时代的进步意义。

其实，依照史料中所载的扁鹊经历，在当时的医疗技术和物质条件之下，颇有可疑之处，倘若扁鹊确如各种传说所描述的那样，未免奔袭过远，医术也近乎于神。因此，我们更倾向于把扁鹊看作是一群凭着救苦扶困的志向在华夏神州挥洒热血，以饱学之躯、宽仁之心悬壶济世的平凡人，他们是我国古代劳动人民敬畏生命、崇尚健康的精神幻化的图腾。我们无需争论扁鹊究竟身起何方，因为扁鹊无处不在、无时不在。只要有一颗济世仁心，你我皆可称为“扁鹊”。

五、智激闵王，壮烈殉医　——文挚

文挚，战国时期的名医，约生于公元前 4 世纪至公元前 3 世纪初年，原籍为宋国商丘（今河南省商丘市），医术高超。

文挚智激齐闵王

据《吕氏春秋·仲冬纪·至忠》记载，一次，齐闵王生病，请宋国名医文挚前来诊治。文挚在给齐闵王详细诊查后，对太子说：“大王的病是可以治的，而且我也确有能力医好大王，但等我治好了大王的病，大王必然会杀掉我。”

太子问：“先生为什么这么说？”

文挚回答：“大王的病是因操劳忧思过度而起，这种病用普通医药是无法奏效的。只有激怒他，让他发一通脾气，怒志胜忧思，大王的病才会好。但是，大王盛怒之下必然杀我。”

太子请求道：“先生，如果真的能治好父王的疾病，我和我母后一同以命相保，父王念及平日与我母子两人的深情，定然不会杀先生的。请先生不要再顾虑了。”

文挚回答：“好吧。请一定向您父王告知实情，以命相保。”

于是，文挚与太子约好具体事宜后，太子禀告齐闵王他的病文挚可以治疗，但要请文挚来，需要礼数周至。齐闵王于是以礼待之，沐浴更衣。结果等到晚上，也未见文挚身影，齐闵王大为不快，差人前往问询，文挚潦草地敷衍说是起晚了，不便出行，要另行约定明日再至。齐闵王虽然不高兴，但也没什么办法。

然而第二天，文挚依然拿鸡毛蒜皮的理由敷衍，并又约了第三天再往。齐闵王此时已经快坐不住了，然而两天都等了，就再等一天吧。

第三天，文挚还是没有出现。齐闵王此时已是暗暗憋气，咬牙切齿。

第四天，文挚终于来了，但他披头散发，敞襟汲履，更令人气愤的是，他居然穿着沾满泥污的鞋爬到齐闵王的床上，脚踩着齐闵王华贵的袍服，问齐闵王：“大王是哪里不舒服啊？”

齐闵王气得一语未发。文挚见齐闵王不说话，便拂袖而出。齐闵王大怒，一下坐了起来，呼唤左右侍从将文挚拿下。

经过这一场闹剧，齐闵王的病竟然神奇般地痊愈了。

太子与王后见齐闵王病好了，赶忙一起向齐闵王说明了事情的缘由，竭力劝阻其对文挚用刑。然而，齐闵王暴怒，谁的话也听不进去，在明明已经知道文挚本意的情况下，仍然对文挚痛下杀手。

小　结

文挚智激齐闵王的事迹开创了中国医学史上用情志相胜法治疗情志病的先河，可算是最早的心理治疗案例。中国古人用木、火、土、金、水五行的生克制化关系衍生出人体五脏六腑以及七情五志之间的复杂关系，在这里，我们借着文挚智激齐闵王的故事来简单介绍一下何为情志相胜疗法，并解释一下文挚又是如何应用了这种疗法。

首先，虽然史料中有关齐闵王具体病症的记载并不详细，但结合齐闵王的身份以及当时大环境，再根据其患病后医药罔效的情况来看，他的病应该是操劳忧思所致的情志病，类似于今天所说的重度抑郁症。而忧思之志在中医学五行学说中是对应土行的，且操劳过度每易伤脾土，而作为木行的怒志则能以木克土，达到情志相胜的效果。文挚正是借助这种情志之间的五行相克关系，巧妙地利用各种手段激怒齐闵王，以怒胜思，思解则气行，气血流畅，五经并行，水谷通调，则疾病自然也就痊愈了。

什么是五行？依照教科书中所言，五行即木、火、土、金、水五种物质及其运动变化。五行中的“五”指由宇宙本原之气分化的构成宇宙万物的木、火、土、金、水五种基本物质，“行”指这五种物质的运动变化。《尚书正义》中说：“言五者，各有材干也。谓之行者，若在天，则为五气流注；在地，世所行用也。”若从其方法论的角度来看，五行已超越了其物质性的概念，衍化为归纳宇宙万物并阐释其相互关系的五种基本属性。

五行概念正是在“五方”“五材”的基础上形成的。

“五方”：是殷商时期人们对空间位置形成的认识。殷商时期的先民通过观察已意识到生产活动中农耕、畜牧与不同方位来的风雨有密切关系，从而产生了在祭祀中对不同方位风雨的祈祷。如“癸卯，今日雨。其自东来雨？其自西来雨？其自北来雨？其自南来雨？”[①]的甲骨文卜辞。殷人把自己居住的区域称为“中商”，并以此为基点分辩东、南、西、北四方。

“五材”：出现于春秋时期，是指木、火、土、金、水五种基本物质或基本元素。《左传·襄公二十七年》中说：“天生五材，民并用之，废一不可。”木、火、土、金、水这五种物质是人类日常生产和生活中最为常见和不可缺少的基本物质。《尚书正义》中说：“水火者，百姓之所饮食也；金木者，百姓之所兴作也；土者，万物之所滋生，是为人用。”人类在生产和生活中，经常接触这五种物质，也认识到这五种物质可以相互作用，还可以产生出新的事物。如《国语·郑语》说：“以土与金、木、水、火杂，以成百物。”

---

① 郭沫若：《卜辞通纂》，社会科学出版社 1983 年版，第 375 页。

“五行”一词，最早见于《尚书》。《尚书·周书·洪范》指出“鲧堙洪水，汩陈其五行”，并对五行的特性从哲学高度作了抽象概括，指出：“五行，一曰水，二曰火，三曰木，四曰金，五曰土。水曰润下，火曰炎上，木曰曲直，金曰从革，土爰稼穑。”此时的五行，已从木、火、土、金、水五种具体物质中抽象出来，上升为哲学的理性概念。古人运用抽象出来的五行特性，采用取类比象和推演络绎的方法，将自然界中的各种事物和现象分归为五类，并以五行相生、相克的关系来解释各种事物和现象发生、发展、变化的规律。因此，五行学说是以木、火、土、金、水五种物质的特性及其相生、相克规律来认识世界、解释世界和探求宇宙变化规律的一种世界观和方法论。

中医学把五行学说应用于医学领域，以五行学说来阐释人体局部与局部、局部与整体、体表与内脏的有机联系以及人体与外在环境的统一。五行学说作为一种思维方法贯穿于中医学理论体系的各个方面，用以说明人体的生理病理，并指导疾病的诊断和治疗，成为中医学理论体系的重要组成部分。

文挚所用的情志相胜法正是巧妙地利用了五行与五志之间的对应关系，并借助其相克次序，遵循“木克土，怒胜思”的治法原则，不费一针一药，仅用情志刺激便治好了齐闵王的疾病，即便放在今天，这也不可谓不神奇。

时至今日，伴随着医学心理学和精神医学的高度发展，很多基于现代心理学理论的治疗方法应运而生，然而我们不应忘记，早在几千年前，就已经有中国的医生在此领域做出了大胆而有效的尝试，并可能因此而付出了生命的代价。

HAN DAI MING YI

第二章

汉代名医

第一节 汉代的医学

汉朝是在秦朝之后的大一统王朝，主要分为西汉、东汉两个时期，是中国历史上最强盛繁荣的朝代之一。汉武帝在位期间，曾经两次派张骞出使西域，开辟了丝绸之路，也使得西域的红花、葡萄、核桃、胡麻、大蒜及其他地道药材输入内地，偏远地区的犀角、羚羊、琥珀、麝香、龙眼、荔枝等，也逐渐被内地医家所采用。这一切都大大地丰富了当时人们的药物知识。据《汉书·郊祀志》记录，早在汉成帝时期，即有了“本草待诏”的职称。《汉书·平帝纪》中也记录，朝廷曾征召天文、历算、方术、本草等教授者来京师，奉命去整理、研究和传授本草学。《神农本草经》这本书正是在这样的历史背景下产生的，它对战国以来的用药经验和药物学知识作了系统而全面的总结和介绍。

秦汉以后的中国本土文化也分两大系统，即儒家文化和道教文化。以医药养生为中心的方技之学代表了秦汉时期的医学文化，现在的中医学便主要由当时的方技之学发展演变而来。

东汉医术的传承主要靠师父带徒弟的模式，后来逐渐出现了以考试形式选拔医师的方法，这与我们现在通过考试选拔出优秀的医学人才，再通过师父带徒弟的形式来学习医术的方式有许多相似之处。

汉元帝要求所有侍候他的医务官员必须通过考核。这个考核不仅考察官员的医学知识，还要审核他们是否达到“廉、信、礼、义”的行为规范，也就是如今所说的“医德”。

汉代除了朝廷有侍候皇室百官的医师之外，在军队及诸侯管辖地方也有医官为军人和黎民百姓除去病痛。汉代有很多名医，例如仓公淳于意是第一个保存患者记录的医师，他还在编写的《诊籍》中记载了浮、沉、弦、紧、数、滑、涩、长、大、小、代、弱、实等近二十种脉象。除了坚、平、小、鼓、静、躁等几种脉之外，其他脉象现在还在沿用。

又如汉代名医张仲景，他生活在东汉末年，当时战火绵延，天灾频发，疫病流行。据张仲景在《伤寒杂病论·序》中记载，他的家族原有二百多人，自汉献帝建安元年以来，不到十年的时间，就有三分之二的人因为感染疾病陆续死去，其中因为伤寒病而死去的家人就占了十分之七。严酷的现实，迫切要求有人去攻克伤寒病的难题，张仲景因此而立志发愤钻研医学，他刻苦攻读古书，结合当时医家以及自己长期积累的医疗经验，写出了《伤寒杂病论》这部临证医学名著。《伤寒杂病论》不仅确立了辨证论治的原则，也奠定了中医治疗的理论基础。

再比如汉代神医华佗，他精于外科手术，发明的麻沸散是世界上最早的麻醉剂，比西方早一千六百多年。华佗还提倡积极的体育锻炼，他在继承古代气功导引的基础上，又模仿虎、鹿、熊、猿、鸟五种动物的活动姿态创制了一套体操，取名为“五禽戏”。他的弟子吴普坚持长期锻炼，结果活到九十多岁，依旧耳目聪明，齿牙完坚；弟子樊阿一边锻炼一边服用补养药，竟然活到了一百多岁。

第二节　汉代名医的故事及其智慧

一、仓公撰医案　——淳于意

淳于意是西汉初年医家中杰出的代表人物，是《史记》中唯一一个有记载的汉代医家。《史记》记载了他记录的二十五例医案，称为“诊籍”，这是中国现存最早的病史记录。因淳于意做过齐国的太仓长，因此被百姓们尊称为“太仓公”或“仓公”。司马迁曾高度评价淳于意的医学成就，形容仓公为

“扁鹊言医，为方者宗，守数精明；后世循序，弗能易也，而仓公可谓近之矣。”（《史记·太史公自序》）张仲景在《伤寒杂病论·序》中也曾评价过仓公：“上古有神农、黄帝、岐伯、伯高、雷公、少俞、少师、仲文，中世有长桑、扁鹊，汉有公乘阳庆及仓公，下此以往，未之闻也。”

淳于意在少年时代就非常热爱医学，青年时受师于淄川唐里的公孙光，公孙光教他《方化阴阳》《传语法》《经脉高下》《四时阴阳重》《案法》《顺送》等医书，淳于意尽得其精华，公孙光赞叹他“必为国工”“其人圣儒”。好学不倦的淳于意认为自己学到的内容还很少，仍要继续学习，多次向公孙光恳求再授精方。淳于意这种好学不倦的精神深深地感动了公孙光，于是他写了一封推荐信，将淳于意推荐给临淄城的公乘阳庆。此时的公乘阳庆已经是一位七十多岁高龄的老人，他收藏着很多战国时留传下来的医书。淳于意聪明好学，公乘阳庆非常欣赏他的好学不倦和上进精神，便把自己珍藏的书籍全部传授给了他。后来，公乘阳庆驾鹤西去，淳于意便四处行医，足迹遍布山东，成为远近闻名的一代名医。

淳于意不仅治病救人，而且热心投身于医学教育，他是秦汉时期文献中记载的带徒弟最多的一位医家。淳于意主要的弟子有宋邑、高期、王禹、冯信、杜信、唐安六人，均为临淄、淄川人。他所教授的主要内容为上下经脉、脉诊、汤药以及奇病、四时阴阳、针灸等。他还会根据学生的掌握情况和能力的不同，决定学生的学习时间。

淳于意弟子较多，甚至还有奉各地诸侯王之命前来拜师的太医，可见淳于意医术之高明。淳于意不吝惜自己所学，倾囊而授，还因材施教，培养了一些优秀的医家，使弟子学有所成，皆具一技之长。可以说在中国医学教育史上，淳于意是一位继往开来、承前启后的人物。

淳于意医术精湛，决断患者生死多有应验，医治患者能达到起死回生的奇妙效果，人们都称赞他为“神医”，一些朝廷官员甚至想把他留在身边专门为官府服务。当时，赵王、胶西王都来请他，但他喜欢匿迹自隐的“隐医”生活，以各种理由推托拒绝，因此，得罪了一些权贵之人。

察色诊脉，预测生死

淳于意苦读经典医术，可以随意背诵医学典籍，但他在诊病时会视患者情况，从来不盲目死搬硬套，断章取义。淳于意在诊法中注重脉诊，同时还认为“脉法不可胜验”，强调要脉证合参，在他诊脉治病的案例中就有这样的故事。

据《史记·扁鹊仓公列传》记载，齐国有一位名叫成的御史得了头痛病，请求淳于意给他诊治，淳于意在为他切脉后告诉他说：“你的病情严重，不能一下说清。”他私下告诉成的弟弟昌：“你的哥哥得了严重的疽病，发生在肠胃之间，估计五天就会肿起来，再过八天就会吐脓血而死。通过我的判断，他的病是大量酗酒后行房事导致的。”

昌非常惊讶，不愿相信他说的话，淳于意无奈离开了。到了第五天，成身上果真脓肿起来，又过了八天，吐脓血而死去。

淳于意为什么会这么准确地推测到成的死期？他在病案中分析说，之所以可推断出成的病，是因为在把脉时，他发现成的肝气浊而静，这是体内重而表现在体表轻的疾病。问诊后得知，成曾经大量酗酒后又行房事。肝脏是解酒的脏器，大量饮酒会导致肝脏不能正常工作。行房事伤肾，而中医认为肝主木，肾主水，五行本应相生，水应生木，可肾的功能受损，水不涵木，使肝病爆发而亡。

又如济北王府有许多女仆，济北王心怀仁慈，担心仆人们的身体健康，特地召来淳于意，要他对府中的女仆进行健康检查。淳于意检查后发现女仆们都很健康，没有什么奇怪的病症，只有一个叫竖的女孩，淳于意认为她有病，不能过度劳累，一劳累就会吐血而死。

淳于意便问济北王说：“请问王爷，竖这个女婢有什么本领？平常在王府中担任什么样的工作呢？”济北王说：“竖有许多表演技能，且非常能干，是我在街上花了很多钱买来的。仓公，莫非她有什么病吗？”淳于意说：“竖不但有病，而且是绝症，平日千万不要劳累，否则一不小心就会丧命。”济北王很是担心，把竖找来问她：“最近是否有身体上的不舒服？”竖回答：“近日没有什么不舒服，身体很好。”济北王见她脸色正常、精神饱满，因此不相信淳于意的话。

结果到了第二年春天，济北王如厕，竖捧着一把剑在外面保护他，济北王从厕所出来之后，发现竖已经倒在厕所外面，呕血而死。

辨证论治，针治热厥

淳于意不仅能预测患者的生死，在诊断疾病上也是一位高手，他在临床上很是注重辨证论治和整体观念。

据《史记·扁鹊仓公列传》记载，济北王的母亲跟淳于意说自己的脚心总是感觉很热，淳于意通过辨证论治诊断她为热厥病，便用针刺了她足心三处穴位，她的病就好了。

济北王很高兴，问："我的母亲为什么会得这个病？仓公烦劳您解释一下吧。"

淳于意回答到："她患病是因为过量饮酒，大醉，气机不通，郁结生热，因此会出现足心热、全身烦闷等热厥的症状。"

厥证是气机逆乱引起的足寒或者足热等症状。淳于意用针刺了患者脚心部位的三处穴位，具体哪些穴位，史料里并没有说，但我们通过对《黄帝内经·灵枢·热病》中所记录的"热病，……取之涌泉与阴陵泉"猜测，这些穴位里极有可能包含足少阴肾经的井穴涌泉。

为什么选取涌泉穴？对热厥，当清热除烦，因此淳于意取有清热作用的涌泉穴，以此来引热下行。涌泉为足少阴肾经的井穴，而井穴是经水涌出之地，是经脉循行初始地。足少阴肾经可以滋肾阴，针刺涌泉不仅可以引热下行，还有滋补肾阴、滋阴降火的功效。

日常生活中，我们可以在泡完脚后多按揉涌泉穴以补肾阴。尤其对年老体弱、肾精亏虚的中老年人以及经常熬夜加班的青年人，涌泉穴是最好的养生穴位之一。

巧用物理降温治疗发热

据《史记·扁鹊仓公列传》记载，淳于意游历到菑川时，正巧菑川王患病，头痛得厉害，卧床不起，久久不能处理公务，他的仆人请淳于意来给他诊治。

淳于意给菑川王切脉后说道："厥病进入身体上部，已经比较严重了，所以才会出现头痛，身上发热，胸口胀满，肢体疼痛，心情烦闷。"

菑川王听后说道:“我已经好久没有过问公务了,菑川有很多事情需要我去处理,恳请仓公快为我治疗吧。”

淳于意道:“可以用凉水敷在头上,再针刺足阳明胃经左右各三个穴位,头痛便能缓解,身体即可痊愈。”

菑川王问:“为什么我会得如此痛苦的疾病?”

淳于意回答:“您得这个病,全是因为沐浴后没有擦干头发就入睡的缘故。风邪侵袭,就会出现头痛、身热、肢痛、烦闷的症状。”

其实这就相当于今天所说的“风寒感冒”,郁而化热,导致发烧。在这里,淳于意采用了物理降温的办法。

而在现代,我们改进了方法,发烧时可用酒精擦拭身体(婴幼儿除外),尤其是额头、腋窝、肘窝、腘窝等位置来降温。

通过这个小故事,我们可知在晚上洗头发的时候务必要把头发擦干才可以入睡,以避免风寒邪气侵袭,感受风寒而导致风寒感冒。

灸药结合,多法共治

据《史记·扁鹊仓公列传》记载,司空命有个名叫出于的女奴得了疾病,许多医生诊治后都认为她是风邪入体,使肺出了问题,便都用针刺其手太阴肺经的穴位,却不见好转。司空命眼见着这种状况,很是着急,便派人请来淳于意诊治。

淳于意切诊了患者的脉象,问道:“你哪里最难受呢?”

出于说:“仓公,我目前最难受的是大小便问题。我想去上厕所,却不能正常排出,就算排出小便,颜色也是红色的。还有,我一遇到寒冷的天气或者接触到寒凉的物品,就会在夜间熟睡后不由自主地排出小便,并且我的腹部也会水肿起来。”

淳于意研究患者的表现以及脉象诊断后,说:“出于是因为小便排出困难,积累在腹部,所以才会腹部水肿。”于是他采用艾柱灸出于的足厥阴肝经大墩穴,每个穴位一壮,并令出于服用火齐汤。

艾灸以及服用汤药后,出于对淳于意说:“仓公,您太神了!我就艾灸了一次,遇到寒冷的天气或者接触寒凉的东西后,晚上睡觉时再也没有出现遗尿。而喝了这个汤药后，小便不仅可以正常排解，也不是红色了，就和正常人一样。”通过后续的治疗，渐渐地出于的小腹水肿消失了。

大墩穴在人体的什么位置呢？取大墩穴时可以正坐或仰卧，在足拇趾末节（靠第二趾一侧）甲根边缘外侧约 2 毫米处。这个神奇的穴位可以治疗很多疾病，比如疝气、遗尿、癃闭、经闭、崩漏、阴挺、痫证，现在多用于治疗功能性子宫出血、子宫脱垂、精索神经痛、阴茎痛、糖尿病等疾病。除此之外，自古以来大墩穴也被医家视为镇静及恢复神智的要穴，所以如果患者出现晕厥，我们可以掐揉大墩穴来救治患者。至于火齐汤，历代医家看法不同，但大多数人认为火齐汤中的火齐实际为颜色是红色的云母，火齐汤即以红色的云母为主的泄热的汤药。

对失治、误治实事求是

淳于意在《诊籍》中不仅仅记载了治疗有效的医案，还记载了几个因失治误治而导致患者死亡的案例。齐章武里的曹山跗得了重病，淳于意给他把完脉说：“这是消渴病里面的肺消所致，而且还有寒热错杂的征象。”

他询问曹山跗：“你得病之前有没有生气过？或者有什么不舒服？”

曹山跗道：“我在得这个病之前，因为一些事情非常生气，几天后就得病了。”

听到这里，淳于意便判断这是肺气热的表现，认为曹山跗不适合艾灸。又问：“在我来之前，你还找其他大夫看过么？怎么治疗的？”

“您来之前齐太医给我诊治过，用艾灸了一段时间，但病情没见好转，甚至还加重了。”

听到如此，淳于意摇头叹息，自行走出去了。弟子问淳于意为何摇头叹息，他说：“他活不多久了，三天后会突然发狂躁病，五天后就会因病而死去。”

曹山跗为什么会死去呢？原来在淳于意来诊治之前，齐太医为曹山跗艾灸了足少阳胆经，又灸了少阴经。曹山跗体内本身就有寒也有热，而艾灸是偏向温热性的，可助长曹山跗体内的火热之邪。果然，三天后曹山跗就开始狂躁不已，五天后就因为太过耗气导致心气不足，最终死亡。

淳于意记载了这个案例，提醒后世的医生在诊治时，不要因不认真辨证论治而出现大的过错。这个故事也告诫我们，艾灸虽能温经通脉，但不能随便使用，要根据个人体质以及病情查看是否适合。那么，怎么判断患者适不适合艾灸呢？

比如遇到身体有热的，舌质红、脉象数的，容易急躁易怒的，身上容易起红疹子的，怕热、喜爱喝冷饮的，有手脚心热等症状的患者，使用艾灸，会助长体内火热之邪，让病情更加严重。而如果遇到身体有寒、怕冷、怕风，遇到寒冷的天气或者喝冷饮病情加重，喜欢喝热饮，手脚心凉等症状的患者，就可以用艾灸来温经散寒，祛除寒邪。

淳于意在记录病案的时候，实事求是地记录了治病经过以及结果，没有夸大疗效或仅记录治疗效果好的病案。他还记录了疗效差，或因失治、误治导致患者病重甚至死亡的医案。他这种严谨和诚实的态度也影响了后世医生的医德培养。

二、长沙太守，坐堂行医——张仲景

张仲景，名机，字仲景，东汉南郡涅阳县（今河南省南阳县）人，是古代伟大的医学家。他的医学著作《伤寒杂病论》对于推动后世医学的发展起了巨大的作用，是继《黄帝内经》之后，又一部影响力巨大的医学典籍。《伤寒杂病论》集秦汉以来医药理论之大成，也是我国第一部临床治疗学方面的巨著，这部著作在公元210年左右写成，经晋代名医王叔和的整理，至宋代，才渐分为《伤寒论》和《金匮要略》二书。

《伤寒杂病论》奠定了张仲景在中医史上的重要地位，成为后世从医者必读的重要医籍，张仲景也因对医学的杰出贡献被后人称为“医圣”。清代医家张志聪曾说：“没有读过四书的人不算是儒家学者，没有读过《伤寒论》的人不能称之为医生。”

目前，《伤寒论》和《金匮要略》仍是我国中医院校使用的主要教材之一。

据史书记载，张仲景的著述除《伤寒杂病论》外，还有《辨伤寒》十卷，《评病药方》一卷，《疗妇人方》二卷，《五藏论》一卷，《口齿论》一卷，可惜都早已散失不存。然而仅一部《伤寒杂病论》的杰出贡献，也足够让张仲景成为海内外景仰的医学伟人。

张仲景出生在一个没落的官僚家庭，他的父亲张宗汉是个读书人，在朝廷做官。因为家庭的特殊条件，他从小就有机会接触许多古典医籍。他从史书上看到扁鹊望诊齐桓侯的故事后，对扁鹊高超的医术非常佩服，感叹道："我每次读书，读到扁鹊诊治虢国太子和望诊齐侯，都怀着感叹佩服之情，敬仰扁鹊有优异的医术才能。"

张仲景所处的年代，朝政不安，人心涣散，农民起义此起彼伏，兵祸绵延，黎民百姓饱受战乱之灾，加上疫病流行，很多人死于非命。而统治阶级自顾不暇，甚至为争权夺势发动战争。这使张仲景从小就厌恶官场，轻视仕途，怜悯百姓，萌发了学医救民的愿望。在张仲景十岁左右，他就拜同郡医生张伯祖为师，学习医术。

张伯祖是当时一位有名的医家，他性格沉稳，生活简朴，对医学刻苦钻研，每次给患者看病、开方都十分认真，深思熟虑，经他治疗过的患者十有八九都能痊愈，他也因此很受百姓尊重。张仲景跟他学医非常用心，无论是诊病、抄方抓药，还是采药、炮制，从不怕苦怕累。张伯祖非常喜欢这个学生，把自己毕生行医积累的丰富经验毫无保留地传给了他。

比张仲景年长的一个同乡何颙对张仲景很是了解，曾对他说："你才思过人，善思好学，聪明稳重，但是没有做官的气质和风采，不宜做官。只要专心学医，将来一定能成为有名的医家。"何颙的话更加坚定了张仲景学医的信心，从此他学习更加刻苦，博览医书，广泛吸收各医家的经验用于临床诊断，进步很大，很快便成了一位有名气的医生，甚至"青出于蓝而胜于蓝"，超过了他的老师。

五谷杂粮巧治忧郁

相传，有个名医叫沈槐，七十多岁了还没有子女。他整天惆怅自己的医术后继无人，吃不下饭，睡不着觉，慢慢地忧虑成病了。

当地的医生都看不好沈槐的病，他病得越来越重了。

张仲景知道后，到沈槐家里察看了他的病情，确认他是忧虑成疾，马上开了一个药方：用五谷杂粮面各一斤做成丸，外面涂上朱砂，一顿食用。

沈槐心里觉得好笑，便命家人把那五谷杂粮面做成的药丸挂在屋檐下，逢人就指着这药丸奚落张仲景。他一心只想这件事，忧心多虑的事全抛在了脑后，不知不觉间病就好了。

这时，张仲景来拜访他，说："恭喜先生，您的病好了！"

沈槐一听恍然大悟，觉得即佩服又惭愧。这之后，他便把自己的医术全部传授给了张仲景和其他医生。①

情志真的会影响人的身体健康么？答案是肯定的。情绪变化会引起脏腑精气功能紊乱，导致疾病发生。中医理论中的七情是指喜、怒、忧、思、悲、恐、惊这七种正常的情绪活动，这些是人体脏腑生理和精神活动对内外环境变化产生的情志反应，一般不会诱发疾病。

但是当我们七情中任意一情过激，就可能会直接损伤内脏而导致内伤疾病的发生。比如大怒伤肝，大喜伤心，过度忧思会损伤脾脏，过度悲伤会损伤肺脏，过度惊恐会损伤肾脏。

中医认为，怒在五脏归属上属于肝，而喜归属于心，思归属于脾，悲归属于肺，恐归属于肾。情志内伤脏腑而致病，首先是影响脏腑气机，导致脏腑气机升降失常而出现相应的临床表现。比如本文中沈槐因为无儿无女，所学医术无人可传承，思虑过度而疾，因此他就会出现心脾气机瘀滞，运化失职，从而出现心悸、失眠、多梦、精神萎靡、倦怠乏力、食少、腹胀、便溏等症状。

张仲景为了让沈槐开心，即使开出的药方有损自己的声誉，被沈槐嘲笑也不在乎，可见他作为医生有高尚的医德。也正因为如此，沈槐将忧心多虑的事情全抛在了脑后，情志逐渐顺畅了，病就好了。

---

① 参见《时刻关注》编委会编：《中国古代奇人异士》，中国铁道出版社 2016 年版。

“王不留行”名称的由来

相传汉桓帝时代，一位宫妃为桓帝生下皇子，但这位宫妃年近四十，乳汁不足，导致饥饿的皇子啼哭不止，日渐消瘦。桓帝为此找来御医开方诊治，无奈疗效不佳。有人推荐张仲景，桓帝便派人把张仲景接到京城。张仲景根据宫妃的症状，开了主药为“大麦牛”的处方交给御医。御医拿着处方说：“大麦牛是什么药物？”张仲景说：“这个只有夏天有，冬天没有，现在是冬天，我也没办法啊！”

桓帝听后厉声说：“张仲景，你诚心愚弄寡人！若你想不出下奶的办法，就别想活着回去！”有人向桓帝求情，桓帝仍气愤地说：“想不出方法，本王绝不留情！”

张仲景因冬天采不到大麦牛而惹怒皇帝的消息，传到了被他救治过的百姓那里，其中有位少年家里，恰巧还有夏天采的大麦牛，于是少年背上药物，冒着大雪，一路奔到京城，把药交给了御医。

再说宫妃自服药后，果真下奶了，皇子身体也日渐强壮。桓帝龙颜大悦，终于释放了张仲景。

张仲景追忆当初汉桓帝盛怒不留情的可怕情景，联想到“大麦牛”的作用，便将“大麦牛”更名为“王不留行”。从此以后，在南阳一带，便流传着这样一首医病民谣：“穿山甲，王不留，妇女下奶，奶汁流。”①

王不留行性味苦、平，归肝、胃两经，具有活血通经，下乳消肿，利尿通淋的功效，不仅可用于治疗乳汁不下，还可用于经闭，痛经，乳痈肿痛，淋证涩痛等证。

催乳的药材有穿山甲、王不留行，那么回乳呢？

现在饭店里经常作为代茶饮的大麦茶就有回乳的作用。大麦性味甘、平，归脾、胃两经，具有行气消食，健脾开胃，回乳消胀的功效，可以用于食积不消，脘腹胀痛，脾虚食少，乳汁郁积，乳房胀痛，肝郁胁痛，肝胃气痛等。

---

①　参见聂红艳：《张仲景故乡的二十四个故事（二十三）　“王不留行”的悲情故事》，《首都医药》2004年第10期。

饭店里经常提供大麦茶是为了帮助我们消化食物，去饭店吃饭的哺乳期妈妈们则要注意，大麦茶要慎重饮用。

打破封建迷信，医术治病

东汉末年，农村缺医少药，巫神、巫医乘机兴风作浪，有许多无辜百姓因此丧命。

传说有一次，张仲景返乡探亲，路上忽闻乐声大作，喧嚷之声惊天动地。侍从查看后，回禀说有一老妇整日啼啼哀哭，时而说玉帝请她赴宴，时而又说小鬼、判官拉她到阴曹地府，村人以为有鬼魂作祟，特请巫婆做道场，驱鬼消灾。

张仲景进入村中询问，得知老妇的儿子战死沙场，老伴又染疾而亡，留下她一个人无依无靠。张仲景为老妇诊脉望舌，见她脉细微数，舌淡红苔少，急令村人取小麦一升，大枣十枚，甘草三两煎煮，汤成后调喂老妇。不多时，老妇悲声止，神志也清醒过来。

有喜欢巫术的人问道："明明是鬼神作祟，为什么大枣、小麦、甘草三味药却能治好呢？"

张仲景回答："世上本来就没有鬼神，只是人们自己骗自己罢了。这个病名叫'脏躁'，是患者因其儿子战死，老伴又得病身亡，忧愁思虑过度导致的。"①

故事中提到的"脏躁"，张仲景在《金匮要略·妇人杂病》中有过记载："妇人脏躁，喜悲伤欲哭，象如神灵作，数欠伸，甘麦大枣汤主之。"即当患者出现精神忧郁、烦躁不宁、无缘无故悲伤哭泣、哭笑无常、喜怒无定、呵欠频作、不能控制自己的情况时，我们就可以怀疑其为脏躁患者。

故事中，张仲景治疗患者时使用了小麦、甘草、大枣，这与我们常说的甘麦大枣汤相似，具有养心安神、和中缓急之功效。甘麦大枣汤以小麦作为君药，有养心阴、益心气、安心神、除烦热之效；甘草补益心气、和中缓急，是为臣药；大枣作为佐使药，具有甘平质润、益气和中、润燥缓急的作用。对于脏

① 参见王士祥编著：《医圣张仲景的故事》，中州古籍出版社 2013 年版。

躁的患者，可以用小麦、甘草、大枣这三味药解决。该方除治疗脏躁外，对神经衰弱、失眠、焦虑、抑郁等症均具有良好的治疗效果，并且这三味药药性平和，可做食物，没有什么副作用。因此，老妇人喝药之后，病就好了。

三、外科圣手——华佗

华佗，字元化，沛国谯县（今安徽省亳州市）人，东汉末年著名的医学家。根据史学家考证，他约生于汉永嘉元年（145 年），去世于建安十三年（208 年）。华佗与董奉、张仲景并称为“建安三神医”，后人称他为“外科圣手”“外科鼻祖”，又以“华佗再世”“元化重生”称誉有杰出医术的医师。他曾用麻沸散麻醉患者后再实行剖腹手术，是世界医学史上应用全身麻醉进行手术治疗最早的医学家。《三国志》《后汉书》记载，华佗医术高明，还深谙健体之法，他仿鹿、熊、虎、猿、鸟的动作，编创了“五禽戏”，时常操练。华佗一生行医，足迹遍及安徽、山东、河南、江苏等地。他医术高明，名声远扬，在医学上有多方面的成就。

华佗经过数十年的医疗实践，熟练掌握了方药、针灸和手术等治疗手段，精通内、外、妇、儿、针灸各科，尤其擅长外科。如果病症集结，郁积在患者体内，扎针吃药的疗效都不理想，须剖开割去，华佗就让患者饮服他配制的麻沸散，患者服下后，很快便毫无知觉，然后华佗就为他开刀后取出积聚物，或割除患病部位，清洗伤口及感染部位，再缝合刀口，用药膏敷上。这样四五天后，患者的病就好了，一个月之内，伤口便愈合复原了。

心中有称，徒手抓药

华佗少时，父亲因意外去世，他便去跟随父亲的好友蔡医生学医。他每天干杂活、采草药，很是勤快卖力，师傅对他很满意，便让他去学抓药。谁知师兄们欺负华佗年幼，不让他使用铺子里的戥秤，华佗只好将师兄们称好的药逐样用手掂一掂，心里默默记着，等闲下时再偷偷将自己掂量过的药草用戥秤称，对证一下，这样日久天长，手就练熟了。

有一回，师傅来看华佗抓药，见他竟不用戥秤，抓了就包，生气地责备了他。华佗笑笑说："师傅，错不了，不信您称称看。"蔡医生拿过华佗包的药，逐一称了分量，发现跟自己开的分量分毫不差，再称几剂依然如此，心里暗暗称奇。后来，蔡医生反复查问，才知道是华佗刻苦练习学得的，便非常激动地说："能继承我的医术者，必华佗也！"从此以后，蔡医生便专心教华佗看病。①

华佗被师兄欺负，却并没有反抗或者诉说，而是自己勤奋练习抓药，久而久之，练就了徒手抓药的本领，这也体现了华佗吃苦耐劳的精神，也正因为这种精神，才使得华佗脚踏实地地去做事，最终成为一代名医。

救治溺水儿童

据《华佗传奇》记载，一次，一位母亲带着溺水的孩子来找蔡医生，蔡医生见孩子双眼紧闭，肚子胀得像鼓一样，便叹口气说："孩子难救了。"华佗过来摸了摸孩子的脉，低声对师傅说："这孩子还有救！"蔡医生很是不信，但还是让华佗一试。

只见华佗叫人牵来一头水牛，把孩子先伏在牛背上倒出水，然后用双腿压住孩子的腹部，提起孩子的双手，慢慢一起一落地活动，约莫一刻工夫，孩子逐渐喘气，睁开眼了。华佗又给孩子开了汤药，几天之后，孩子恢复了健康。

华佗为什么借助牛呢？牛背很宽，人趴在上面非常稳当。孩子趴上牛背后，华佗活动其双手，以此来辅助呼吸，这就和现在的急救方法比较相近了，都是先从口鼻排出腹部的水、异物等，再帮助溺水者呼吸。

善察证候，同病异治

华佗非常善于区分不同病情和脏腑病位，对证施治。据《后汉书·华佗传》记载，有一次，有两位患者倪寻、李延因为头痛发烧同时来就诊，他们病

---

① 参见怀家伦：《华佗传奇》，中国中医药出版社 2011 年版。

痛的症状正相同，但华佗开出的处方却大不一样。华佗说："倪寻应该把病邪泻下来，李延应当发汗驱病。"有人对这两种不同疗法提出疑问，华佗回答说："通过我的诊察发现，虽然都是头痛，但倪寻是外实症，李延是内实症，所以治疗他们也应当用不同的方法。"他分别给两人服药，很快，两人的病果然好起来了。

上面的故事中，华佗为什么对头痛病的治疗方法不一样呢？其实，这是中医的"同病异治"。同病异治，即同是一个病症，因为得病的时间、地点或者得病的人体质不同，又或者是疾病进展阶段、病机变化甚至是在治疗用药过程中人体正气对外来邪气的抵抗不同，导致在治疗时要根据变化采取相应的治疗方法。

对倪寻、李延，虽然他们都是头痛，但因为他们体质不一样，所以要同病异治，采取不同的方法来治疗。这就好比我们遇到感冒的患者时，虽然他们都有流鼻涕、打喷嚏、咳嗽、发烧等症状，但有的感冒是风热邪导致的，有的却是风寒导致的，还有的可能是因为气虚或阳虚。因此，不能将有效的处方一味地用给每一个患有这类病的人，而不去辨别疾病是什么证型，这违背了"辨证论治"的基本原则，会导致患者的病情恶化。

有同病异治，那有没有虽然疾病不同，但在疾病发展过程中出现了相通的病机，可以采用相同的治疗方法去治疗的情况呢？当然有了，这叫"异病同治"。中医治病的法则并不是着眼于病的异同，而是着眼于病机的区别。异病可以同治，既不决定于病因，也不决定于病症，关键在于辨识不同疾病有无共同的病机。病机相同，才可采用相同的治法。

子病医母，从母论治

据《后汉书·华佗传》记载，有一次，华佗遇见一位中年人请他为自己的孩子诊治怪病。孩子两岁，身体消瘦，也没有力气，看上去总是疲惫困倦，每次大小便的时候总要先哭上一阵。

华佗查看了孩子，说："这个病是因为他的母亲生下他后的第二年又再次怀孕，加上一直用母乳喂养孩子没有停止，导致身体虚弱匮乏，乳汁营养也严重不足，阳气深藏于体内，未能达到体表，使乳汁气血亏虚并阳气不足，寒气藏于乳汁内。孩子吃母亲的乳汁，得到了母亲的寒气，所以使他也出现了这样的疾病。这里虽然是孩子的病症，但需要医治的是他的母亲才对。”于是，华佗给孩子的母亲连续服用十天的四物女宛丸，孩子的病就痊愈了。

故事中，华佗对于小孩的病并没有直接去开方治疗，而是从他母亲身上治疗，其实这就是从吃的食物上来进行干预治疗。华佗能够准确地从小孩的症状、饮食结构，推断出是由于母乳气血亏虚并阳气不足而致，其实这也是给了我们一个很好的参考：在生活中，有些母乳喂养的小孩患病，可以从母亲的角度来进行调理。

在故事之外，大家可能还会有两个疑惑：妇女在哺乳期间能怀孕吗？怀孕后还会有乳汁吗？

对于第一个问题，答案是肯定的。正常哺乳期，由于脑垂体前叶分泌大量催乳素，抑制了促卵泡生成素的分泌，使卵泡不能发育，因此一般女性在哺乳期的半年到一年左右，卵巢没有排卵功能，也没有月经。然而，女性产后卵巢功能会渐渐恢复，时间早晚因人而异，有些刚过产褥期就开始排卵，而给孩子哺乳的女性相对要晚一些。因为能否怀孕，对女方而言取决于有无排卵，不管月经周期是否恢复，只要恢复排卵就会受孕，所以生活中常见有些女性还在哺乳期又再次受孕，自己还浑然不知，这就是所谓的“暗胎”。

对于第二个问题，答案也是肯定的。一般来说，女性产后孕激素会慢慢变少，泌乳素则相应增多；而哺乳期再孕后，孕激素会再次增多以维持胎儿成长，泌乳素则相应减少，从而导致乳汁减少并进而到无，不过这是一个逐渐发生的过程，并非一怀孕马上就没有乳汁，只是此时乳汁的质量会大打折扣。

马蜂启迪，研制青苔膏

传说有一天，华佗正在配药，一个被马蜂蜇了眼的患者前来求医，华佗没医治过这样的患者，只好劝他去找其他医生。患者走后，华佗心里非常愧疚不安。

正在这时，华佗耳边听得嘤的一声，抬头便看到一只马蜂一头撞上蛛网，翅膀粘在网上，越扑棱粘得越紧。华佗上前观察，只见一只大蜘蛛飞快地爬到网中间，对着马蜂咬了一口，马蜂也不甘示弱，奋力与蜘蛛搏斗。片刻工夫，马蜂也刺中了蜘蛛的肚子，蜘蛛一个筋斗从网上掉下来，躺在地上挣扎。

华佗正在感慨蜘蛛与马蜂的搏斗，却见蜘蛛慢慢爬到水边一块长满了青苔的石头上，把肚子挪到青苔上磨起来。一会儿，蜘蛛渐渐来了精神，又没事儿一般顺着丝爬回了蛛网。

看到这里，华佗心思一动，用药刀铲了一块青苔，用手一摸，凉丝丝的。它到底能不能治蜂毒呢？为了证实这一点，华佗捉了一只马蜂，在自己的大拇指上叮了一下。忍着钻心的疼痛，他赶紧取过那块青苔，把大拇指放在青苔上磨起来。刚磨了几下，就觉得火辣辣疼的指头透进一丝凉气，又磨了几下，又觉得从里面生出一股热气，再磨几下，不疼啦！

找到治蜂蜇的方法了！他急忙把青苔给上午来求医的患者送去，果然效果很好。华佗用青苔试着炼成膏，又增添了白芍等中草药，经过多次试验，终于研制出具有消肿、散毒、活血、利尿效果的青苔膏。[①]

外科麻醉剂麻沸散

麻沸散是世界上最早的麻醉剂，比西方早一千六百多年，由华佗创制，用于外科手术，在《后汉书·华佗传》中，对其有记载："若疾发结于内，针药所不能及者，乃令先以酒服麻沸散，既醉无所觉，因刳破腹背，抽割积聚。"

据《华佗传奇》记载，华佗常给人动手术，看到患者的痛苦状况，他痛心不已，决心解决这个难题。一天，华佗的一个朋友从泰山回来，两人闲聊时，朋友提到一种红色的草果子，人在吃过之后会浑身麻木，大睡不醒。华佗听了非常高兴，不久便带上儿子沸儿一起动身去寻找。华佗按朋友所说，在泰山上找到了这种草果子。但它能否像朋友说的那样，让人吃了就浑身麻木，失去知觉呢？华佗拿起一个草果子准备尝试，但沸儿说："爹，让我试试吧。您是医生，要是这药有毒，您还能给我治呢。"华佗听沸儿说得有理，就把草果子递给了他。沸儿吃下去一个，华佗问："嘴上可麻？"沸儿摇摇头，继续吃

---

① 参见张会：《中外巨人传华佗》，辽海出版社 2019 年版。

下去两个，华佗又问："可麻？"沸儿又摇摇头。一连吃了十几个，沸儿依旧没有反应，华佗非常失望，这时，沸儿忽然头一歪，躺在地上睡着了。华佗大喜，抱着沸儿下了山，等儿子醒来。但到了半夜，儿子还没醒来。原来，沸儿吃了过量的草果，中毒死了。见此情景，华佗放声大哭。

后来，华佗用这种草果与几种草药配成了麻药，人喝了会全身麻木，在身上割疮剜肉也不知道疼。这药是用沸儿的生命换来的，为此，华佗给药取名为"沸儿汤"，这就是后来著名的"麻沸散"。

因为华佗所著书籍已经流失，故麻沸散的真正药方我们不得而知。根据后人考证，麻沸散的主要成分可能是曼陀罗花（又名"洋金花"）。经过科学研究发现，曼陀罗的化学成分主要为东莨菪碱、莨菪碱，其次为阿托品、曼陀罗素等。古代将曼陀罗作为麻药的主要成分，是有道理的。

心系百姓，拒侍曹操

据《后汉书·华佗传》记载，三国时期，曹操头风病严重，想请华佗专门为他治疗。华佗一心救治百姓，厌恶为人役使，便以妻子生病需要照顾为由，拒绝前去侍奉曹操。曹操三番五次写信给华佗，又下诏令郡县征发遣送，华佗仍然不从。

曹操很生气，便派人去查看，如果华佗的妻子没有生病，就逮捕华佗。差人发现华佗果然撒谎，便把华佗押解到许昌的监狱。荀彧向曹操求情，曹操却不为所动。最终，因为欺骗曹操，华佗在狱中被杀。

小　结

华佗生活的时代是东汉末年三国初期，那时军阀混战，水旱成灾，疫病流行，人民处于水深火热之中。当时的著名诗人王粲在其《七哀诗》里写道："出门无所见，白骨蔽平原。"目睹这种情况，华佗非常痛恨作恶多端的封建豪强，十分同情受压迫受剥削的劳动人民。为此，他不愿做官，宁愿到处奔跑，为人民解脱疾苦，并欺骗曹操，拒绝征召。他一心解救平民百姓的痛苦，而不甘于仅仅只为达官贵人诊治疾病。可见华佗是一位愤世嫉俗、不求名利、不慕富贵、集中精力于医药研究的医生。华佗用自己的行为教导了后世每一位医家，告诫他们：身为医生，要有不慕荣华富贵，一心治病救人的精神。华佗在学习医学知识的时候很是努力，他一直积极主动地学习。学医是一个漫长而痛苦的过程，华佗却能苦中作乐，并能灵活运用所学到的知识，这是所有正在学医的学生所该有的精神态度。

WEI JIN NAN BEI CHAO MING YI

第三章

魏晋南北朝名医

第一节　魏晋南北朝的医学

魏晋南北朝是中国历史上最为混乱的一个时期，从公元 220 年曹丕称帝开始，至公元 589 年隋文帝杨坚灭陈统一中国，短短的 360 余年，三十余个大小王朝交替兴灭，国家和皇帝多如牛毛。这一时期，经历了“八王之乱”“五胡乱华”等事件，中原北方汉人锐减，十室九空，几近灭绝。为躲避战乱，大量北方汉人南迁，给南方带来了先进的文化和技术，促进了南方经济的发展，史称“金粉六朝”。

由于战争、饥荒、瘟疫接踵而至，魏晋南北朝时期出现了大量外伤伤员，其病症也具有不同于和平时期的特点，从而使外科与急救医学得到了显著发展。在外科疾病方面，除继承熨、熏、灸及药物外敷等外治法外，这一时期的医者还强调止血、止痛、清洗疮口、脓肿引流等措施，并有创伤整复吻合缝补的治疗方法。这一时期著名的外科专著有《刘涓子鬼遗方》，这本书据说是刘涓子在丹阳郊外巧遇“黄父鬼”时所得。该书有止血、止痛、解毒、收敛、镇静等处方 140 多个，据说刘涓子用该书处方为患者疗伤，以药涂之即愈。该书还记载了用摇席法把患者肠子收入腹腔的治疗方法。在急救医学方面，《肘后救卒方》收录了魏晋时期内、外、妇、儿、五官各科疾病的急症治疗理论和经验，书中有人工呼吸、腹腔穿刺、导尿等治疗技术，其中对骨折患者夹板固定的治疗方法，成为一千多年来中医治疗骨折的重要方法之一。

这一时期宗教的盛行，使宗教的医疗养生方法也得以流传。例如道教与中医融合，形成了独具特色的养生理论，包括了调摄精神、运动健身、调气摄养、食疗食养、四时摄养等多方面的内容。其核心是对身、心两方面的摄养，具体方法如气功导引术、服石炼丹等。佛教也出现了许多著名的医学著作，如《波罗门诸仙药方》《龙树菩萨药方》《释僧匡针灸经》《僧深药方》《胞胎经》等，同时出现了很多医术高超的僧医，如南北朝梁僧慧龙以金针拔内障，晋代僧人支法存治疟疾和寄生虫病等。

这一时期的医学推崇医学的经验性、实用性及个性化，产生了很多中国医学史上的第一，如王叔和的《脉经》是第一部专门的脉学专著，皇甫谧的《针灸甲乙经》是最早的一部针灸学专著，南朝时雷敩的《雷公炮炙论》是我国最早的药物炮制专著，葛洪的《肘后救卒方》及龚庆宣整理的《刘涓子鬼遗方》是急救学和外科学的带头之作；陶弘景是我国古代整理本草的第一人，写《药对》的徐之才被称为方剂分类法的先驱。在众多魏晋南北朝医家的推动下，祖国医学得以不断发展。

魏晋南北朝时期，人口流动频繁，各民族之间、国家之间的往来增多，医学方面也有一些交流，如东南亚、阿拉伯国家与我国的贸易，使苏合香、沉木香、琥珀、青木香、胡椒、荜拨、石密、香附、诃黎勒等药物用于临床治疗。公元 552 年，梁元帝赠送日本《针经》一套；公元 562 年，吴人知聪把《明堂图》及医药书籍 164 卷带到日本，也促进了医学的交流和进步。

第二节　魏晋南北朝名医的故事及其智慧

一、活人医死，死人医活　——王叔和

王叔和，生卒年代不详，名熙，汉族，高平人，魏晋时期著名的医学家，官至太医令（太医院的行政长官），主要有两大重要贡献，一是著述《脉经》，二是整理《伤寒论》。

王叔和将流失于民间的《伤寒杂病论》残稿汇辑成《伤寒论》《金匮玉函要略方》并刊刻成书，使张仲景的遗著流传于世。魏晋时期流传的脉学资料非常零乱、繁杂，说法不统一，王叔和深感将脉学系统化和规范化的必要，便

搜求各种脉学资料，旁征博引，采摭群论，结合自己长期的临床实践，完成了我国现存最早的脉学专著——《脉经》。该书按照“百病根源，各以类相从”的方法，分清纲目，依类编排，一方面将《内经》《难经》《四时经》以及扁鹊、张仲景、华佗等名医所著的脉学论述分门别类，总结了西晋以前的脉学经验；另一方面首次将脉象归纳为浮、芤、洪、滑、数、促、弦、紧、沉、伏、革、实、微、涩、细、软、弱、虚、散、缓、迟、结、代、动二十四种脉象，对每种脉象均作了具体描述。

为更好地学习和运用《脉经》，王叔和还编写了《脉诀》《脉赋》《脉诀机要》及《小儿脉诀》等辅助书籍。因此，王叔和被誉为“中华脉祖”。自隋唐以后，《脉经》被列为学医的必读之书，并流入日本，传至阿拉伯。被称为“西方传统医学三巨匠”之一的“中东医圣”阿维森纳非常认可《脉经》的内容，在他的著作《医典》中基本引用《脉经》的论述完成了切脉的部分内容。

“活人医死”的故事

在王叔和生活的年代，各地群雄并起，连年征伐不断，瘟疫流行。老百姓苦不堪言，衣食尚且不保，一些小病都不愿意去药铺，等到病人膏肓时才想到就医。

所谓“医者父母心”，即便希望渺茫，王叔和也不愿把患者推出去，而是尽力救人，导致来求医者死亡居多，人们因此怀疑他的医术而不敢上门，正值此时，又发生了一件事，使情况雪上加霜。

传说王叔和在民间行医时，同城的杂货铺里有两个年轻伙计。一天，二个伙计争论王叔和医术的好坏，直至午饭时间，二人才气鼓鼓地分开。

其中一个伙计心中恼火，使劲吃了很多饭，刚放下碗筷，恰巧看到王叔和从门前走过。他急忙喊一声“王先生”，猛力跑到王叔和身旁，不料突然肚痛，倒地大喊，汗流满面。王叔和急忙握住伙计的手腕摸脉，叹气道：“此人无救了。”

另一个伙计闻言大笑说：“真是大白天碰上勾命鬼！他没有半点病症，不过是怄气。我们只是打赌考考你，你却真当他要死了……”话没说完，只听肚痛的伙计喊了一声就不动了，旁人上前伸手一探，发现伙计已没了气。

大家连叫："怪！怪！王先生真把活人给看死了！"此事传开后，王叔和成了大家眼里的灾星，大家唯恐避他不及。这样一来，王叔和难以立足，只得云游他乡去了。①

其实在这个故事中，并非王叔和把活人医死。中医学认为五脏与五行相配，五脏之间的关系可以用五行的生克乘侮来解释，五行相克是金克木，木克土，土克水，水克火，火克金，而肝属木，心属火，脾属土，肺属金，肾属水。其中，木克土对应的脏腑是肝克脾。故事中，发病的伙计因争执发怒，怒为肝志，肝气旺盛，克制脾土，致使脾胃虚弱，又因暴食更伤脾胃，脾胃之气更虚，当他遇到王叔和，在情绪激动的基础上，又猛力跑动，致使肠胃穿孔，一命归西。胃肠穿孔至今也是外科常见的急腹症之一，且病情凶险，不及时治疗会引起死亡，临床上表现为突然发生上腹部剧烈疼痛，呈持续性刀割样或烧灼样痛，很快扩散到全腹，常伴有出汗、四肢冰冷、心慌、气短及休克现象。王叔和通过脉诊了解到这种情况，知道无法医治，便实言以告。

"死人医活"的故事

据《中国历代名医传》记载，王叔和在济州城坐堂时，一日，一群送葬的人抬着棺材出城，从药铺旁经过时，从棺材里滴下几滴鲜红的血液。王叔和瞥见血迹，陡然一惊，大叫："出殡的，你们为何要将活人送葬？"出殡队里有吹打的、哀哭的，却无人理会王叔和。王叔和急忙上前拦住送葬队伍，大喊："棺里是活人，棺里人没死！"家属们以为王叔和要闹事，便想打他。

这时，出殡队中有一人走出，拦住了其他人。原来，棺中女子是一名孕妇，生产时因为大出血暴亡。按当地风俗，年轻女子若死于流血等症，为"血光之灾"，为了不祸及他人，需要尽早收殓入土。因此，女子因生产流血而昏死后，长者便张罗出殡。而死者丈夫看到王叔和是个大夫，萌生希望，便拦住众人，听从王叔和的意见，当场开了棺。

开棺后，王叔和看了一眼孕妇，上前掐住她的人中、关元等穴，不一会儿，孕妇便醒来了。王叔和将死人看活的消息很快传了出去，顿时名声大

① 参见宋月航：《中国历代名医传》，华文出版社 2017 年版。

噪，人们把王叔和传成了当今扁鹊、再世华佗。因为医术高超，王叔和被推荐至京城当官。

这个故事中，王叔和看到棺材中流出鲜血，判定其中的人未死，原因有二：其一，人死后心脏停止跳动，血液失去循环动力而无法流动，血液里的血小板在不运动的情况下就会沉淀，导致血液快速凝固。因此，人死后不会大量出血，即使流出微量血液，也不可能由棺材中流出。其二，人死后血液会变得暗红，不是鲜红色。这是因为人活着的时候有呼吸运动，使肺中氧气张力高，血液里红细胞中的血红蛋白与氧结合，形成氧合血红蛋白，血液就变得鲜红，这是动脉血；和二氧化碳结合，血液就变得暗红，变成静脉血。而人死后没有呼吸运动，身体缺氧，同时血液中的水也会蒸发，使血的颜色变得更加暗红浓稠。因此王叔和判断出，棺材中流出鲜血的人必定活着。

开棺后，王叔和为什么掐患者人中、关元等穴呢？原来，人体有两条非常重要的经脉，其中督脉总督一身之阳经，主生殖机能，有调节阳经气血的作用，故称为“阳脉之海”。任脉总任一身阴经，能妊养胎儿，与女子经、带、胎、产的关系密切，凡精血、津液均为任脉所司，故称为“阴脉之海”。人中穴位于鼻唇沟上 1/3 与下 2/3 交点处，属于两脉断开处，按压人中穴可以沟通两脉，起到阴阳交合的作用，从而达到开窍醒神、通经活络之效，常用于治疗昏迷不醒；关元穴为元阴元阳之气闭藏之门户，位于下腹部前正中线上，当脐下三寸，此穴位有培肾固本、调节回阳，大补元气的作用，尤其对生殖系统、妇科病症有奇效。对于大失血昏迷，阳气随血液流失而耗散，阴阳不交，急需回阳救逆的患者，关元穴也是常用的穴位。因此，王叔和用人中交通阴阳，开窍救急，用关元回阳固本，从而达到治疗的目的。

一死一生两个故事，显示出王叔和高超的医疗技术和高尚的医德。其实，之所以常有“活人治死”，并非王叔和医术不高，而是患者久拖不治，导致病人膏肓。对这样的贫苦百姓，王叔和不会弃之不理，而是不惜影响自己的声誉，也要竭尽全力救人。但他非神人，对绝症也回天乏力。事实上，王叔和能够短时间内准确判断伙计的病情，就足以说明其医术之高。而“死人治活”的故事，更显出王叔和对医学的精通。王叔和珍视生命，对偶遇的患者，冒着受其家属攻击的危险，也要“多管闲事”，凭借其高超的医术救人于危难。

王叔和是我国最早从饮食方面系统论述健康的医学家。第一个故事中，腹痛的伙计就是因为饮食过量，加之情绪失控导致悲剧。王叔和认为饮食不宜杂乱，饮食不宜过量，饮食因人而异，下面分而述之：

饮食不宜杂乱：饮食杂乱容易伤害身体，在日常生活中，我们应注意食物之间的相生相克关系。有些食物不宜同时食用，如螃蟹不宜和柿子同食，食之易致腹泻；而有些食物虽然食用后不会立即导致疾病，却会“积久为患”，如痛风是因为平素食入了过多富含嘌呤的食物引起，“三高”（高血压、高血糖、高血脂）也是长期摄入过多的烟酒鱼肉所致。

饮食不宜过量：这里强调一个“过”字。王叔和指出，春夏不应过食瓜果等寒凉之品，夏至到秋分，也不要过食油腻甘甜之品，因寒凉之物易伤阳气，油腻甘甜的食物同样容易影响脾胃的运化，损伤脾胃的阳气，如果不加注意，到秋冬时，寒气来袭，机体无力抵御，就容易发生疾病。

饮食因人而异：再好的食物，也要选择适合自己体质的。如寒性体质的人适宜吃荔枝、龙眼、羊肉等温性食物，而热性体质的人适宜吃梨、香蕉、鸭肉、蟹等寒性食物，饮食应因人而异，不可一概而论。

二、中医针灸学之祖——皇甫谧

皇甫谧，字士安，自号玄晏先生，西晋著名医家、史学家、文学家、哲学家，生于东汉建安二十年（215 年），卒于西晋太康三年（282 年）。皇甫谧的《针灸甲乙经》是我国第一部针灸学专著，现代中医的针灸学就是在他这本著作的基础上发展而来的，他堪称针灸学的鼻祖。

少年顽才

皇甫谧的人生可以大致分为两个阶段，据《晋书·皇甫谧传》记载，他出生后即过继给叔父，他少年顽皮，到了十七岁，人高马大，竟“未通书史”，整天东游西荡。叔母对皇甫谧的调皮捣蛋非常气愤，常常为他的前途而忧虑。

一天，她把贪玩的皇甫谧赶出家门，想要让他反省，皇甫谧却带回瓜果讨好，叔母更加气愤，把瓜果摔在地上，流着泪说："你快二十岁了，还是'目不存教，心不入道'，你要是真心孝顺父母，就得'修身笃学'。"叔母的话彻底点醒了皇甫谧，他噙着泪花发誓要悔过自新，改弦更张，矢志苦学。

于是，皇甫谧开始进入人生第二个阶段，他"躬自稼穑，带经而农"，"得风痹疾，犹手不辍卷"，曾经不务正业的少年成长为沉静寡欲的学者，"书淫"的称号也由此而来。功夫不负有心人，皇甫谧经过数十年如一日的学习，成为了魏晋时期的文坛巨匠。

《针灸甲乙经》

《晋书·皇甫谧传》中记载，皇甫谧四十二岁那年患上风痹，五十四岁时因为误服寒食，又得了一场大病，身体体质很差。他"久婴笃疾，躯半不仁，右脚偏小"，后来更是"浮气流肿，四肢酸重"，被病魔折磨得十分痛苦，不得不依靠服食五石散来减轻病痛，甚至想过自杀来逃避。

他在抱病期间自读了大量的医书，尤其是对针灸学饶有兴趣。但是随着研究的深入，他发现以前的针灸书籍深奥难懂而又错误百出，十分不便于学习和阅读。于是他通过自身的体会，摸清了人身的脉络与穴位，并结合《灵枢》《素问》和《明堂孔穴针灸治要》等书中的内容，悉心钻研，完成了我国第一部针灸学著作——《针灸甲乙经》。

《针灸甲乙经》在总结、吸收《黄帝内经》《素问》《针经》《明堂孔穴针灸治要》等古典医学著作精华的基础上，对针灸穴位进行了科学的归类整理，在医学领域树立起了一座丰碑。该书共收录穴名 349 个，比《黄帝内经》多出了 189 个，明确了穴位的归经和部位，统一了穴位名称，区分了正名与别名，记述了各穴位的适应证和禁忌证，说明了各种操作方法，是我国现存最早的一部理论联系实际，有重大价值的针灸学专著，一向被列为学医必读的古典医书。一千七百多年以来，它为针灸医生提供了临床治疗的理论根据和具体指导。晋以后的许多针灸学专著，大都是在参考此书的基础上加以发挥而出，也都没有超出它的范围。唐代太医署开设针灸科，就把它作为了医生必修的教材。直至现在，我国的针灸疗法，虽然在穴名上略有变动，但在原则上依然遵循《针灸甲乙经》。此书也曾传到国外，受到各国特别是日本和朝鲜的重视。701 年，在日本法令《大宝律令》中，明确规定把《针灸甲乙经》列为学习医学时的必读书。

《针灸甲乙经》中，介绍了内科、外科、妇科、儿科、五官科的上百种病症及针灸治疗经验，并对五脏与五官的关系、脏腑与体表器官的关系以及津液运行、病有标本、虚实补泻、天人相应、脏腑阴阳配合、望色察病、精神状态、音乐对内脏器官的影响等问题都作了探讨和阐述，奠定了针灸学科的理论基础，对针灸学以至整个医学事业的发展做出了不可磨灭的贡献。到如今，针灸医学不仅在国内得到飞速发展，而且已经风靡世界，经世界卫生组织正式批准列为治疗专项，受到了全世界人民的欢迎。

健康达人

《皇甫谧·释劝论》中记载，皇甫谧久病成良医，疾病的折磨也成就了他的健康观。皇甫谧健康观念的核心是“和”，他认为健康要做到“三和”，即身心相和、人际相和、自然相和。

“身心相和”是指人的身体与心理要做到高度和谐统一，“无为惧惧，无为欣欣”，这样才能不因心病而诱发身体疾病；“人际相和”要求人拥有和谐的人际关系，“宛然从物，或与不争”，“尊而谦让，卑而不谄”，这样能让人在心态上坦然自若；“自然相和”是指人与自然环境要保持和谐统一。

健康注重因人、因时、因地而采用不同的方法进行调养，淡泊名利，安于自然寿命，安贫乐道，调养精气神，适应社会，如《黄帝内经》所言：“上古之人，其知道者，法于阴阳，和于术数，饮食有节，起居有常，不妄作劳，故能形与神俱，而尽终其天年，度百岁乃去。”皇甫谧认为世间有春、夏、秋、冬四时，“五行有序，四时有分”。因此，人应该遵循五行、四时之变化，调节生活习惯、心理活动，保持相对平衡规律的生活方式，身体自然无懈可击，健康长寿也会不请自来。

此外，皇甫谧还主张“五入”，即辛入肺、苦入心、咸入肾、甘入脾、酸入肝，以食物的“五味”对身体的脏器进行调节：患有脾病的人应多吃性属甘的红枣、粳米、菠菜等；患有心病的人应多食性属苦的杏、羊肉等；患有肾病的人应多食性属咸的大豆、栗子、猪肉等；患有肺病的人宜多食用辛味的黄黍、鸡肉、桃、葱等；患有肝病的人则应多食性味酸的小豆、李子、韭菜等。

现代医学研究表明，情绪变化可以直接诱发部分疾病，《针灸甲乙经》的精神五脏论中也记载了不同情绪对身体器官的作用机理。生活中，我们常说的“悲伤心、恐伤肝、思伤脾、忧伤肺、怒伤肾……”就来源于此。安神者，要做到喜、怒、哀、乐、忧、思、恐七情适度，任何一种情绪超越法度，都可能诱发身体疾病。如今看来，皇甫谧的健康思想对我们现代人来说非常值得学习借鉴，真不愧是“健康达人”。

明哲保身

皇甫谧留给后人的不仅仅是《针灸甲乙经》和健康观，更有他在逆境中自强不息的坚韧和坚守内心准则的精神，这些都是值得后人学习的。

皇甫谧生于东汉，长于魏晋，那是一个战火纷飞的年代，名士多难善终。皇甫谧亲身经历了曹魏末年宫廷内发生过的四次政治巨变，目睹残酷的政治变革，对政治渐生厌恶之情。

据《资治通鉴》记载，曹魏后期，朝廷征召三十八名山林隐士入朝为官，皇甫谧也在征召之列，但他严辞拒绝。西晋初年，晋武帝司马炎要求皇甫谧入朝为官，皇甫谧仍然拒绝。一年后，司马炎再次征召皇甫谧，这次，皇甫谧不仅称病不起，还向司马炎借了一车书，表明自己隐居读书的心志。之后，司马炎屡次征召，皇甫谧一概拒绝，直到公元282年病死，皇甫谧都从未出仕。

皇甫谧深谙健康之道，志在著述，他认为入仕只会使自己原本就罹患疾病的身体更加疲惫不堪，并无任何好处。他重视身体健康，以医道为重，也正因此，才成就了他在医学、史学、文学方面的业绩。

三、道家仙翁——葛洪

葛洪，字雅川，号抱朴子，人称“葛仙翁”，东晋道教学者、医药学家、炼丹师，三国方士葛玄的从孙。葛洪生于晋武帝太康四年(283 年)，卒于晋哀帝兴宁元年(363)，享年八十一岁。葛洪的主要著作有《抱朴子》《神仙传》《肘后备急方》等，他是中国古代极具传奇色彩的人物。

据《晋书·葛洪传》记载，葛洪十三岁时，父亲撒手人寰，从此家道中落。但葛洪没有因此丧志，十六岁时他就开始读《孝经》《论语》等儒家经典。读书之余，他还喜欢方术①。司马睿任丞相时，葛洪为属官，后任咨议、将军等职，又因镇压石冰等人的农民起义，赐爵关内侯。然而，战乱中的颠沛流离让葛洪身心疲惫，看破红尘后的他绝弃世务，辞去职务，锐意健康之道。

传染病学的先驱

葛洪开创了我国传染病学和临床急症学的先河。《肘后备急方》中记载，葛洪很注意研究急性传染病。古时候，人们管急性传染病叫“天刑”，认为它是天降的灾祸，是鬼神作怪引起的。葛洪却认为，急病不是鬼神引起的，而是由外界的“疠气”导致。现代医学的研究结果表明，急性传染病是微生物，包括原虫、细菌、立克次氏体和病毒等引起的，它们起码要放大几百倍才能见到，一千六百多年前还没有发明显微镜，当然不知道其存在。葛洪能够排除迷信，指出急病是由外界的物质因素引起的，这种见解已经很了不起了。

葛洪在《肘后备急方》里面，记述了一种叫“尸注”的病，说这种病会互相传染，并且千变万化。染上这种病的人闹不清自己到底哪儿不舒服，只觉得怕冷发烧，浑身疲乏，精神恍惚，身体一天天消瘦，时间长了还会丧命。葛洪描述的这种病，就是现在我们所说的结核病。结核菌能使人身上的许多器官致病，肺结核、骨关节结核、脑膜结核、肠和腹膜结核等，都是结核菌引起的。葛洪是我国最早观察和记载结核病的人。

他还记叙了一种由犬咬人引起的病症，即狂犬病。人被疯狗咬了，非常痛苦，病人受不得一点刺激，只要听见一点声音，就会抽搐痉挛，甚至听到倒

① 方术，指方技和术数，其中方技在古代指医经、经方、神仙术、房中术等，术数指阴阳五行生克制化的数理。

水的响声也会抽风，所以有人也把这种病称作“恐水病”。

古人对这种病没有什么治疗办法。葛洪想到了以毒攻毒的办法。我国最早的医学著作《黄帝内经》里就说，治病要用“毒”药，没有“毒”性治不了病，这里的“毒”，实则是药物的药性，而非真的毒药。

葛洪认为疯狗咬人致病，一定是因为狗嘴里有毒物，毒物从伤口侵入人体，使人中了毒。能不能用疯狗身上的毒物来治这种病呢？葛洪尝试过把疯狗捕来杀死，取出脑子，敷在被咬伤的人的伤口上。

葛洪的方法就含有免疫学的萌芽。我们种牛痘可以预防天花，注射脑炎疫苗可以预防脑炎，注射破伤风细菌的减毒素可以治疗破伤风……这些方法都是近代免疫学的研究成果。细菌和病毒等侵入我们的身体，我们的身体本来有排斥和消灭它们的能力，所以不一定会发病，只有在我们的身体抵抗力差的时候，细菌和病毒等才能使人发病。免疫是通过提高人体的抗病能力，使人免于发病。注射预防针，就是一种免疫的方法。葛洪对狂犬病能采取预防措施，可以称得上是免疫学的先驱。

欧洲的免疫学是从法国的巴斯德开始的。他使兔子得狂犬病，把病兔的脑髓取出来制成针剂，用来预防和治疗狂犬病，原理与葛洪的方法基本相似。巴斯德的方法当然比较科学，但是比葛洪晚了一千多年。

在世界医学史中，葛洪还第一次记载了两种传染病，一种是天花，一种叫“恙虫病”。

据葛洪在《肘后备急方》里的记载，有一年发生了一种奇怪的流行病，病人浑身起了一个个的疱疮。这些疱疮起初是些小红点，不久就变成白色的脓疱，很容易碰破，如果不好好治疗，疱疮会一边长一边溃烂，人还会发高烧。得了这种病，十个病人中有九个治不好，就算侥幸治好了，皮肤上也会留下一个个的小瘢。小瘢初起发黑，一年以后才变成和皮肤一样的颜色。葛洪描写的这种奇怪的流行病，就是后来所说的天花。西方医学家普遍认为最早记载天花的是阿拉伯的医生雷撒斯，而葛洪生活的时代比雷撒斯要早五百多年。

葛洪把恙虫病叫作“沙虱毒”。根据现代医学的研究，“沙虱毒”的病原体是一种比细菌还小的微生物，叫“立克次氏体”。有一种小虫叫沙虱，螯人吸血的时候就会把这种病原体注入人的身体内，使人得病发热。沙虱生长在南方，而据调查，我国只有广东、福建一带有恙虫病流行，其他地方极为罕见。葛洪是通过艰苦的实践，才得到关于这种病的知识的。他酷爱炼丹，在广东的罗浮山里住了很久，这一带的深山草地里就有沙虱。沙虱比小米粒还小，不仔细观察根本发现不了。

葛洪不但发现了沙虱，还知道它是传染疾病的媒介。他的记载比美国医生帕姆要早一千五百多年。《肘后备急方》中对天花（天行斑疮）、结核病（尸注、鬼注）等的记载，都是医学文献中最早的记录。他不仅明确记载了病状和发病过程，还明确无误地指出了它们的传染性，所以称他为“传染病学专家”一点也不过分。

葛洪与青蒿

葛洪的成就源于他不但重视学习书本知识，而且重视学习群众的实践经验，乐于拜有知识的人为老师。葛洪在向书本和群众学习的同时，还特别注意对客观事物做深入细致的观察。他的观察力十分敏锐。这是他在学术上有所发现的重要条件之一。

葛洪的著作《肘后备急方》，书名的意思是“可以常常带在身边的应急医书”，全书共八卷，计七十三篇，列有可供急救，治疗内、外、妇、儿、五官等科病症的药物（单方、验方）及针灸疗法，对于各种病症，略述病源，详列症状，细论治法。该书中一至四卷内容以内科病为多，五至六卷内容为外科病，第七卷为虫兽、中毒等，第八卷为病备急丸散及牲畜病，其收录的简便、易行、救急用的方子，都是葛洪在行医、游历的过程中收集和筛选出来的。他特地挑选了一些比较容易得到的药物，即使需要花钱买，也很便宜，这改变了之前救急药方不易懂、药难找、价格贵的弊病。

葛洪在《肘后备急方·治寒热诸疟方》中最早提出青蒿治疟，书中记载了青蒿的独特制服方法，“青蒿一握，以水二升渍，绞取汁，尽服之”。我国首位诺贝尔生理学或医学奖获得者屠呦呦在研究古代医学书籍和方药时，了解到有效的抗疟方法是通过“绞汁”处理青蒿，而不是传统中药“水煎”，想到这种特殊的方法可能是因为高温会破坏药物的疗效，所以改成用沸点较低的乙醚提取青蒿，最终发现青蒿素，从而挽救了众多疟疾患者的生命。

化学研究的先声

葛洪还是一个炼丹家，《抱朴子·内篇》中记载，他把一些矿物放在密封的鼎里，用火来烧炼，矿物在高温、高压下发生化学变化，产生新的物质，这就已经初具了现代化学研究过程的雏形。葛洪炼制出来的药物有密陀僧（PbO）、三仙丹（HgO）等，这些是外用药物的原料。葛洪在炼制水银的过程中，发现了化学反应的可逆性，他指出，对丹砂（HgS）加热，可以炼出水银，而水银和硫黄化合，又能变成丹砂。他还指出，用铅丹（Pb_3O_4）可以炼得铅，铅也能炼成铅丹。在葛洪的著作中，还记载了雌黄（As_2S_3）和雄黄（As_2S_5）加热后升华，直接成为结晶的现象。

此外，葛洪还提出了不少治疗疾病的简单药物和方剂，如松节油治疗关节炎，铜青（$CuCO_3$）治疗皮肤病，雄黄、艾叶消毒，密陀僧防腐等。这些方法在现代医学的角度来看，也具有一定的道理，如铜青能抑制细菌的生长繁殖，所以用来治皮肤病；雄黄中含砷，有较强的杀菌作用；艾叶中含有挥发性的芳香油，毒虫很怕它；密陀僧有消毒杀菌作用，所以用来做防腐剂。葛洪早在1600多年前就发现了这些药物的效用，在医学上做出了很大贡献。至今，中医外科普遍使用的“升丹”“降丹”，正是葛洪在化学实验中得来的药物。葛洪的炼丹术后来传到了西欧，成为制药化学发展的基石之一。

四、山中宰相——陶弘景

陶弘景（456～536年），字通明，号华阳隐居，南朝梁时丹阳秣陵（今江苏南京）人，著名的医药家、炼丹家、文学家，人称“山中宰相”，作品有《本草经注》《养性延命录》《华阳陶隐居集》等。

幼时不凡

据《梁书·陶弘景传》记载，陶弘景出生时，他的母亲梦见两个天神手拿香炉来到她的住处，不久她便有了身孕。陶弘景从小行为异于常人，四五岁时，就经常用荻作笔，在灰上划着学写字。到十岁时，他得到一本葛洪的《神仙传》，昼夜研读探讨，产生了出世的念头。他对别人说："我仰观青云，目睹太阳，不觉得相距很远。"

陶弘景长大以后，身长七尺七寸，神态仪容明朗秀拔，眉目疏朗，身材颀长，广额耸耳，两个耳朵孔里各露出两寸来长的毛，右膝有几十颗黑痣呈北斗七星状排列。他善于琴棋，工于草书，读书万余卷，只要有一点弄不懂，就深以为耻。

淡泊名利

据《太平府志》记载，陶弘景博学多识，六经诸子史传无所不通，二十岁时被引荐成为诸王侍读，后担任左卫殿中将军，朝仪大事多会听取他的意见。然他虽身在朱门，却独居一室，不和外人交往，唯以读书为务，昼夜研读缮写符图经集，于健康服食诸道，渐至通幽探微。如此积年累月，他渐觉彻悟，便产生了隐居修行之志。

后来，陶弘景决定辞官归隐。起初他并未上表齐武帝辞行，不告而别，挂朝服于神武门鹿市，径出东亭而行。他告诉随行左右"勿令人知"，然后去和好友王晏话别。王晏深知其志，对他说："皇上治事甚严，不准许臣属做离奇之事，你这样不辞而别，恐有忤旨，若皇上怪罪下来，反而达不到你的目的。"

陶弘景默思良久，答曰："我本意欲遂夙愿而已，非为名利，你所说的确有道理，应向皇上直言为是。"于是他上表陈诚，以表自己辞官归隐之意。

齐武帝看了他的解官表，深为感动，不但下诏批准了他的要求，还给予赏赐，对他的健康修道之事给予大力支持。

于是陶弘景出行入山，临行公卿相送于征虏亭，供帐甚盛，车马克道，人们都说这是宋齐以来所未有之盛事，朝野均荣。

即使在陶弘景归隐之后，梁武帝萧衍也常向他请教国家大事，甚至国号"梁"，也是由陶弘景所定。后来，梁武帝多次请陶弘景入朝为官，但陶弘景始终没有接受，梁武帝萧衍与陶弘景便以书信往来。每次梁武帝收到陶弘景的书信，都烧香虔受，故时人称他为“山中宰相”。

药学鼻祖

陶弘景十分喜爱医药学。他读了很多书，却不拘于书中的言论，而是亲自走到自然中去寻找药物，并以实际的观察来印证书中的内容。在医学方面，他最大的贡献就是编写了继《神农本草经》之后的第一部药学专著《本草经集注》。该书在描述的内容、所载药物的数量以及分类方法等方面，都比《神农本草经》跨上了一个新的台阶。

《本草经集注》在《神农本草经》收录的365种药物的基础上又加入了365种药物，合计730种，大大扩展了可供后人使用的药物种类。其中，陶弘景开创了一种新的药物分类法。《本草经集注》当中，药物的记载是按玉石、草木、虫兽、果、菜、米食及有名未用等七类进行划分的，比起《神农本草经》中的三品分类法，既方便使用者查询，又对药物进行了总结。在其后的一千多年中，这种方法被一直沿用。另外，书中对于药物的性味、产地、采集、形态和鉴别等方面的论述水平，也较以前的论述有了显著的提高。

另外，经过系统的归纳和总结，陶弘景还第一次提出了“诸病通用药”的概念。这是将药物的功用和主治疾病的特点两个方面相结合进行的一种十分切合临床使用的归纳方法。比如：书中提到“治风”的通用药有防风、防己、秦艽等；“治黄疸”的通用药有茵陈、栀子、紫草、白薇等。这种方法的创立为临床医学家提供了很大的方便。《本草经集注》问世以后，对后世医家的影响很大。到了唐代，我国的第一部药典——《新修本草》，就是在此书的基础上进一步修订补充后完成的。

治学严谨

葛洪的《神仙传》将陶弘景领进了求知的大门，他注重实际观察和实验的作风也深深地影响了陶弘景。陶弘景一生用大量的时间和精力整理古籍，但他不唯书，只唯实。

孟子说：“尽信书，则不如无书。”（《孟子·尽心章句下》）陶弘景的治学精神很好地体现了这一点。据《中医人物志》记载，一天，陶弘景读到《诗经·小宛》中的"螟蛉有子,蜾蠃负之,教诲尔子,式谷似之"几句,很不以为然。《诗经》的旧注说,蜾蠃(一种细腰蜂)有雄无雌,繁殖后代时,是由雄蜾蠃的把螟蛉(青蜘蛛)的幼虫衔回窝里,将其变成自己的样子,而成为后代。陶弘景的一个朋友恰好来问这是怎么回事,他就去查书本,发现书本中说的跟《诗经》旧注的一模一样。他想:这些书尽是我抄你,你抄我的,查书是查不出什么名堂了,我何不亲自到现场看个究竟呢?

于是,陶弘景找到一窝蜾蠃,经过细心观察,他终于发现,蜾蠃衔来螟蛉幼虫,并非是用来变蜾蠃的,而是放在巢里,等自己产下的卵孵出幼虫时,作为它们的"粮食"。蜾蠃不但有雌性,而且有自己的后代。蜾蠃衔螟蛉幼虫作子之谜,终于被陶弘景用调查研究的办法揭穿了。通过这件事,他就得出一个结论:治学要重视调查研究,不能别人怎么说自己也跟着怎么说。由此可见他治学的严谨。[①]

钾盐鉴定第一人

据《道藏源流考》记载,陶弘景在医药、炼丹、天文历算、地理、兵学、铸剑、经学、文学艺术、道教仪典等方面都有深入的研究及贡献,这其中以药物学为甚,而这又和炼丹有关。[②]

陶弘景曾长期从事炼丹实验。梁武帝送给他黄金、朱砂、曾青、雄黄等原料,供他炼丹。他在炼丹过程中掌握了许多化学知识,例如:汞可与某些金属结合,形成汞齐,汞齐可以镀物。他指出,水银"能消化金、银成泥,人以镀物是也";胡粉是"化铅所作",黄丹是"熬铅所作"(《神农本草经》)。

陶弘景对化学的贡献之一是记载了硝酸钾的火焰分析法:"先时有人得一种石,其色理与朴硝大同小异,朏朏如握盐雪不殊。烧之,紫青烟起,仍成灰,不停沸,如朴硝者,云真硝石也。"(《黄帝九鼎神丹经》)所谓"紫青烟起"是钾盐所特有的性质。陶弘景的这一记载,是世界化学史上对钾盐鉴定的最早记录。

---

① 参见刘水霞:《山中宰相——陶弘景大传》,宗教文化出版社 2013 年版。

② 参见陈国符:《道藏源流考》,中华书局 2012 年版。

尽管古代炼丹师是为神学而炼丹，但在他们的炼丹实验中，诞生了很多科学技术方面的发明，这也是无可厚非的事实。不管陶弘景炼丹的动机是出于道教修炼还是受命于梁武帝，或者是二者兼而有之，我们都不能不承认，他进行的炼丹实验探索具有积极的意义，他在炼丹活动中所取得的成绩和对于古代化学有积极的贡献。炼丹是一个包括诸多因素的极其复杂的活动，虽然从学科性质看，它是从属于古代化学，但是，它所牵涉的领域，绝不仅仅是化学，还涉及天文学、计时技术、地理学、地质学、矿物学、冶金学等。陶弘景作为一个渊博的道教学者，也通晓这些领域的知识，取得了一定的成就。

形神双修

据《华阳陶隐居内传》记载，陶弘景作为道教的一代宗师，和葛洪一样也十分重视保持身体健康，并且有着丰富、系统的健康思想。

陶弘景健康思想的总纲领是“形神双修，不离善德”，而“游心虚静，息虑无为”是其修神之原则，“饮食有节，起居有度”是其修形之原则。为总结道教在养神、炼形方面的修炼经验，陶弘景撰写了《养性延命录》一书。他强调养神当“少思寡欲”“游心虚静，息虑无为”，调节喜怒哀乐情绪，防止劳神伤心；炼形则要“饮食有节，起居有度”，避免过度辛劳和放纵淫乐，辅以导引、行气之术，方能延年益寿，长生不老。

陶弘景认为健康既是修道。他在《养性延命录》中引经据典，从贵人重生的道教生命哲学观出发，反复论述了健康在修道中的意义和必要性，强调健康与修道是统一的，即所谓“慎勿失道，为道者慎勿失生”，必须做到“道与生相守，生与道相保”(《养性延命录》)。这种将健康与修道视为一体的思想对道教影响甚深，为道教确立“生道合一”的基本教理奠定了基础。

陶弘景在《养性延命录》中还突出强调了“我命在我不在天”的积极预防健康思想。他认为修道之人如果平时能加强身心修养，注重生活禁忌，善于运用各种手段、方法进行调整，就能使身心处于健康状态，防止疾患萌生。他指出，对疾病的预防要从身心两个方面入手，综合地采用存神、服气、导引按摩、服饵、房中等手段。

他所提炼出的这一整套健康理法，具有养神与炼形并重、形神兼养的特点，是对以往道教健康经验和思想的概括和总结，为道教最终形成性命双修、动静结合、合修众术的医学健康模式打下了理论基石。唐代著名道医孙思邈就将上述健康大要刊载于其不朽医著《千金要方》中，成为医道两家奉行的健康要则。

陶弘景的健康思想还讲求饮食卫生、起居宜禁。俗话说："民以食为天。"饮食是人类维持生命的基本条件，饮食是否合理、得当直接关系到个体生命质量的高低。道教医家历来重视饮食调养和饮食卫生之道，陶弘景指出："百病横夭，多由饮食，饮食之患过于声色。声色可绝之逾年，饮食不可废之一日。为益亦多，为患亦切。"(《养性延命录》)合理调配饮食有益身心健康，而暴饮暴食则损人寿命。

陶弘景的一生颇具传奇色彩。他在山林中度过了人生的后40年，为浮躁的社会展示了一种相对镇定安详、逍遥适意的生活方式，虽非完美，却也别有情趣。陶弘景整理医籍，细心、严谨、周密、实用，具有科学的探索精神。在当时的条件下，他敢于提出新的本草分类法，而不囿于原来的三品分类法。他本人原来是个道教徒，却能从实际出发，足以证明他在科学道路上实事求是的态度。他有着"一事不知，深以为耻"的探索精神，这又是他在科学上得以有所成就的动力。他是我们整理中医古籍时的一面镜子，不愧为一代名医，他的事迹至今还被世人所推崇，是医学史上一颗璀璨的明珠。

SUI TANG MING YI

第四章

隋唐名医

第一节　隋唐的医学

隋唐时期是中国封建社会发展的鼎盛时期，发达的政治、经济和文化促进了医学的繁荣，形成了诸多先进的医学理论知识与实践。隋唐的社会是开放的社会，密集的文化交流吸收了来自域外的医学成果，也促进了博大精深的中医学在海外的传播。隋唐时期是各种哲学思想碰撞的时期，继承自魏晋的玄学与佛学、道学相互印证交融，也为中医学的发展打下了时代的烙印。隋唐时期更是实践创新的时代，巢元方对病因病机细致观察；孙思邈对有一技长于己者，“不远千里，伏膺取决”（《千金要方·序》）；身为皇室贵胄的王焘，不惜冒着“染瘴婴痾”，走遍南北，只为“所好者寿”（《外台秘要方》）……群星璀璨的隋唐时期推动了中医学的大发展、大繁荣，也为之后的宋金元医学发展奠定了坚实的基础。

按照《唐六典》记载，南朝宋元嘉二十年（443 年），太医令秦丞祖建言，设立医学职业教育。到了隋代，国子监成立，并开办太医署，继续开展医学教育。唐代贞观三年，“诸州置医学”，开元十九年“诸州各置医学博士”，武德七年扩建太医署，归属于太常寺管辖，设行政、教学、医疗和药工四类人员，在校学生 85 人。唐代的医学教育开设《素问》《本经》《脉经》《甲乙经》等科目，同时有严格的考核制度。唐玄宗时，对地方医药管理和“执业医师”均有严格的规章制度，保证了医学教育与临床实践的开展。

隋唐时期是总结前人医学经验，大量撰辑医书的时期。

隋大业二年（606 年），隋炀帝敕撰 31 部新书，合计 17000 卷，其中包括 2600 卷的医学巨著《四海类聚方》。唐显庆四年（659 年），苏敬等 23 人奉敕编撰《新修本草》。《新修本草》共计 54 卷，是中国第一部由政府颁布的药典，也是世界上最早的药典。

在私人编撰方面，巢元方奉诏修《诸病源候论》，为我国第一部病因病机证候学专著，全书 50 卷，667 门，收录了 1700 余证候。孙思邈编撰《千金要方》30 卷、《千金翼方》30 卷，收录了多部在现代已亡佚的医学著作，全面总结了隋唐以前的医学知识，它们不单是方书，更被医史届称为“医学百科全书”。王焘编撰《外台秘要》40 卷，1104 门，收载了唐及唐以前的 60 多家的医方医论，医方近万条，较《千金要方》更为宏大。

隋唐时期同时是中外医学密切交流的时期。607 年，日本圣德太子派遣大礼、小野妹子等访问隋朝，至 609 年，他们回国时求得《四海类聚方》归。614 年，药师难波惠日随使节造访，求得《诸病源候论》等书回归。武则天时期，日本仿唐朝建立医事制度，公布的中医学生必读书目《大宝律令·疾医令》与唐朝的相同。

第二节　隋唐名医的故事及其智慧

一、药王——孙思邈

孙思邈是初唐著名的医学家，也是中国医药史上德艺双馨的一代“药王”。孙思邈，京兆华原（今陕西省耀县）人，据《旧唐书》记载，孙思邈“善谈老庄及百家之说，兼好释典”，被后世尊为儒道佛三教圣人。

孙思邈卒于 682 年，这一点见于《旧唐书》等史书著作；对于孙思邈的生年，则有三种不同的观点：天监十四年（515 年）、大统七年（541 年）和开皇元年（581 年）。马伯英教授、郭霭春教授依据孙思邈个人事迹考证，认为他大约出生于公元 541 年，即孙思邈享年一百四十一岁，这在现代也是一个令人吃惊的数字，更别说是在平均寿命低，令诗圣杜甫发出“人生七十古来稀”的感慨的唐代了。

据《旧唐书·孙思邈传》记载，“思邈七岁就学，日诵千余言，弱冠善谈老庄及百家之说，兼好释典(佛典)”，享有“圣童”之称，二十岁即“博通群学，治《易》《老》之说，明阴阳术数之理，精导引医疗之术”，但他“幼遭风冷，屡造医门，汤药之资，罄尽家产”。

古时医生的社会地位很低，“朝野士庶，咸耻医术之名”(《全唐文》)。孙思邈认为这是一种不“尊生”的现象，他说：“医治之术阙而弗论，吁可怪也。”(《全唐文》)确是切身体会之言，尤其是他看到有的贫苦患者竟因无钱诊治而死，感触颇深。孙思邈十八岁即志于医学，勤奋笃诚，终生不辍，博览群书，刻苦实践，终于成为一代名医。

孙思邈一生不贪恋富贵，为拯救人民生命，解除人民疾苦做出了卓越的贡献，深受人民的爱戴和敬仰，劳动人民奉他为“神仙”，士大夫称其为“真人”。在他去世后，人们尊称他为“药王”，并将他隐居过的“五台山”(位于陕西省耀县城东)改名为“药王山”，于山上修建“药王庙”，为他立祠塑像，后经宋、元、明、清历代修整扩建，药王山上除药王庙外，还增添了千金宝要碑、洗药池等古迹。

孙思邈的著作很多，流传至今的主要有《千金要方》和《千金翼方》等。《千金要方》为孙思邈有感于“诸方部帙浩博，忽遇仓卒，求检至难，比得方讫，疾厄不救”(《全唐文》)，故博采群经，删裁繁重，并结合自己的临床经验，编撰而成的一部备急方书。他认为“人命至重，有贵千金，一方济之，德逾于此”(《全唐文》)，故此书又名《备急千金要方》。《千金翼方》为补充《千金要方》而编集的，成书于孙思邈晚年，共三十卷。《千金要方》和《千金翼方》是孙思邈系统地总结唐以前我国医学发展成就，结合个人多年的临床经验编写而成的，虽名为方书，实为基础理论、临床各科以及老年病学、外治、单方、验方、伦理学等俱全的医学巨著，亦可以说是我国医学史上的第一部医学百科全书。

孙思邈先后在陕西太白山、终南山及山西太行山、河南嵩山、四川峨眉山等地隐居，一面行医，一面采集药材，搜集民间验方。他淡泊名利，曾先后三次拒绝帝王之召。据《旧唐书》记载：“思邈以王室多事，故隐居太白山。隋文帝辅政，开皇元年至二十年，征召孙氏为国子博士，他称疾不起，及唐太宗即位，召往京师，授以爵位，固辞不受。显庆四年唐高宗召见，拜谏议大夫，又固辞不受。”孙思邈一生留下了很多脍炙人口的故事，这些故事在药王山博物馆编著的《药王的传说故事集》、王明皋的《药王山与孙思邈的传说》、程远的《药王孙思邈传奇》中都有所记载。

悬丝诊脉

悬丝诊脉之法据传是孙思邈首先创造并使用的。传说唐贞观年间，长孙皇后怀孕十多个月不能分娩，虽经不少太医医治，但都没有转机，大臣们将孙思邈推荐给唐太宗，太宗遂召孙思邈进宫为皇后诊病。

由于封建社会讲究“男女授受不亲”，医生给女性患者看病，大都不能够接近其身边，只能根据旁人的口述，诊治处方。孙思邈一面叫来了皇后身边的宫娥细问病情，一面要来了太医的病历处方认真审阅。他先根据这些情况，作了详细的分析研究，然后，他取出一条红线，叫人把线系在皇后右手腕上，另一端通过竹帘拉出来，孙思邈捏着线，在皇后房外开始了引线诊脉。

没有多大工夫，孙思邈便诊完了皇后的脉，他吩咐宫娥将皇后左手扶近竹帘，看准穴位，猛扎了一针，皇后感到疼痛，浑身一颤抖，不一会儿，婴儿便呱呱坠地。唐太宗大喜，欲留孙思邈在朝执掌太医院，但孙思邈不愿在朝为官，立志漂泊四方为广大人民群众施药治病。于是，他向唐太宗陈述了自己的志愿，婉拒了赐给的官位。

唐太宗十分欣赏孙思邈，赐其颂词一首。如今，药王山南庵内还留有唐太宗御道、拜真台、唐太宗赐真人颂古碑等。①

虎守杏林

“虎守杏林”的典故，发生在距今约一千三百年前。精研医学并兼通佛典，被誉为“药王”的唐代著名医学家孙思邈晚年曾云游至河北省邱县，他见当地景物优美，民风淳朴，遂流连忘返，客寓郊寺，悬壶行医。这期间，有虎伏跪求医，孙思邈便首创“虎撑”，治愈了它的金簪卡喉之疾。虎有灵性，从

① 参见程远：《药王孙思邈传奇》，人民文学出版社 2001 年版。

此不复危害人畜，并为孙思邈守护杏林，充当坐骑。孙思邈去世后，虎绕寺哀啸三日后不知去向。①

东方的希波克拉底誓言

孙思邈不仅有精湛的医术，还有高尚的医德，这在《千金要方》中的“大医习业”“大医精诚”这两篇关于医德的文章中就有所体现。这两篇文章被称为“东方的希波克拉底誓言”，是对于医务工作者的职业操守要求。孙思邈是我国医学史上第一位比较系统而完整地提出医学伦理学的概念，并提出规范和要求的医学家，是我国医学伦理学的奠基人。孙思邈在这两篇文章中反复告诉我们：苍生大医，医德为先，如至亲之想，一心救赴，一视同仁。

首先，孙思邈提出了医生的职业道德标准：诚。

他指出：“大医治病，必须安神定志，无欲无求，先发大慈恻隐之心，誓愿普救含灵之苦”，“若有疾厄来求救者，无论贵贱贫富，长幼妍蚩，怨亲善友，华夷智愚”，皆如至亲，一视同仁，“亦不得瞻前顾后，自虑吉凶，护惜身命”，要“见彼苦恼，若己有之，深心凄怆，勿避险巇，昼夜寒暑，饥渴疲劳，一心赴救，无作工夫形迹之心”。（《千金要方·大医精诚》）

他同时指出，医生应持严肃稳重的态度，“不得于性命之上，率尔自逞俊快，邀射名誉”；至病家，“勿左右顾盼，丝竹凑耳，无得似有所娱；珍馐选荐，食如无味；醽醁兼陈，看有若无”；“不得恃己所长，专心经略财物，但作救苦之心”；见到“患疮痍下痢，臭秽不可瞻视，人所恶见者，但发惭愧凄怜忧恤之意，不得起一念蒂芥之心”。（《千金要方·大医精诚》）他告诫说，同道之间不可“道说是非，议论人物，炫耀声名，訾毁诸医，自矜己德，偶然治瘥一病，则昂头戴面，而有自许之貌，谓天下无双，此医人之膏肓也”。（《千金要方·大医精诚》）

孙思邈的职业道德要求有广泛的涉及面，不仅指出了医生应怎样处理与病人的关系，还涉及如何处理同病人家属及自己的合作者——其他医生的关系，而这些问题正是目前医务界最棘手的问题之一。

---

① 参见曹剑波：《坐虎针龙——济世救人的药王孙思邈》，宗教文化出版社 2014 年版。

其次，孙思邈提出了医生的医术标准：精。

他针对很多医者“读方三年，便谓天下无病可治，及治病三年，乃知天下无方可用”(《千金要方·大医精诚》)的学习和医疗实践经验，告诫医者应小心谨慎，戒骄戒躁。孙思邈套用道家先贤子华子的名言，指出“胆欲大而心欲小，智欲圆而行欲方”，他解释说：“如临深渊，如履薄冰，谓小心也；赳赳武夫，公侯干城，谓大胆也；不为利回，不为义疚，行之方也；见机而作，不俟终日，智之圆也。”(《大唐新语》)“如临深渊，如履薄冰”出自《诗经·小雅·小旻》，意即如同处于深渊边缘一样，如若在薄冰上行走一般，比喻存有戒心，行事极为谨慎。“赳赳武夫，公侯干城”出自《诗经·周南·兔罝》，武夫指勇武矫健的军人，是公侯们的好护卫。“不为利回，不为义疚”出自《后汉书·列传·文苑列传下》，指君子行动前要考虑与礼义的要求合乎与否，办事前要考虑合乎道义与否，不做因私利而违背礼义的事情，不做因不合乎礼义而使自己感到内疚的事情。“见机而作，不俟终日”出自《周易·系辞下》：“君子见机而作，不俟终日。”

综合而言，这些标准要求医生有丰富而扎实的医学知识作保障，既要大胆果断，敢想敢做，当机立断，又要小心谨慎，周密考虑；既要一丝不苟地恪守各种医德准则，按照客观规律办事，行为正直，也要灵活变通，不可墨守成规。这些箴言，对临证治疗很有指导意义，故为历代医家所传诵遵循。

孙思邈的长寿秘籍

孙思邈是一位高寿的医生，大家可能会因此而猜测他是一个天生体质良好的人，实则不然。孙思邈自小体弱多病，年少的时候患过风冷痹症，经常去医生处求治，以至于中产之家由病返贫。那么体弱的是孙思邈如何调养身体，进而使健康长寿的呢？让我们揭开孙思邈的长寿秘籍。

1. 养性

孙思邈在《千金要方》中指出：“夫养性者，欲所习以成性……性既自善，内外百病皆悉不生。”养性，就是我们现在所说的“养成良好的工作、学习和生活习惯”。孙思邈认为，人有了良好的习惯，才能百病不侵。根据现代医学的观点，很多常见疾病没有明确的病因，病因与疾病之间缺乏因与果的联系，只能经过流行病学调查，发现疾病与可能的致病因素的统计学联系，而这些因素多出于人们的日常生活、学习、工作之中，这与孙思邈所提出的养性观点其实是殊途同归的。

养性之道包括很多方面。孙思邈力主“易简”，就是将健康活动附着在日常生活之中，不必为生活增加过重的负担。孙思邈的健康观点其实是告诉我们生活之中应该怎样将日常必须做的事情从健康的角度做好，使其有利于我们的健康。如他提出的发常梳、目常运、齿常叩、漱玉津、耳常鼓、面常洗、头常摇、腰常摆、腹常揉、摄谷道、膝常扭、常散步、脚常搓，都是将健康理念渗透到日常活动中来，简便易行。

2. 养气

孙思邈指出：“气息得理，即百病不生，若消息失宜，即诸疴竞起，善摄养者，须知调气方焉。”（《千金要方》）元朝医学家朱丹溪也提出“气血冲和，万病不生，一有怫郁，诸病生焉，故人身诸病多生于郁”（《丹溪心法》）的观点，与此实质相同。

孙思邈在《千金要方》中记载了针对不同疾病的简单易行的调气之法，其实质是通过有目的地发音来调气，以治五脏病，具体内容为：“若患心冷病，气即呼出；若热病，气即吹出；若肺病即嘘出；若肝病即呵出；若脾病即唏出；若肾病即呬出。”

3. 养形

“形”是指我们的身体，孙思邈从多个方面告诉我们应该如何保养身体：

(1)常欲小劳。孙思邈联系“流水不腐，户枢不蠹”的儒家健康思想，认为适当的运动对保持人体健康是必要的，运动太少或过度均无益于健康，即“养性之道，常欲小劳，但莫大劳及强所不能堪耳”（《世医得效方》）。“小劳”就是我们现在说的适量运动，既不可懒散度日，亦不可强己所难，过度劳累。

(2)导引按摩。在小劳的基础上，可辅助以导引之术，如五禽戏，模仿虎、鹿、熊、猿、鸟的姿态进行运动锻炼；又如天竺国按摩法十八势、老子按摩法等，以导引、按摩相结合，起到辅助健康的作用。孙思邈认为这些方法不仅可施于平日，亦可用于患病时，如“小有不好，即按摩挼捺，令百节通利，泄其邪气”（《千金要方》）。

对于按摩,《千金翼方》中记载:“清旦初,以左右手摩交耳,从头上挽两耳,则面气流通,如此者令人头不白,耳不聋;又摩掌令热,以摩面,从上向下二七过,去气,令人面有光,又令人胜风寒时气,碌热头痛,百疾皆除。”饮食之后,可以行步摩腹,使饮食易消,若“饱食即卧,乃生百病”。

4.食养

孙思邈认为养性之道当明饮食宜忌,“安身之本必资于食,不知食宜者不足以存生”(《三元延寿参赞书》)。他的饮食健康学问大体可以归纳为以下几个方面:

(1)食不欲杂。饮食过杂,必然久积为患。“厨膳勿使脯肉丰盈,常令俭约为佳。”(《千金要方》)与我们现代所倡导的杂食不同,孙思邈反对食物过度丰富,他举例说:“关中土地,俗好俭啬,厨膳肴羞,不过菹酱而已,其人少病而寿;江南岭表,其处饶足,海陆鲑肴,无所不备,土俗多疾而人早夭。”(《千金要方》)因此,他主张“每食不用重肉,喜生百病。常须少食肉,多食饭及少菹菜,并勿食生菜、生米、小豆、陈臭物,勿饮浊酒”;“久饮酒者,腐烂肠胃,渍髓蒸筋,伤神损寿”;“若贪味多餐,临盘大饱,食讫觉腹中彭亨短气,或致暴疾”(《千金要方》)。

(2)饮食有节。孙思邈提倡食当有节,不可暴饮暴食,以“饥中饱,饱中饥”为度,也就是现在所说的“八分饱”。他反对暴饮暴食,提倡少食多餐,曾说:“善养性者先饥而食,先渴而饮。食欲数而少,不欲顿而多,多则难消也。常欲令饱中饥,饥中饱耳。”并告诫:“夜勿过醉饱,食勿精思,为劳苦事。”(《千金要方》)否则会致疾生灾,其害非浅。这种思想实际上对于现代人过多的晚餐应酬和夜生活提出了批评。晚餐过度,饮酒过量,对于人体肠胃而言是劳苦事。当然,我们亦应避免过分饥饿,“饥则伤气”。孙思邈还要求“食上不得语,语而食者,常患胸背痛”(《千金要方》)。他提出饮食宜清、淡、温、软、简;忌腻、厚、生、冷、杂;不应暴饮暴食,宜少食多餐,食当有节,还指出咸多促寿等。

(3)当知食禁。饮食入胃,化生五味,五味各走其所喜,即甘先入脾,辛先入肺,苦先入心,咸先入肾,酸先入肝,久而增气,气增而久,夭之由也。故饮食可化生人体精气,饮食不当可戕害人体精气。孙思邈认为“精以食气,气养精以荣色;形以食味,味养形以生力……精顺五气以为灵也,若食气相恶,则伤精也;形受味以成也,若食味不调,则损形也。是以圣人先用食禁以存性,后制药以防命也"(《千金要方》)。他还订立了"五藏所宜食法""五味动病法""五藏病五味对治法"等,其中的内容是把《素问》中五脏所喜、所宜、所养的食物,加以调剂而具体化,形成了历史上最早的一个营养食谱,值得研究。

孙思邈列举了许多有益于健康延年的药食,如樱桃、蜂蜜、黑芝麻、石斛、柏子仁、麦冬、地黄、山萸肉等,并详细列举了它们的功用,例如:樱桃味甘,平涩,调中益气,可多食,令人好颜色,美志性;牛乳性平,补血脉,益心,长肌肉,令人身体康强润泽。他将儒家倡导的"七十者可以食肉矣"的古训予以变化,突出对牛奶的认可,还别出心裁地设计了许多牛奶的食用方法,将牛奶定为养老奉亲的要物。但他也认为牛奶同酒属性相同,亦为寒湿之性,特定的老年人群也需注意,不可多食。

(4)服食。所谓"服食",即服饵方药,以期益寿。孙思邈在《千金要方》中指出,根据季节,在四季分别服小续命汤、肾沥汤、黄芪丸及某些药酒,有利于却病强身。然而这必须因人因体质而施,即"夫欲服食,当寻性理所宜,审冷暖之适,不可见彼得力,我便服之"。

孙思邈的服食之法其实是从道家的服食健康、辟谷等学说中演化出来的,与道家理论一脉相承。孙思邈指出的服食之物包括草木石药,草药如天冬、地黄、黄精、乌麻、松子;木药如茯苓、枸杞、柏实、松脂、松子仁;石药如云母水、炼钟乳粉等。孙思邈认为,服食初期应以草木为主,服食得法之后以石药为主。这与魏晋时期葛洪、陶弘景等的学说相一致。服食的目的在于长生,即葛洪所说的"服金者寿如金,服玉者寿如玉"(《抱朴子》)。孙思邈指出:"服饵大法,必先去三虫,次服草药,次服木药,次服石药。"(《千金要方》)即服饵方法一般当先驱除虫积,再用补养之剂。驱邪药物有干漆、大黄、芜菁子、瓜子、真丹等。

(5)服水。服水法原出于《千金翼方·服水经》,颇具神秘色彩,其中记载:"水之为用……可以涤荡滓秽,可以浸润焦枯。"服法为在天晴日出时,以瓦器贮水三杯,每杯一升。先向东立,叩齿并鸣天鼓三通,然后服水一杯,饮时须细细而缓，专心注下，服后徐行，如此三遍。并可进食枣栗，凡陈臭、生冷、辛热诸物，则在所禁。孙思邈认为，凡年十岁以上，八十以下，均可终身行此法。

5. 抑情节欲

作为一名道士，孙思邈严格遵守节制情欲的要求，但是他又认为欲不可绝、不可纵，即对于情欲，特别是性欲，应该适当引导。

(1)抑情。“情”在中医中多是指“情志”，即“五志七情”。“五志”是指怒、喜、思、悲、恐，对应的五脏是肝、心、脾、肺、肾。“七情”是在五志的基础上再加上惊和忧。五志和七情都是指人的心理活动，但是严格来区分的话，五志和七情是有区别的。五志来源于脏气的变动，源自于内，即“人有五脏化五气，以生喜、怒、忧、思、恐”(《景岳全书》)；七情多是指外界环境对心的影响而产生出的情志反应，来源于外。

孙思邈在《千金翼方》中，以“如膏用小炷之与大炷”为喻，将人的生命比喻为蜡烛，认为不知撙节者犹如大炷焚膏，即不知道节制情欲者使用的是大蜡烛芯，能够节制情欲者使用的是小蜡烛芯，蜡烛芯小的发出的光线弱些，但是燃烧的时间会长一些；蜡芯大的发出的光线强些，但是燃烧的时间会短一些，以此来比喻节制情欲对生命长短的影响。在道家理论中有种观点，认为健康就要遵照心之所想，顺心而为是为得道。但孙思邈反对“大蜡烛芯”，他认为“心为猿”，不给它套上枷锁，我们获得的就很可能不是“随心所欲而不逾矩”，而是纵情恣欲：“纵情恣欲，心所欲得则便为之……无所不作，自言适性，不知过后，一一皆为病本”；“人之寿夭，在于撙节”(《千金要方》)。孙思邈认为，任意放飞心灵，不知撙节，过后皆是致病之源。他在《千金要方》中，总结了养性“十二多”及“十二少”：

多思则神殆——少思	多念则志散——少念
多欲则志昏——少欲	多事则形劳——少事
多语则气乏——少语	多笑则藏伤——少笑
多愁则心慑——少愁	多乐则意溢——少乐
多喜则忘错昏乱——少喜	多怒则百脉不定——少怒
多好则专迷不理——少好	多恶则憔悴无欢——少恶

对此,我们可以简单梳理一下:多思则伤神,多欲则志昏,多愁则心慑,多喜妄错昏乱,多念则志散,多事则形劳,多笑则藏伤,多乐则意溢,多怒则百脉不定,这与中医情志致病的基本理念相同,不再赘述。多语则气乏,强调少语,金代医学家李东垣在《脾胃论》最后一篇"省言箴"中,介绍了精、气、神三者的关系,指出多言伤气,保气则需省言;多好则专迷不理,不可过于沉迷爱好,即适当的两三种爱好不会伤神,但过多的兴趣爱好或者不健康的爱好会损伤人的神,使人迷乱;多恶则憔悴无欢,即仇恨首先伤害的是自身,使人容颜憔悴,神志不欢,故当少恶,心中不能常怀仇恨。

(2)节欲。这是孙思邈对人的欲望特别是性欲的态度。与传统的道家、佛家要求戒绝性欲不同,孙思邈对于欲望的态度可以归纳为"欲不可绝,欲不可纵"两个方面。他认为正常的房事是人类繁衍的根本,在劳动力时时处于短缺状态下的隋唐时代,它本就是社会发展的根本,根本不可断绝。孙思邈反对的是纵欲,强调的是"撙节"。孙思邈说:"少年之时,乐游驰骋,情致放逸,不至于道,倏然白首,方悟虚生。"(《千金翼方》)即情欲过度是早衰的原因之一。

6.养老退居

"养老"是指老年人的健康和老年病的防治,即现代通称的"老年医学";"退居"指退休后的健康要点。

(1)养老。古人以天癸绝,人体失去生殖能力称为"老",多在七七之后为老,孙思邈将人年五十岁以上划为老年期。由于孙思邈具有九十多年的老年期,其养老学说是后世之人非常感兴趣的地方。

孙思邈对生理上的衰老而引起的精神变态与多病的老化现象进行了详述。他指出:"人年五十以上,阳气日衰,损与日至,心力渐退,忘前失后,兴居怠惰,计授皆不称心,视听不稳","万事零落,心无聊赖,健忘嗔怒,情性变异,食饮无味,寝处不安","衰退既至,众病蜂起",或"大便不利,或常苦下痢","若久而不治,遂至消渴"(《千金翼方》),故必须慎护调摄,借助医学达到延年益寿的目的。他提到了几个"养老之要":陶冶性情、生活有常、饮食有节、调身按摩、摇动肢节、导引行气,不要安处不动,以致经脉气血壅滞。

对于老年人的生理状态,中医常常存在虚实之辨,以虚为主者多以肾虚立论，按照《素问·上古天真论》中的七七、八八生理周期为依据；以实为主者多强调老年人多痰多瘀的体质特点。孙思邈对于老年人的描述之中，既有虚的一面，又有实的一面，是虚实夹杂的综合体，并未偏执一端。同时，孙思邈特别强调了老年人的精神健康，认为心境的改变是老年人诸多问题的根由，老年人的心理健康要比单纯的身体健康重要得多。

孙思邈对老年人的健康阐述与前文所述大体相同，同时又体现了老年人的生理特点。在饮食调摄中，他强调切忌贪味伤多，常宜清甜淡之物，又常宜温食，且当保持常不饥不饱、不寒不热。在食养中，他重视饮食对老年健康的作用，"长年饵老之奇法，极长生之术"(《千金要方》)，提倡经常适量温食乳酪、酥、蜜等品，常用甘润、血肉填精之品，如耆婆汤(配料为酥、生姜、薤白、酒、白蜜、油、椒、胡麻仁、橙叶、糖)、乌麻方、蜜饵(配料为白蜜、猪脂肪、胡麻油、干地黄末)、牛乳补虚破气方(配料为牛乳、荜茇)、猪肚补虚羸乏力气方(配料为猪肚、人参、椒、干姜、葱白、粳米)、补虚劳方(配料为羊肝、肚、肾、心、肺，胡椒、荜茇、豉心、葱白、犁牛酥)等。他强调导引按摩在老年健康中的作用，"非但老人须知服食，将息节度，极须知调身按摩，摇动肢节，导引行气"(《千金翼方》)。

(2)退居。关于退休，孙思邈告诫我们：人要服老，要知进退。"人生一世，甚于过隙，役役随物，相视俱尽"，"若知进而不知退，知得而不知丧，嗜欲煎其内，权位牵其外，其于过分内热之损，胡可胜言"(《千金翼方》)。针对如何安排好退休后的生活，孙思邈做了"退居养志七篇"，分择地、养性、饮食、服药、缔创、种造药、杂忌来逐一论述，其中缔创涉及如何建造房屋，种造药讲述如何种药，与我们现在的生活相距较远，此处不再论述。

①择地。择地就是选择适宜的居住环境。孙思邈提出了"人野相近"的原则，认为远离人群，独居旷野，则生活设施不完备，生活材料难以获得，故多阻；人群聚集之处，设施完备，容易获得生活材料，但喧杂不堪其扰。所以，应居住在闹中取静之处。他还提到"得十亩平坦处便可构居"，即房屋面积要大，但最多二十亩，不能再大了。

对于现在的我们而言，选一环境优美的社区，远离社区中心喧闹之处，得社区之便利而不涉喧哗，就是好的生活环境，至于房间大小，尽力而为即可。

②老年养性。孙思邈具体列举了老年人退休之后的生活要点，以养心神，去繁杂，起居有时为佳。具体为：一天之中，早起之后导引服食，烧香念诵以洗心，之后散步于庭间，或出门二三里散步；家中之事付以子女，不再操劳。与子女居处不要太近，知子女家中平安即可，不要过度关注子女家事；要善于寻找快乐，与老友同游、与亲朋叙旧都是很不错的消遣方式；家中藏些书籍，以道家书籍为宜，如果烦闷了，可以读书解闷；穿衣不求贵重，适合自己的就很好，但是一定要注意清洁；平时注意节制喜怒，防止心境的快速变化……孙思邈细致地列举了养性之要，告诫人们要适应退休后平静的生活，不再恋慕繁华，回归平淡。

③食后将息。孙思邈提倡平日“点心饭讫，即自以热手摩腹，出门庭，行五六十步，消息之。中食后，还以热手摩腹，行一二百步，缓缓行，勿令气急。行讫，还休偃卧，四展手足，勿睡，顷之气定，便起正坐，吃五六颗苏煎枣，啜半升以下人参、茯苓、甘草等饮，觉似少热，即吃麦门冬、竹叶、茅根等饮，量性将理。食饱不得急行，及饥不得大语、远唤人，嗔喜卧睡。觉食散后随其事业，不得劳心劳力。觉肚空，即须索食，不得忍饥。必不得食生硬黏滑等物，多致霍乱。秋冬间暖裹腹，腹中微似不安，即服厚朴、生姜等饮，如此将息，必无横疾”。(《千金翼方》)

以上简略描述了孙思邈关于长寿的理念，每个人都有自身不同的情况，需要根据自身情况灵活选取，刻舟求剑殊为不智。

二、名门贵族中的医学家 ——王焘

王焘，生于670年，卒于755年，唐代郿县(现陕西省眉县)人。王焘出身于名门望族，是汉魏六朝著名氏族太原王氏的支系乌丸王氏后裔。王焘曾任徐州司马、光禄大夫，并持节军事，兼任邺郡刺史。安史之乱后，王焘率所部归附颜真卿，任披鹔鹴裘封上柱国、清源县开国伯，后因家事贬守房陵，移大宁郡，提携江上，其卒有可能与抵御安史之乱有关。

王焘终身入仕，医疗实践较少，他喜好医事有以下几点原因：

一是由于孝。据《新唐书·王珪传》记载："焘，性所至孝，为徐州司马。母有疾，弥年不废带，视絮汤剂。数从高医游，遂穷其术。"

二是自身原因。据《外台秘要·外台秘要方序》记载，王焘"幼多疾病，长好方术"，并且其"所好者寿"，故多留心于方剂。

三是在为官过程中，王焘常冒着染瘴婴疴，为辖下百姓治病。面对当时唯心宿命论者所秉持的"禀生受形，咸有定分，药石岂如命何？"的观点，他提出了"喜怒不节，饥饱失常，嗜欲攻中，寒温伤外，如此之患，岂由天乎？"（《全唐文》）的质疑，坚信命由人定。

王焘认为方剂必须经过实践才能判断出其真实价值，他推崇经验良方，认为其具有"神功妙用"。王焘在兰台[①]工作了二十六年，利用管理弘文馆[②]之便，搜集、学习、整理了大量馆藏医学典籍，在唐天宝十一年（752 年），于刺史任上，取"秘密枢要"之意，将其著作命名为"外台秘要"[③]。

《外台秘要》共 41 卷，分 1104 门，引医家著作 66 部，6956 方，集东汉至盛唐五百余年方剂学之大成，是研究唐代医学的必读之书。《外台秘要》也是宋代医学考试的必考科目，北宋王怀隐、王祐等编写的《太平圣惠方》等著名方书中也大量引用了其中的文献，对后世影响巨大。以下我们从中摘录一部分涉及美容、美发、护肤方面的内容，以此来一窥唐朝鼎盛时期贵族的生活方式，也对中医学在古代人民日常生活中的使用进行了解。

《外台秘要》第 32 卷的名称为"面部面脂药头膏发鬓衣香澡豆等"，其中关于美容的方剂颇多，包括面膏面脂兼疗面病方一十三首、洗面药方二首、面色光悦方五首和令面色白方四首。其所载的"面膏"类似于现在的敷面膏，面脂方用于治疗皮肤干燥、粗糙、色黑，有保养和治疗的效果。

---

① 兰台：唐代秘书省的别称。

② 弘文馆：唐太宗即位后，建立弘文馆，其内聚书 20 万卷，为唐代的国家藏书所。

③ 刺史别称"外台"。

《外台秘要》中的美容秘方

美容用品在古代非常珍贵，是高层人士必备之物。美容类配方的组成在当时属于秘方，甚至父子之间也不能相传。难能可贵的是，《外台秘要》打破了这种规则，对相关秘方进行了记载。《外台秘要》所记载的美容类方剂可以简单分为清洁美容类和治疗类。

值得指出的是，古代的化妆品大多含有铅、汞等重金属物质，毒性较大，短时间里可以起到增白美容的效果，使人容颜焕发，但长期使用就会加速色素沉淀，使皮肤老化，使用者也就成了所谓的“黄脸婆”。但是在《外台秘要》中所列的300余首美容类方剂中，很少有这类成分的出现，深入挖掘这类古代美容配方，有可能对现代化妆品产业予以启示。

1. 清洁美容类

(1)面膏方。此方具有洁面护肤的作用。

杜蘅、杜若、防风、藁本、细辛、白附子、木兰皮、当归、白术、独活、白茯苓、萎蕤、白芷、雄、玉屑各一两，菟丝子、防己、商陆、栀子花、橘仁、冬瓜仁、蘼芜花各三两，藿香、丁香、零陵香、甘松香、青木香各二两，麝香半两，白鹅脂(如无鹅脂，羊髓代用)、白羊脂、牛髓各一升，羊胰三具。

上三十二味，先以水浸膏髓等五日，日满别再易水；又五日，日别一易水；又十日，二日一易水，凡二十日止。以酒一升，羊胰令消尽，去脉，乃细切香，于瓷器中浸之，密封一宿。晓以诸脂等合煎，三上三下，以酒水气尽为候。即以棉布绞去滓，研之千遍，待疑乃止，使白如雪。每夜涂面，昼则洗却，更涂新者。十日以后色等桃花。(本方白蔹、人参各三两，无蘼芜花、冬瓜仁。此皆是面膏药，疑更有此二味)

此面膏方大量使用风药以流通气血，香药以增加芳香气味，同时配合一些补益药物，以增加面部气血，以动物的脂膏作为赋形剂，配伍颇为得当。在制作上，要求成品“白如雪”，与现在的敷面乳膏要求相同。在使用方法上，早晚各涂一次，也与现在颇为一致，已经具备洁面护肤清洁的效果。

(2)面脂方。针对面皴皱黡黑皯的情况，可以看作是一种药妆。

丁香十一分，零陵香、桃仁去皮，土瓜根、白蔹、白及、防风、当归、沉香、辛夷、商陆、麝香研、栀子花、芎䓖各十二分，蜀水花、青木香各八分，白芷、萎蕤、菟丝子、藿香、甘松香各十五分，木兰皮、白僵蚕、藁本各十分，茯苓十八分，冬瓜仁十六分，鹅脂羊髓各一升半，羊肾脂一升，猪胰六具，清酒五升，生猪防脂三大升。

上三十二味，生猪胰汁，渍药一宿于脂中，煎三上三下，以白芷色黄。去滓，以上件酒五升，猪胰以炭火微微煎，膏成绵滤之，贮器中，以涂面。

观上方，可以看出一个有趣的现象：古人对于面色黧黑的治疗使用了大量的"白药"，如桃仁、白蔹、白及、白芷、萎蕤、白僵蚕、茯苓、冬瓜仁，用白药来增白去黑，可见古人援物比象的思维方式。

2.面部疾病的治疗

(1)涂面类方剂治疗面皯。"面皯"指面部皮肤粗糙，黧黑无光泽，《外台秘要》又中以专门的一章来收录此类病症的方法。

①李子仁，和鸡子白，涂上则落。

②白附子末，以水和涂上，频频用即落尽

③杏仁酒浸皮脱，捣如泥，以绢囊裹，夜则拭之，效。

以现代的眼光来审视这些古老的智慧，我们发现古人就地取材，用方配伍简单实用，如果将以上材料粉碎，改变一下剂型，例如做成膏剂、面膜等，有可能会使新的产品上市。

(2)口服方剂治疗痤疮。少年时的痤疮，多与人生长发育时期的天癸变化有关。

①冬瓜子、冬葵子、柏子仁、茯苓各等分，上四味为散，食后服方寸匕，日三服。从利水清热的角度治疗，使用冬瓜子、冬葵子、茯苓泻肺利水排脓，柏子仁养血，从而起到清利肺热，去除痤疮的作用。

②麻黄三两，甘草二两，炙杏仁二两，上三味，捣筛。酒下一钱匕，日三服。此方称为"夺命散"，重在宣散肺气，直达面部毛腠，发散以除热利湿。

(3)外用方剂治疗痤疮。

①黄连二两，蛇床子四合。上二味捣末，以面脂和涂面，日再，瘥。黄连、蛇床子具有清除皮肤湿热、去疮疡的作用。

②浮萍，擽之，可饮少许汁，良。浮萍能发泄皮肤中郁气。

(4)外用方剂治疗酒渣鼻。酒渣鼻是一种主要发生于面部中央的红斑和毛细血管扩张的慢性皮肤病。因患者鼻色紫红如酒渣,故名“酒渣鼻”。

①木兰皮一斤,渍酒用三年者,百日出,曝干栀子仁一斤。上二味,合捣为散。食前以浆水服方寸一匕,日三,良。

②木兰皮一斤,上一味,以三年酢浆渍之,百日出,于日中曝之,捣末。服方寸匕,日三。

从外用方剂的用药上可以看出,木兰皮是治疗酒渣鼻的一味常用药材。据《神农本草经》记载,木兰皮原作“木兰”,为木兰科植物辛夷的树皮,苦,寒无毒之品,“主身有大热在皮肤中,去面热赤疱酒皶,恶风癞疾,阴下痒湿,明耳目”。《神农本草经》明确指出木兰皮能够治疗酒渣鼻,并说明了其外敷治疗酒渣鼻的关键作用。

王焘的《外台秘要》虽在安史之乱后流传,但其形成时间是王焘管理弘文馆期间,当时的唐朝处于鼎盛时期,王焘作为顶级贵族,其编纂的《外台秘要》也反映了时代的特征。曲黎敏在《中医与传统文化》中将医生分为“贵族医”和“平民医”,虽与主流的学派分类法不同,但也有其可取之处。王焘自然属于贵族医之流,他所编纂的医书有倾向贵族生活的一面,这与孙思邈有所不同。同时,王焘管理弘文馆,能接触大量文献,这些又是平民难以做到的,所以后世又将《外台秘要》称为“秘方大全”,这也在一定程度上反映出了这部书的价值。

SONG DAI MING YI

第五章

宋代名医

第一节　宋代的医学

宋代(960～1279年)是上承五代十国,下启元朝的朝代,分北宋和南宋两个阶段,共历十八帝。宋代是中国历史上商品经济、文化教育、科学创新高度繁荣的时代。后世虽认为宋朝“积贫积弱”,但宋朝民间的富庶与社会经济的繁荣其实远超过盛唐。宋代的科技水平在同时代遥遥领先。这一时期,我国不仅出现了世界上闻名的“四大发明”之中的三项:火药、指南针、活字印刷术,在科技的应用领域内也出现了大繁荣,《梦溪笔谈》《营造法式》《洗冤集录》等均为当时世界上先进的科技著作。宋代儒学家吸收佛、道两家思想,对古典儒学作了新的诠释、发展和重建,创立宋明理学,使儒学得到复兴,科技发展迅速。宋代医学随着儒学的发展提升到了理学的层次,注解之风盛行。此时的医学研究虽慕汉唐古风,却行后世之路,内经、伤寒注解遍地皆是,医学的主流文化已经有了改变。

医学作为一门实用技术,在宋代出现了空前的繁荣,这在我国漫长的封建社会进程中首屈一指,更形成了我国医学发展史上的转折点。宋代在医学上进行了一系列变革,使医学得到了繁荣发展,典型的有以下几个方面:

1.建立免费医疗体制

提到免费医疗,就不得不提到宋徽宗。虽然宋徽宗的治国能力不强,但是他对社会救助的重视程度堪称空前。据《宋史·徽宗本纪一》记载,宋崇宁元年,宋徽宗下令“置安济坊,养民之贫病者”,在这里百姓可以享受免费的医疗救治。针对安济坊里的病人,宋朝政府建立了一系列完整规范的医治体系。如安济坊对病人采用隔离措施,病人会“以病人轻重而异室处之,以防渐染”;病人的治疗情况均需记录在册,“安济坊医者人给手历,以书所治疗痊失”。

2.官方整理编修医书

宋以前由于战乱频繁,图籍存留是相当少的,医学书籍也有许多亡佚。

为了改变宋初贫乏的书籍储备，宋太祖至神宗期间曾十多次诏令天下，广泛搜集历代古籍，征集工作的规模空前宏大。这在很大程度上为医籍的整理编撰提供了机会。

在古籍收集和整理的基础上，宋朝政府大规模编修医书，主要为本草和方书两大类。宋开宝初年(974 年)，国家尚未完全安定，宋太祖下诏修订了宋代第一部本草类医书《开宝重定本草》。宋太宗即位后，召翰林医官院各具家传经验方以献，后诏命翰林医官王怀隐、陈昭遇等负责整理前代方书，辨别真伪，历时 14 年编成《太平圣惠方》百卷，并亲自为之作序。宋仁宗时进行全国药物普查，编撰成《嘉祐本草》。宋徽宗亲撰《圣济经》并于宋重和六年(1118 年)颁行，另外还组织人力编写了大型方书《圣济总录》，它在《太平圣惠方》的基础上又增添了收集的民间验方，分门别类，按药附方，药方达两万首之多。《宋史·艺文志》中统计的宋代医学古籍有 509 部(包括非政府主持编修的著名医著)，仅数量上就足以显现当时医著的繁盛情况。

宋朝政府整理编修了多部本草和方剂医书，并刊刻发行各处，数量之多、质量之高世所罕见。在北宋 160 多年的历史里，有多达十次大规模地进行中央官刻医书。据不完全统计，宋代至少有 28 部，1959 卷医书被刊刻颁行，医学理论类有《黄帝内经·素问》《难经》《脉经》等八部，本草类有《开宝重定本草》《图经本草》等五部，针灸类有《黄帝针经》和《新铸铜人腧穴针灸图经》两部，方书有《太平圣惠方》《千金翼方》《圣济总录》等十一部。现存经典医著《黄帝内经》《难经》《伤寒论》《金匮要略》《脉经》《千金要方》等的最早版本，都是宋代刊印的。

3. 建立医科大学

宋代之前，医生处在一个极其低下的位置，韩愈的《师说》中，就有“巫医乐师百工之人，君子不耻”的描述，“医”这一职业在当时属于三教九流之中的中九流，并且在宋之前几乎没有医学教育，到唐朝，医学的传承也仅仅是靠师徒相传。宋朝政府为了提高这一行业的从业人数，设立了太医局管理医学教育，太医局隶属于国子监，是中国最早的医科大学。

这所学校有着科学的医学分科，分为方脉科(内科)、针科、疡科三个专业，在这里的学生要系统地学习医学知识。宋徽宗设置从中央到地方的各级医学校之初，规定从各地儒学生中选拔通晓医术或对医术感兴趣的人员入学，既教授专门的医学知识，又教授儒学经典并进行考试。

更重要的一点，宋朝政府制定了“国家以文武医入官”的政策，也就是说在医学院学习的学生还有社会上的医者可以通过考试被授予官职，从而提高了医生的地位。这样的政治举措为那些久试科举不中的儒家知识分子提供了一条新的道路，促使更多的知识分子投入到了医学队伍中来，他们被称为“儒医”。正式的“儒医”之名出现于宋徽宗时期，《宋会要辑稿》中有“建学之初，务欲广得儒医，窃见诸州有在学内外舍生，素通医术”的记载，这是“儒医”一词第一次在书面中出现。儒医是有儒学教养的医学生，专职是医，个人文化修养又渗透了儒学成分，这是宋代的一个特殊现象。

4. 药品平民化

为了让百姓买得起药，用得起药，宋朝对城市平民进行医药救助，大力发展官办药房，当时的临安府就有五所药局，据《景定建康志》记载，这些药局“四铺发药，应济军民，收本钱不取息”。

因为依靠国家财政补贴，这类药房的药物售价仅为市价的三分之一，除此之外，当国家遇到流行病时，药局还会无偿散药给百姓。这些药局除了售卖药品，还配置了坐堂医生，据《耻堂存稿・江东提刑司新创药局义阡记》记载，“民有疾咸得赴局就医，切脉约药以归”，由此可见，这些药局承担的职责和现代的诊所有异曲同工之妙。

医学史上第一个官办的药房——官药局，于 1076 年在开封设立。南宋时期，不少官员还向贫苦人家发放药品，而在京城里向病患卖药的专门性药铺也越来越多。

5. 医疗慈善社会化

医保方面，从医学教育到救济医院、官办药房，再到孤儿院，这些现代医保体系的重要环节，宋代一应俱全。宋朝政府设立了福田院及官药局等机构，帮助贫苦老弱，但与北宋时期的总人口数相比，由政府经营的医院和医学教育机构数目是微不足道的。尽管医疗体系还远不能满足贫苦之家和急需医疗服务的人的需求，但当时所建立的医疗服务体系，在结构上相对来说还是比较完整的。

除了政府的救济，私人和家族等社会力量也参与了医疗慈善活动。据《清波杂志》记载，苏轼在杭州为官时，就曾捐出五十两金子设立面向所有百姓的具有医院性质的“安乐坊”，这家医院在三年之内救助了一千多名病人。到1102年，所有的大城市都建立了本地的慈善医院；1132年，有至少两家专门针对穷人、老人的慈善医院设立①。

6.解剖学的发展

宋代代表性的人体解剖学图谱有《欧希范五脏图》《存真图》。《欧希范五脏图》是我国已知最早的人体解剖学图谱，较为仔细地将人体内脏器官描绘成图；《存真图》在其基础上绘制更加具体，它不仅有人体胸腹内脏的正面、背面和侧面全图，而且还有分系统、分部位的分图，成为当时及后世生理解剖学图注的范本。宋以后医籍中所描述的人体脏腑图形及其文字说明，基本上都取之于《存真图》。16世纪以前，人体解剖在欧洲极少见到，而《欧希范五脏图》和《存真图》的出现及其影响，说明我国人体解剖学的水平在11世纪曾处于当时世界领先地位。

7.法医学的成就

宋慈的《洗冤集录》是世界上现存的第一部系统的法医学专著。《洗冤集录》的出现为法医学的发展注入了新的活力，比欧洲第一部系统的法医学著作《医生的报告》(意大利费德罗著，出版于1598年)早350余年。全书共五卷，分为53目，具体细致地讲述了尸斑的发生与分布，腐败的表现和影响条件，尸体现象与死后经过时间的关系，缢沟的特征及影响条件，勒死的特征及与自戕的鉴别，溺死与窒息死亡的尸体所见，骨折的生前死后鉴别，各种刃伤的损伤特征，各种死亡情况下的现场勘验方法等；其中对骨骼损伤的检验成就尤为突出，具体记载了两种污骨的清洗检验方法——蒸骨法和煮骨法，这对判断死者的死亡时间有重要的影响，红油雨伞遮光验骨法更是宋代法医的一大独创。

综上所述，宋代对医学关注程度之深、医药人才著作之泛、医疗常识普

---

① 参见[德]迪特·库恩：《哈佛中国史·儒家统治的时代：宋的转型》，李文锋译，中信出版社2016年版。

及之广、医学水平发展之高，都是前所未有的，诸多的医学兴盛状况显而易见，这其中，宋朝统治阶层发挥了巨大作用，社会最高阶层的医学爱好动向产生了巨大的引导、表率和实践影响。

首先，统治阶层给予医学重视和推崇的态度，在整个社会意识形态领域内完全扭转了以往对医学鄙视的风气。以皇帝、大臣为代表的统治阶级高层示范表率的影响力逐层波及民间，全社会对医学产生了最广泛的心理接受能力，这为政策实施奠定了先决条件。

其次，统治阶层对医学的喜好体现到了一系列的政令措施中，强制性、宽泛性地推行可以说是医学得以迅速发展的非常重要的因素之一，尤其以当时的教育政策为中坚力量。宋朝政府曾多次颁发扶持医学发展的政令，医学教育借此机会不断地完善，由最初借强硬性下达政策之机进行发展，逐渐变为渗透到社会各个阶层的主动学习。

宋朝政府制定了一套科学合理的医学教育体制，这在培养医学人才、提高医学教育水平方面发挥了巨大的作用。教育的普及引导了一种良好的医学风尚，这种风尚又反过来不断促进着医学教育的发展。可见，教育为本的理念在当时就已凸显出来，这对现代教育不无借鉴作用。

第二节　宋代名医的故事及其智慧

一、翰林医官　——王怀隐

王怀隐，睢阳（今河南省商丘市）人，初为道士，精医药，住京城建隆观，宋太宗即位前，王怀隐以汤剂治疗之。宋太平兴国（976 年）初，奉宋太宗诏还俗，充任尚药奉御，为皇室的医药健康服务，后晋升为翰林医官使，主要作品是《太平圣惠方》。

编修《太平圣惠方》

宋太宗赵匡义喜好医术，平时多留意医术，藏名方千余首，皆有效验。他做皇帝以后，便召集翰林医官，让他们各自献出家传的验方秘方，并在民间收集有效的方子，令医者在民间使用这些方剂，以试其效。

最终，宋太宗共征得效验良方一万余首，并命翰林医官王怀隐和副使王光佑、郑奇及医官陈昭遇等，在这些药方的基础上，吸收北宋以前的各种方书经典，共同编写方书。

王怀隐等人收集、检验并分门别类地整理医药验方，以《千金要方》《千金翼方》《外台秘要》为蓝本，广泛收集汉唐以来的各家方书和民间医疗经验，历经 14 年，于宋淳化三年(992 年)成书。宋太宗大喜，亲自写序，为此书题名"太平圣惠方"，并于同年将该书刻印出版，颁发全国，下诏各州设医博士掌管。《太平圣惠方》全书共 100 卷，分 1670 门(类)，书中首先详述了诊脉及辨阴阳虚实的方法，每门之还引用了巢元方《诸病源候论》的有关理论，在用药基本法则方面，理、法、方、药俱全，全面系统地反映了北宋初期以前的医学发展水平。

《太平圣惠方》共收方 16834 首，内容涉及五脏病症、内、外、骨伤、金创、胎产、妇、儿、丹药、食治、补益、针灸等，书中按类分叙了各科病症的病因、病理、证候以及方剂的宜忌、药物的用量，方随证设，药随方施，在临床应用方面颇为便利实用。因该书卷帙过大，不易流传，北宋中期(1046 年)，福建何希彭选其精要，辑成《圣惠选方》60 卷，载方 6096 首，作为医学教材应用了数百年，足见其深远影响。

《太平圣惠方》中有许多含有大黄的复方及单味大黄治病的方法，在中医药史上第一次提出不论阴黄或阳黄都可用单味大黄治疗。书中明确提出"惊风"的病名，并对急慢惊风的病因及症状详加辨析：慢惊风属于"乳哺不调，脏腑壅滞"，其病"乍静乍发，心神不安，荏苒经时"；而急惊风，则多因"气血不和，夙有实热"，"遍身壮热，痰涎壅滞，四肢拘急。筋脉拘掣，项背强直，牙关紧急"。这在我国古代医籍中实属首见，对后世医家很有启发。

另外，书中涉及妇科、儿科的处方数量很多，体现了宋初医学界对妇女、儿童健康的关注；书中还有涉及美容的内容，至今仍应用于许多美容药方中，而神仙、食治、补益方的独立归类表明当时社会对健康有着广泛的需求。

书中首次记载了新生儿断脐后，用药物对脐部进行消毒处理、预防脐风的方法，首次记载了采用药物对新生儿断脐后进行妥善处理、避免“脐肿”的方法。这一成果，比欧洲医生提出用漂白粉泡洗接生者的手和器械，来预防新生儿“脐带风”的主张，早了将近五百年，堪称我国医学史上的一项创举。

此外，《太平圣惠方》中首次记载了植牙术、枯痔钉疗法，并首次使用了“肛肠”一词。

这些均说明《太平圣惠方》不仅是一部大型方书，其内容还涉及人民日常生活的方方面面，对普及医学知识、倡导健康生活提供了较为科学的依据。

《太平圣惠方》不仅对中国医药的发展有深远的影响，而且传至国外。宋真宗赵恒两次将《太平圣惠方》赠给高丽，促进了其医药水平的发展。《太平圣惠方》后来传至日本，对日本的医药发展也有深远的影响。迄今为止，该书在中医临床实践方面仍然有相当重要的参考价值，对医学文献研究也有重要作用。

脏腑为首

据《太平圣惠方》记载，王怀隐特别重视脏腑疾病，把“脏腑疾病”置于该书所载各种疾病之首，对脏腑的生理病理、虚实寒热、主证诸方等，均作了论述。

该书中共收录了 13 种肝胆病方，14 种心与小肠疾患，18 种脾与胃疾患，14 种肺与大肠疾患，16 种肾与膀胱疾患。如肝脏病，即有治肝虚补肝诸方，治肝实泻肝诸方，治肝气不足诸方，治肝脏中风诸方，治肝风筋拘挛诸方，治肝壅热头目不利诸方，治肝气逆面青多怒诸方，治肝脏风毒流注脚膝筋脉疼痛诸方和治肝风冷转筋诸方等，然后又根据每一类型中所出现的不同症状，施以不同的治法，有纲有目，条分缕析。

脏腑病机是疾病在其发生、发展过程中，脏腑的正常生理功能发生失调的内在机理。任何疾病的发生，无论是外感还是内伤，都势必导致生理功能紊乱、脏腑阴阳气血失调。因此，脏腑失调的病机，在病机理论中占有重要的地位，是辨证论治的主要理论依据。

疾病既已发生，则患病机体势必出现一系列的病理变化及临床表现。一般来说，这些病理和临床表现反映出人体发生疾病时的邪正盛衰、阴阳失调、气血失调以及升降失常等变化。但若要确切判明病变的部位、性质及其对机体功能活动的影响，则必须将病机分析落实到脏腑上，才能保证其具有较强的针对性。因此，研究脏腑病机，对于进行临床辨证论治具有非常重要的现实意义。

人体是一个有机整体，人体各脏腑之间，在生理上是密切联系的，在病理上也是相互影响的。任何一个脏腑发生病变，都会影响到整个机体，而使其他脏腑发生病理改变，脏病及脏、脏病及腑、腑病及脏、腑病及腑，产生了脏腑组织之间病变的转移变化。因此，在研究脏腑病机时，不仅要注意脏腑本身的病理变化，而且要重视脏腑之间病理变化的相互影响。

浮小麦治盗汗

浮小麦亦名“麦鱼”，为禾本科植物小麦干瘪的果实经水淘浮起者，其味甘、咸，性凉，具有益气养心、除热止汗之功效，临床上用以治疗多种盗汗，有较好的疗效。关于浮小麦，《太平圣惠方》中记载了这样一个病例：

一天，王怀隐发现新购进的一堆小麦又瘦又瘪，便问伙计：“这些瘪小麦是何人送来的？”伙计回答：“是城南张大户送来的。”

这时忽来一位急症病人，那病人的丈夫说：“我娘子近来常常发怒，哭笑无常，整日心神不宁，甚至还伤人毁物，请为她除病驱邪！”

王怀隐望、闻、问、切之后，安慰病人道：“不必惊恐，此乃妇女脏躁症也。”言毕，开了一方，内有甘草、小麦、大枣三味药，即用汉末医圣张仲景《金匮要略》中的良方“甘麦大枣汤”治疗妇女更年期出现的精神与心理方面的症状。

那汉子临行时，又补充道：“她还常常夜间出汗，湿透衣衫。”王怀隐点头答道：“嗯，知道了，先治好脏躁症再说吧。”

五日后，那妇人携丈夫乐滋滋地来拜谢王怀隐，王怀隐关切地问："今天再来治盗汗症？"那妇人笑道："不必了，已一并痊愈了。"

王怀隐暗自思忖，难道甘麦大枣汤也有止盗汗的作用？

后来，他有意以此方又治了几个盗汗症病人，由于是用的成熟饱满的小麦，结果均不见效，他大惑不解，于是查阅唐代药王孙思邈的《千金要方》，想寻求答案。

正当这时，店堂小伙计与张大户的争吵声惊动了王怀隐。伙计手握一把张大户送来的小麦说："这样的小麦我怎能收？你别以为做药就可以将就些，这瘪麦子你拿回去吧！"

王怀隐听罢，忆起上次那妇人所用的小麦就是张大户送来的瘪麦子，于是急忙上前询问。张大户红着脸诉出了实情："这是漂浮在水面上的麦子，我舍不得丢弃，估计治病用大概可以，因此便送来了。"

王怀隐听罢，从中似乎悟出了什么，便吩咐伙计暂且收下，并为这些小麦注明"浮小麦"，与其他小麦区分开。

后来，王怀隐尝试用浮小麦治疗盗汗、虚汗症，效果显著。

宋太平兴国三年，他与同道好友王祐、郑奇、陈昭遇潜心研究张仲景的医著，合编成《太平圣惠方》一书，并将浮小麦的功效记入该书。从此，"浮小麦"便为历代医家沿用至今。

与枸杞结缘

现代药理研究证明，枸杞性平、味甘，补肾益精，养肝明目。王怀隐善用枸杞子，关于此，《太平圣惠方》中还记载了一个有趣的故事：

有一位使者去河西办事，路遇一青年妇女正责打一个八九十岁的老人。

使者很气愤，问那女子："这老者是你何人？"

女子答："是我孙子。"

使者大惊，又问："为何打他？"

她又答道："我家有良药，他不肯服用，故而责打。"

使者接着又问是何良药，有几种。

女子答："药有一种，春名'天精'，夏名'长生草'，秋名'枸杞子'，冬名

'地骨',按四时采服之,可与天地同寿。"

王怀隐得知这个故事后,亲自栽种枸杞树,不但自己常食枸杞,还用它为百姓治病。

二、幼科鼻祖 ——钱乙

钱乙,字仲阳,宋代东平人,约生于北宋仁宗至徽宗年间(1032～1117年),享年82岁,是中国医学史上第一位著名的儿科专家,他的主要著作《小儿药证直诀》是中国现存的第一部儿科专著。

幼年坎坷

据《宋史·钱乙传》记载,钱乙在一个医学之家出生,父亲钱颖是一位精通医术的医生,母亲在他很小的时候去世了。钱颖喜好饮酒旅游,在钱乙三岁的时候出去旅游,之后便一去不复返,留下钱乙一人。钱乙的姑姑此前嫁给了一位姓吕的医生,一直没有留下子嗣,她可怜钱乙孤身一人,便将钱乙接到吕家抚养。吕氏夫妻将钱乙当作自己的孩子看待,一直精心教导他医术,给钱乙打下了坚实的医学基础。

立志钻研儿科

据《宋史·钱乙传》记载,钱乙在姑姑一家人的照料下长大,他常随姑父出诊,碰到患病的儿童时,他比谁都痛苦,仿佛患病的是自己一样。姑父见他有志于此,便传他《颅囟方》一书。

钱乙曾问姑父:"为什么治疗小儿的书这么少呢?"

姑父回答:"那是因为小儿的病难以治疗啊。"

钱乙问:"为什么难以治疗?"

姑父回答:"因为小孩子不会说话,没办法自己说清病情,还不配合诊脉,所以不好诊断。还有,他们的脏腑娇嫩,用药稍微错一点儿就会酿成大祸，所以大家都说'宁治十大人，不治一小儿'。"

钱乙听后，反而立下志向，决定好好学习儿科知识。

所贵唯实践

宋朝时，中国农村的医疗条件很简陋，连草药都很缺少。所以钱乙在出诊之余，就跟着姑父到山里采药。在这样的过程当中，他的药物知识也与日俱增。人们请教钱乙关于草药的问题，钱乙对答如流，对草药的生长环境、形状、习性、药性等都了若指掌。有心者按照他说的去查阅典籍，发现无一错漏。实际上，这都是钱乙跟随姑父进山采药时学会的知识，加上他好学，会对照采到的药材在书籍中的记载，就理解得更深刻了。

宋神宗元丰年间，钱乙在汴梁（开封）行医，因医术精湛，他在京城小有名气。据《宋史·钱乙传》记载，钱乙曾为长公主的女儿诊病，他力排众议，断言孩子发热是因为要出麻疹，第二天，孩子果然出了麻疹，并于其后在钱乙的调理下康复。为此，长公主上书奏请皇上，授予钱乙"翰林医学"的称号。

后来，有皇子突发急病，呕吐不止，接着又出现了手足抽搐的症状，诸医束手无策，宋神宗十分紧张，长公主便推荐钱乙进宫诊治。

钱乙仔细地检查了皇子后，开出了一剂名为"黄土汤"的方子。

心存疑虑的宋神宗看到处方里竟然有一味药是黄土，不禁勃然大怒道："难道黄土也能入药吗？"

钱乙回答说："据我判断，皇子的病在肾，肾属北方之水，按中医五行学说，土能克水，所以此症当用黄土。"

宋神宗半信半疑，但还是下令给皇子用了"黄土汤"，皇子服药后，很快抽搐便止住了，宋神宗大喜，晋升钱乙为太医丞。

其实，黄土汤中不止有黄土，它由灶中黄土、附子、黄芩、阿胶、白术、干地黄和甘草七味药组成。灶心土，又称"伏龙肝"，是经柴草熏烧的灶底中心的土块，据《本草便读》记载："伏龙肝即灶心土，须对釜脐下经火久炼而成形者，具土之质，得火之性，化柔为刚，味兼辛苦。"因其性温，味辛，具有温中燥湿、和胃止呕的功效，专入脾胃，治呕吐反胃效果极佳。

创制六味地黄丸

公元 1079 年，四十多岁的钱乙一下子跻身太医行列，令其他太医瞠目结舌，他们中间固然有些人佩服他，但更多的人是嫉妒。太医们私下讨论，认为钱乙治好皇子的病不过是巧合罢了，有的则说钱乙只会用土方子，真正的医经他懂得的不多。

据《正体类要》记载，一次，钱乙正在治病，有位大夫带了一个儿科方子来兴师问罪："钱太医，按照张仲景《金匮要略》中记录的，这方子中应该是熟地、茯苓、山萸肉、丹皮、山药、泽泻、附子和肉桂八味药，你开了六种，不会是忘了吧?"

钱乙回答："没有忘。张仲景这个方子是给大人用的，小孩儿阳气足，不缺少阳气，往往缺少的是肾阴，所以把肉桂、附子去掉，制成六味地黄丸，免得孩子吃了暴热而流鼻血。"

这位大夫惭愧地说："钱太医用药灵活，酌情变通，真是令人佩服。"

后来，人们把钱乙创制的六味地黄丸药方记载下来，并流传至今，经医家研究逐渐用于成人，成为滋阴清热第一方。

良师出高徒

在钱乙所医治的孩子中，有两个孩子受他的影响，走上了医学研究和实践的道路。

据《医史》记载，有一个叫阎季忠的孩子，在五六岁时患病，好多大夫都说他治不好了，会很快夭折，他的父母听说钱乙的医术高超，便请钱乙来诊治，钱乙果然把阎季忠救活了。

后来，阎季忠长大了，很感激钱乙，为了"使幼者免横夭之苦，老者无哭子之悲"，他便把钱乙经常用的药方和治疗方法记了下来。钱乙老年时，还经常给阎季忠上课，讲述治病经验以及注意事项。阎季忠深受启发，把钱乙的讲稿都整理下来并且印刷出版，这才有了《小儿药证直诀》一书。

另外一个孩子是董及之，他儿时罹患斑疹，由于治疗不当，病情恶化，斑疹黑紫内陷，正气大虚，如果不及时抢救，会导致死亡。

针对董及之的病症，钱乙用了一种叫“牛李膏”的药，董及之服下后，拉出了像鱼子一样的大便，接着，他的斑疹开始变红，最后慢慢地发了出来。

钱乙对他的治疗方法毫无隐瞒，他向旁人解释道：“牛李膏就是牛李子，每年九月份后摘下来，熬成膏，其中稍放一点儿麝香，就可以使用了。”

后来，钱乙老年时回到故乡，一天，有个叫董及之的年轻医生来拜见他，并把自己写的《董氏小儿斑疹备急方论》拿给他看，钱乙看了，连声赞叹。随后董及之向钱乙解释了他小时候被救治的过程和细节，钱乙这才想起了这个“小患者”，感慨不已。

董及之是怎样的一个医生呢？据《董氏小儿斑疹备急方论》记载，他“往来病者之家，虽祁寒大暑，未尝少惮”，意思是说，无论严寒或酷暑，只要有患者来找，董及之就立刻奔赴患者家中，遇到贫穷的患者，他还要周济一下。

钱乙以精湛的医术，救活了儿童时代的董及之，而董及之在钱乙高超医术的感召下，最终也成为一名优秀的医生。医道，就是在这样的过程中传承的。

后来，钱乙将董及之的《董氏小儿斑疹备急方论》附在《小儿药证直诀》的末尾，一同出版。《董氏小儿斑疹备急方论》很有意义，它收录了很多温病的治疗思路，是后世温病学派的起源之一。

三、千种疾病责于三因　——陈无择

陈无择(1121～1190 年)，青田(今浙江省景宁县鹤溪镇)人，号鹤西道人，南宋名医，著有《三因极一病症方论》(简称《三因方》)。

陈无择创立“三因极一”学说，将病因归纳为内、外、不内外三种，并根据此学说论述内、外、妇、儿科疾病，从因辨证，详列主治，选集方剂。《三因方》共 18 卷，近 24 万字，录医方 1050 余道，被载入《宋史》。1957 年 8 月，人民卫生出版社将此书选为中医名著出版，1984 年再版。此书继承、发展了《黄帝内经》《伤寒杂病论》等书中的病因学理论，创立了病因分类的“三因学说”,并以病因为纲,以脉、病、证、治为目,建立了中医病因辨证论治方法体系,实践了其由博返约、执简驭繁的方剂学治学思想与学术理念。而由于陈无择的《三因方》为永嘉医派奠定了学术基础,因此,他也成为了永嘉医派的创始人。

医事之要,无出三因

《三因方》对中医病因学贡献极大。中医学中所谓“病因”,就是指破坏人体阴阳平衡状态、引起疾病的原因。病因学说是研究病因的性质及其致病特点的学说,早在春秋战国时期就开始萌芽。陈无择在继承《黄帝内经》和张仲景的《金匮要略》中的病因学理论的基础上,认为“医事之要,无出三因”,将复杂的疾病原因分为:“内因”,即伤于喜、怒、忧、思、悲、恐、惊七情;“外因”,即外感于风、寒、暑、湿、燥、火六淫;“不内外因”,包括饮食饥饱、叫呼伤气及虎、狼、毒虫、金疮等。陈无择主张以因辨病,按因论治,这不仅是中医理论上的一大创新,也是中医方法论上的一大进步。

在病因传变途径方面,陈无择认为“六淫”为天之常气,先从经络流入,内含于脏腑,为外所因;“七情”乃人之常性,先从脏腑郁发,外形于肢体,为内所因;不从邪气情志所生的,为“不内外因”,还认为各种致病因素之间并不是孤立的,而是常常相互错杂的。陈无择非常重视病因,目的是为了正确施治,“分别三因,归于一治”,他认为“不知其因,施治错谬”,“三因既明,则所施无不切中”(《三因极一病症方论》)。陈无择论述诸病,无不详辨三因,随因施治,对后世医者在临床上审因辨证,具有重要的指导意义。

《三因方》对中医辨证论治研究也有重要贡献。辨证论治是中医学的主要特色与优势,它是指运用中医学基本理论来观察、分析疾病,从而确立治疗疾病的原则与方法。中医辨证方法自成系统,内涵丰富,主要方法有八纲新证、脏腑辨证、病因辨证、气血津液辨证、经络辨证、六经辨证、卫气营血辨证、三焦辨证等八种,因具四大特色,能使辨证诊治更加确切,临床疗效更好。《三因方》不仅仅是一部病因学专著,也是中医史上第一部以“审证求因,随因施治”的病因辨证论治为特色的专著。陈无择集中医辨证法于一炉,发展出了以病因为纲,以脉、病、证、治为目的疾病诊治方法。有关研究认为，病因辨证论治方法的特色能使辨证论治更加确切，临床疗效更好。

首创七情病因

值得一提的是，陈无择的《三因方》首次将“七情”纳入中医理论。陈无择在“五志”“九气”等中医理论指导下，将儒学和佛教的“七情”二字引入中医学，归纳和推演出了其致病特点，形成了中医七情理论。他指出，七情作为致病因素，有别于六淫之邪从口鼻或皮毛入人体，而是直接影响有关脏腑而致病；情志因素不仅可以直接导致多种疾病的发生，而且对所有疾病的转归起着重要作用。中医认为：七情与人的五脏密切联系，与五脏的生理、病理变化相关联，喜与心、怒与肝、思与脾，悲忧与肺、恐惊与肾一一对应，七情波动能影响人的阴阳气血平衡和运行。正常情况下，人体的阴阳处于平衡状态，保证机体的各项生理功能的正常。剧烈的情绪变化，可以使阴阳平衡失调，影响人气血的正常运行，导致气血功能紊乱。正如《素问·举痛论》指出的：“百病生于气也。怒则气上，喜则气缓，悲则气消，恐则气下……惊则气乱……思则气结。”

中医认为七情分属于五脏，为五脏所主。正常情况下，喜为心志，怒为肝志，思为脾志，悲（忧）为肺志，恐（惊）为肾志。情志太过之时，则损伤五脏，怒伤肝，喜伤心，思伤脾，悲忧伤肺，恐惊伤肾。

五运六气测疾病

陈无择还非常重视五运六气，即我们现在常说的“运气理论”。五运指木运、火运、土运、金运、水运，六气指风、寒、暑、湿、燥、火。依据中医经典《内经》中的“天人相应”理论，天之六气与人之三阴三阳相配，分别为厥阴风木，少阴君火，太阴湿土，少阳相火，阳明燥金，太阳寒水。陈无择认为，五运六气是天地阴阳运行升降之常道，疾病的发生，在于德化政令灾变，治之各以五味所胜调和，以平为期；六气为病，要考虑司天在泉、上下加临、标本中气等。（《三因极一病症方论》）

五运和六气分别是造成气候变化的地面因素和空间因素，五运和六气相结合，可预测气候变化和疾病流行的规律，从而为应对自然灾害、疾病流行情况做好充足准备，也为临床疾病的诊断和治疗提供有利的依据。

按五运来讲，春季为木运，属初运，木在天为风，在脏为肝，故春季多肝病；夏季为火运，属二运，火在天为热，在脏为心，故夏季心病较多发生；夏秋之季为土运，属三运，土在天为湿，在脏为脾，故此时以脾病为主；秋季为金运，属四运，金在天为燥，在脏为肺，故秋季肺病较多；冬季为水运，属末运，水在天为寒，在脏为肾，故冬季多肾病、关节疾病等。

从六气来说，初之气为厥阴风木，相当于每年的初春，此时气候多风，多流行肝病；二之气为少阴君火，相当于每年的暮春初夏，此时气候逐渐转热，多流行肝心病；三之气为少阳相火，相当于每年的夏季，此时气候炎热，多流行心病；四之气为太阴湿土，相当于每年的暮夏初秋，此时多流行脾病；五之气为阳明燥金，相当于每年秋冬之间，此时多流行肺病；六之气为太阳寒水，相当于每年的冬季，此时气候寒冷，多流行关节病。

陈无择总结前人经验，以《素问·气交变大论》《素问·六元正纪大论》为理论基础，结合自己所学，整理出了五运六气发病特点，记录在《三因极一病症方论》一书中，书中详细描述了每一运、每一气疾病的临床表现，还创立了运气十六方（十运方和六气方）与之对应。其中，六气之方分别是厥阴风木方（敷和汤，对巳亥之岁）、少阴君火方（正阳汤，对子午之岁）、太阴湿土方（备化汤，对丑未之岁）、少阳相火方（升明汤，对寅申之岁）、阳明燥金方（审平汤，对卯酉之岁）、太阳寒水方（静顺汤，对辰戌之岁），十运方分别是附子山茱萸汤（对土运太过）、紫菀汤（对金运不及）、川莲茯苓汤（对水运太过）、苁蓉牛膝汤（对木运不及）、麦门冬汤（对火运太过）、白术厚朴汤（对土运不及）、牛膝木瓜汤（对金运太过）、五味子汤（对水运不及）、苓术汤（对木运太过）、黄芪茯神汤（对火运不及），每一方剂都明确了药物组成及具体剂量。这十六首方剂被称为“运气方剂”，被许多著作收录，如《运气证治歌诀》《运气易览》《内经药瀹》《内经运气病释九卷》等。

四、医界圣贤 ——许叔微

许叔微(1079～1154年),字知可,号近泉,真州白沙(今江苏省仪征市)人,宋代医学家、经方派创始人之一,曾任徽州、杭州府学教授、集贤院学士,人称“许学士”。许叔微是研究和活用《伤寒论》之大家,著有《伤寒百症歌》《伤寒发微论》《伤寒九十论》等,对张仲景的辨证论治理论有进一步阐发和补充。他对经方谨慎加减化裁,不断归纳总结,至晚年,他将平生应用的验方和医案,整理编写成了《类证普济本事方》(简称《普济本事方》)。

许叔微十分推崇张仲景的学说,他深入研究《伤寒论》,有自己独特的见解。他重视八纲辨证,并与六经辨证相结合,主张辨证时首先以表里虚实为纲,将“阴阳寒热”包含在“表里虚实”之中进行辨析。他尊重张仲景的理论,但并不是一味盲从,而是从临床实际出发,对症变通用药。他善取诸家所长,灵活用药,形成了自己的门派。

“伤寒派”创始人之一

据《普济本事方》记载,许叔微小时候家里很穷,又逢家乡瘟疫横行,父母先后过世,目睹父母遭受病痛折磨的他立志攻读医书,行医救人。他在书中写道:“予年十一,连遭家祸,父以时疫,母以气中,百日之间,并失怙恃,痛念里无良医,束手待尽,及长成人,刻意方书,誓欲以救物为心!”“予既以救物为心,予而不求其报……”

许叔微所处的那个年代,社会生产力落后,战乱不断,徭役沉重,许多人患病,特别是在春秋两季,患伤寒病的人最多。

伤寒是一种外感疾病,主要症状为发热、恶寒无汗、头痛项僵,也有的兼有其他表现形式。患病之人若得不到及时治疗,会危及生命。许叔微主要研究如何治疗伤寒患者,但他并不是千篇一律地治疗,而是因人而异,采用不同的药物。很多重症病人被他从死亡边缘救活,他的医德、医术有口皆碑，被广大劳动人民称为“神医”。

据《类证活人书》记载，曾经有一名中年男子患了伤寒，大便不通，每天申时（下午三点至五点）体温高，无汗。患者神志不清，双眼直视，喘气很急，常常难受得两手乱抓。

许叔微为患者诊完脉，说：“脉象不太好啊。好像还呕吐过。这是一种很难治愈的伤寒证，医圣张仲景曾经记录过，但他没有介绍治疗的方法。医圣是这样讲的：‘患了这种伤寒之后，如果脉弦，就有一线生的希望；如果脉涩，则必死无疑。’这位患者的脉象还不涩，仍有可能求生。但是，由于出现了呕吐现象，他的病就难治了。一是难以找准药方，二是难以让患者服下药汤。前面来的几位医生望而却步，并非是他们医术不高，而是他们诊断出这是难治之症，不敢施治罢了。我今天既然来了，就一定要全力施救。我先开一个药方，你们派一个人到药铺去，尽快将药买来煎好，然后我来指导大家怎样强行给他灌服，他服下之后，如果大便畅通了，就有了治愈的希望。”

听了许叔微的话，在场众人马上开始买药、煎药，各司其职，最后在许叔微的指导下给患者服下，果然，患者没有吐出来。然后，许叔微又说：“一个时辰之后，如果患者的大便能畅通，就有救了。”过了一个时辰，患者果然大便畅通，随之，所有的症状都缓慢地消退，神志也清醒多了。

第二天，许叔微如约复诊时，病人已经是完全大变样了。他再次切脉，发现患者已是微弦，便高兴地说：“只要再调养半个月来巩固疗效，患者就可完全恢复了。”于是，许叔微又提笔写了一个调养单方，留给患者的家人。这件事流传开后，乡邻中有好事者评价：“原来治病这样简单！”对这种说法，许叔微解释道：“一切都是按照医圣张仲景的方法做的，只是张老先生在介绍病情之后没有当即告诉你如何开药方。当医生的只有灵活掌握，治病才得心应手。”一席话，说得众人称赞不已。

这个故事里，许叔微开的药方是小承气汤，即大黄四两、厚朴二两（姜炒）、枳实三枚（麸炒），入水四升，煎煮后去渣，分两次温服。小承气汤又名“三物厚朴汤”，是医圣张仲景的名方。

对于故事中的病症，《伤寒论》中有这样的记载：“伤寒若吐若下后不解，不大便五六日，上至十余日，日晡所发潮热，不恶寒，独语如见鬼状。若剧者，发则不识人，循衣摸床，惕而不安，微喘直视，脉弦者生，涩者死。微者，但发热谵语者，大承气汤主之。若一服利，则止后服。”

本案例为阳明腑实证，许叔微根据患者出现的恶侯症状和张仲景的理论中的“脉弦者生，涩者死”(《伤寒论》)，用小承气汤把患者肠腑中交结在一起的湿浊、热毒和滞气都排出体外，达到泻热通腑、通利大便的目的，病自然就好了。

语言疗疾

许叔微非常重视用语言劝说、开导患者的治疗方法。他的《普济本事方》中记载的第一个医案就是运用语言劝说、开导患者的案例：一董姓书生患神气不宁，每卧则魂飞扬，觉身在床而神魂离体，惊悸多魇，通夕无寐，更医数人，按常规养心安神治疗后皆未获效。许叔微了解了患者的病情之后，并没有急于下处方，而是先向患者耐心讲明病情，如病是怎样发生的、什么情况下会加重、如何避免等，他说理详明透彻，使患者心悦诚服，“虽未服药，已觉沉疴去体”，未用药而胜于药。

该法针对患者的病情及心理状态，在现代医学中应用很广泛，是一种运用语言工具，用交谈的方式对患者进行启发诱导，与患者进行心与心的交流，了解患者的内心活动，然后针对患者的问题找到致病源，正确分析病因病理，利用开导和劝说的方式解除患者思想上的顾虑，使之保持良好心态，正确对待疾病，提高战胜疾病的信心，促进其机体康复的心理疗法。《黄帝内经》中就有运用此法治疗疾病的记载，如《灵枢·师传》中记载：“人之情，莫不恶死而乐生，告之以其败，语之以其善，导之以其所便，开之以其所苦，虽有无道之人，恶有不听者乎？”

谨遵经方，长于归纳总结

许叔微善于用张仲景的《伤寒论》中的经方为患者治疗，他应用经方的一个突出特点就是谨遵经旨、原方应用。他在《伤寒九十论》一书中记录的经方医案有六十一个，大多是将所治疗的患者脉象与张仲景的《伤寒论》中的条文一一对照，严格依照经文选用经方，很少有加减创新之处，如桂枝加厚朴杏子汤证的医案中，患者病因是惊吓后饱食解衣受寒而起，诸医以伤食、外感杂治数日，已经吐下，反致昏困喘息。许叔微抓住其主症，按照《伤寒论》第四十三条记载的“太阳病，下之微喘者，表未解也，桂枝加厚朴杏子汤主之”，原方用之，患者一服而愈，感叹：“仲景之法岂诳惑后世也哉！”

但许叔微也并不是一味地模仿和复制《伤寒论》，而是不断对经方进行归纳、总结。如用麻黄汤治伤寒病的病例中，患者脉浮而长，喘而胸满，身热头痛，腰脊强，鼻干，不得眠，许叔微诊断其为太阳阳明合病症。他曾将太阳阳明合病症总结为三类：下利者为葛根汤证，不下利而呕逆者为葛根加半夏汤证，喘而胸满者为麻黄汤证。因该病例中的患者“喘而胸满”，故用麻黄汤治疗。许叔微的研究方法使张仲景的理论具体化，为经方的临床使用提供了更为明了、确切的理论依据。

JIN YUAN MING YI

第六章

金元名医

第一节　金元的医学

金元时期(1115～1368年)指从北宋末期、辽王朝灭亡到明朝建立的一段时期,这一时期,社会局势动荡不安、战乱不断、民不聊生,但该时期也是中国医药学重要的发展阶段,是继张仲景所处的汉代后,另一个具有里程碑意义的时期。这一时期,中医学在医学教育、医药理论、临证各科,以至本草、局方等方面,都有突出的进展,医学的门派学说也在该时期形成,出现了医学上的百家争鸣现象,各派学术各具特色,并产生了在医学史上极具影响力的河间、易水、攻邪、丹溪四大医学流派和金元四大家。在此基础上,新的中医理论纷纷被提出,涌现出了一大批著名的医家和流派学说。可以说,金元时期是中国医学的学术水平、技术水平、思想水平都处于最鼎盛阶段的时期。

金元时期是战争祸乱频繁的时期,长期的战争不但破坏了社会生产力,影响了农业和经济的发展,也直接导致了疾病的广泛流行,使百姓的生活更加艰难。因为这一时期战争、天灾及疫病的频繁爆发,出现了一些具有时代特征的新疾病谱,比如中原地区由于战事频繁,社会生产遭到严重破坏,人民流离失所、食不果腹,导致脾胃忧思内伤,脾胃病盛行,以前的局方已经不能有效地治愈当时的脾胃病了。各种疾病的流行,一方面对当时的医学提出了更高的要求,迫使当时的行医者努力探求新的治病方法和手段,以应对当时的需求;另一方面也为当时的医家提供了实践机会,使他们有机会在实践中提高自己的医术,这也为医学的发展提供了土壤。

在理论思想方面,金元时期的医学或多或少地受到宋代儒学、理学思想的影响,这些影响可以从医家的著作中管窥一二:如刘完素的《素问玄机原病式》就是哲理和医理相结合的产物,强调了火多因"动"所致的主火观点,这一观点是宋朝周敦颐《太极图说》中的"太极动而生阳"理论在医学理论上的另一种阐释；朱震亨的“相火论”“阳有余阴不足论”也与理学有密切的关系，他受到理学倡导的“格物致知”观点的影响，将自己的代表作命名为“格致余论”；张从正的医学著作《儒门事亲》的命名也与理学对“知医为孝”的倡导有直接的关系。另外，各少数民族政权入主中原后，许多知识分子受传统儒家思想的影响不愿入仕，又受宋时宰相范仲淹“不为良相，便为良医”的观点影响，纷纷转投医学，也为中医学的发展输入了新鲜血液。

受“宋学”注重考据，勇立新说学风的影响，金元时期的医家敢于疑古，能够勇敢地提出自己的观点和看法。他们认为运气古今有异，古方不能尽治今病。医家们在继承、总结前人经验的基础上，结合自己的临床实践，标新立异，争创新说，提出了“火热论”“脾胃内伤学说”“攻邪说”“脏腑辨证说”“药物归经说”“阴证论”“阳有余阴不足论”与“相火论”“三因说”等新理论、新观点，并形成了以刘完素为代表的研究外感火热为主的河间学派，以张元素为代表的研究脏腑病机的易水学派，以李杲为代表的研究脾胃内伤学说的补土派，以张从正为代表的研究攻邪理论的攻邪派，以王好古为代表的温补派，以朱震亨为代表的研究内伤火热的丹溪学派等学术流派。金元医家的学术争鸣，开创了医学发展的新局面，促进了中医学的发展和繁荣。

在医学教育方面，金朝在各州府设立医学院，并设立了兼有培养医药人才职能的太医院，太医考试规定为三年举行一次。元朝统治者对医学教育也十分重视，1262 年，元世祖忽必烈下令重建废除已久的中医教育，制定教学条例及施行方法；1272 年，又设立了医学提举司，专门负责管理医学教育，使医学教育制度日益完善。在医学人才的培养模式方面，金朝以自学与师承为主，元朝以地方教育与师承、自学结合，文仕通医、师承授受是重要的医学教育途径。统治阶级重视对医学教育人才的培养与选拔，实施了一系列有利于促进中医学传播和发展的措施，使医家的社会地位得到了一定的提高，极大地推动了医学的进步与发展。

在对外交流方面，金元时期，中外医学的交流十分频繁，除了中药输出外，国外的医药及制剂技术也输入我国，对我国的医疗体系产生了较大的影响。元朝设置了专门管理对外贸易的行政机构——市舶司，大规模的对外贸易带来了许多海外药物，其中尤以香料为最，如豆蔻、乳香、沉香、龙脑、檀香、木香、胡椒等。另外，许多外来医学也随着贸易往来传入我国，如阿拉伯医学、波斯医学等。同海外的贸易往来一方面丰富了我国的本草学，使医家在临证用药时有了更多的选择，为香药的运用打下了基础，使理气和胃、健脾燥湿、芳香开窍、活血化瘀法在我国得到了迅速的发展；另一方面，外来医学的先进思想与制药工艺也为我国医家所吸收，如阿拉伯医学将多种中药制成花露剂的工艺，用金箔、银箔包裹中成药的工艺等，这也为中医药剂型的多样化发展提供了参考，促进了中药制剂学的发展。

总之，金元时期的医学上承《黄帝内经》《伤寒论》的成就，同时也吸收了晋、唐、北宋方药的经验，尤其是诸位医家的创新和发明，既重视辨证论治的优良传统，又改变了侧重于经验方的局限，从而形成了金元医学的特色。金元医学对于明、清两代医学的发展影响也很大，无论是温补寒凉、攻邪扶正，还是内、外、妇、儿科，都可以看到它们的学术渊源。最后，金元时期医学家的创新精神也非常可贵，无论是主张攻邪补正的金代医学家，还是在临床上有各种发挥的元代医学家，都有一个共同点，那就是敢于提出问题，善于研究问题，最后形成自己的主张。这种精神引导着人们更好地去做学问，更好地继承发扬医学。

第二节　金元名医的故事及其智慧

一、御赐“高尚先生”——刘完素

刘完素，字守真，号河间居士，河间人（今河北省河间县），大约生活在宋徽宗大观四年（1110 年）至金章宗承安五年（1200 年）间，即北宋末年至金朝建立初期，为金元时期著名的医家，“河间学派”创始人，被后世称为“金元四大家中的第一位医家”。刘完素的主要著作有《运气要旨论》《医学精要》《素问药证》《伤寒直格宜明论》《素问玄机原病史》等。

出身贫苦，立志习医

刘完素出生于河间地区一个贫苦的家庭，正处在当时金人进攻中原的战场范围内。当时，河间地区天灾横行，疫病蔓延，疾病横生，广大百姓深受其害。刘完素的父亲在他小时候便去世了，但生活的磨难并没有压倒他，他自幼天资过人、聪明好学、饱读诗书，希望朝一日可以出人头地，报答母亲的养育之恩。

刘完素二十五岁时，他的母亲得了重病，为了给母亲治病，刘完素花光了家里所有的积蓄。在母亲病重的最后时期，他曾三次去请医生，但都没有请到。最终，母亲因为没得到及时的治疗，病情恶化而去世，这让他感慨万千，遗憾自己不懂医术，没有办法救母亲。为了让其他人免受失去至亲的痛苦，刘完素立下志向，专心学医，然后用自己的医术去帮助贫困的百姓。

刘完素曾拜陈师夷先生为师，受到名医钱乙的影响，他还专心研究《黄帝内经》几十年。他对《黄帝内经》中的内容有自己独特的见解，可以将书中的理论知识灵活地应用于自己的局方中。他特别爱钻研《素问》，每天都认真地研究学习，手不离书，几乎达到了废寝忘食的地步。最终，他掌握了《素问》中的治病原理和要领，并根据其中的原理，结合北方的环境及气候特点和民众饮食醇厚、体质强悍的特性，围绕《黄帝内经》病机十九条，阐明了“六气[1]过甚皆能化火”的理论。他在治法上多用寒凉药，创造了不少治疗伤寒病的方剂，对后世的温病学说有所启发，为中医学各学派的创立奠定了良好的基础。

刘完素的创新理论在民间广为流传，很多人拜他为师，如僧人荆山浮屠、葛雍、穆子昭、马宗素、常德、董系、刘荣甫等人，私塾学生张从正、程辉、刘吉甫、潘田坡等人都跟从他学习医术。刘完素用寒凉药物治疗的方法也逐渐地流传开来，最终形成了寒凉攻邪医学。

---

① 六气指风、寒、暑、湿、燥、火。

当时，很多医家沿袭宋代的用药习惯，使用《太平惠民和剂局方》中的药物治疗疾病，很少进行辨证论治，治疗效果非常不好。刘完素对这种情况进行了仔细研究，认为处方用药要因人而异，应该视病人的身体状况、所处的环境和疾病的实际情况来选择用药，不能一成不变，滥用古方。

刘完素对朝廷要求照搬《太平惠民和剂局方》，不可随意加减的规定很不满意，他不忍心看到百姓受到疾病折磨的样子，想用自己的医术去减轻患者的病痛。于是，刘完素仔细研究《黄帝内经》中关于热病的论述，提出了使用寒凉的药物来治疗当时横行肆虐的传染性热病的观点，他也因此被称作“寒凉派”。虽然当时他的这种治疗疾病的观点受到很多医家的反对，但是他坚持使用这种方法，并医治好了许多患者。

宁为郎中，不为御医

刘完素行医多年，他医术高明，品德脱俗，获美誉却不张扬，声名四海皆知。他一心为百姓治病，甚至拒绝了皇帝的征召。

据《河间县志》记载，金章宗在位时，一位公主得了重病，宫里的御医毫无办法。皇帝疼爱公主，下旨让各个州府推荐名医。河间知府接到圣旨后，强命刘完素为公主治病，刘完素无奈，只能前往宫中。

为公主诊治的时候，刘完素是不能见公主的，只能通过红绳为公主切脉。刘完素一边切脉，一边向宫女详细地询问公主的病因、病情及用药情况，然后为公主开了泻药。宫里的太医知道了，脸上都露出了鄙夷的神色。原来，太医在宫内侍奉皇家成员的时候，治病都是用滋补类药物，从不敢用泻药。

但是皇帝同意使用刘完素的处方。公主服用一剂后，病情稍有起色，刘完素又做加减，依次开出两剂，公主服完三剂药后，大病痊愈。皇帝非常惊喜，要留刘完素做太医，刘完素却一口回绝，从宫里逃了出来。

刘完素走后，皇帝派人四处搜索，终于找到了他，并不惜恩赐重金爵位，试图将他留在京城。刘完素还是摇头，并诚恳地答复：“陛下，您身边不缺好医生，可是民间的穷苦百姓就不同了，他们才真正需要我呀！”此话一出，皇帝终于明白了刘完素的心意，并被他心系百姓、淡泊名利的品德所打动，赐他“高尚先生”的名号。

故事中，公主久病不愈，是因为宫里的太医在治疗疾病时通常采用滋补类药物，使公主的脾胃过于滋腻而无法吸收。脾胃受损会导致脾胃的腐熟运化功能失常，气机不畅，再加上公主体弱，运动较少，一味地使用滋补药物，会适得其反。刘完素采用泻药，可以帮助公主调畅气机，使其三焦气机通畅，减轻脾胃的负担，所以公主的病情会痊愈。

不耻下问，求助疗疾

刘完素虽然医术高超，却也有遇到困难的时候。据《金史·列传·卷六十九》记载，易州（今河北省易县）有个神医叫张元素，与刘完素齐名。张元素是晚辈，刚开始行医的时候没有名气，在刘完素名声大噪之时，他还在默默无闻地积累知识。由于名字相似，又生活在同一地区，所以很多病人会误把张元素当作“神医”刘完素。刘完素得知后，对这位“假借”自己名声的晚辈不免心有不满。

有一年春天，肃宁伤寒病流行，刘完素得知后，急忙赶至，但行医不出三日，他自己也感染上了伤寒，吃了数剂药也没有什么效果。到第八天的时候，刘完素头痛脉紧，呕吐不止，不能进食。他看到前来求医的伤寒病患者在门前拥挤，自己却因为病重不能诊治，心急如焚。

张元素听说此事后，去看望刘完素。他名义上是前去探望，其实是想医治刘完素的病。但刘完素看不上张元素，等到张元素来了之后，他面对墙壁，根本不看张元素一眼。张元素直言：“前辈，您又何必对我如此不客气呢？”原来，刘完素是觉得自己的病如果被张元素治好了，会很没面子，但他转念想到自己平时最提倡同行间互相学习，于是便放下芥蒂，主动请张元素帮他治病。

张元素为刘完素诊断完脉象，问清服药情况后，说：“您现在得的是风寒病，这个方子药味性寒，喝下去走太阴，阳气消失了汗就不能发出来。现在您这样的脉象，应当服用调理脏腑的药。”刘完素听了张元素的分析后恍然大悟，拉着张元素的手说：“为了纠正偏温之弊，我在治疗疾病时多使用凉药，却忽视了对症下药的原则。请先生为我开药吧。”

刘完素按照张元素开的药方用药，病很快就痊愈了，张元素的名声也因此被更多的人所熟知。此后，两人经常在一起交流疑难问题，医术上都有了很大的进步，他们之间的故事也在民间流传开来，成为了一段佳话。

研读医书，自成一派

刘完素在深入研究《素问》的病机学说的基础上，提出了自己对病机的认识，并结合“天人合一”的理论，采取“取类比象”的方法，将《素问》的病机19条所概括的症状由36种扩大到91种，而且对每种症状都进行了深入分析，详述其性质、转归和变化的规律。刘完素所提出的病机学说，主要强调了“火热致病”的机理，他认为“火热”是引起多种疾病的重要原因，提出了“六气皆从火化”和“五志过极皆为热病”两个著名论点。

刘完素认为，在风、寒、暑、湿、燥、火六气中，暑与火本身属于火热之气，其余的四气（风、寒、湿、燥）虽与火热不同，但也都可以化生为火热之邪。如寒邪闭于人体内，可以使阳气郁结而化为内热；湿邪和热邪相兼，也可以化生为热邪；燥邪会使得人体内阴亏血少，致使内热从生。五志指喜、怒、悲、思、恐五种情绪，过度的精神情志刺激会损伤人五脏的功能，从而使五脏的气机不得条达，影响机体阴阳、气血和脏腑生理功能的平衡，造成气机郁结，久而化热，致使火热内生。[①] 因为“火热”是外感和内伤疾病的主要病机，所以刘完素强调使用寒凉药物进行治疗，并且创制了一系列的治疗方法和方药。也因此，后世称刘完素为“寒凉派”的创始人。

刘完素治疗脾胃病、情志病、妇人病、中风等疾病的方法，均深受火热论的影响。治疗脾胃病方面，刘完素基于火热致病的理论，在临证处方中明显地增加了清热药物的药味和药量，充分地体现了偏重寒凉的治疗原则。但是脾胃是后天之本、气血生化之源，脾主升清，胃主受纳腐熟水谷，天性喜温，不宜过度使用寒凉药物，否则容易损伤脾胃的阳气。因此，刘完素在治疗脾胃病时，在大量运用寒凉药物的同时，常配伍人参、肉桂、当归、生姜、甘草等甘温辛燥之品，以牵制寒凉药物的药性。如此配伍，把两个看似矛盾的

---

① 参见宋乃光主编：《刘完素医学全书》，中国中医药出版社2019年版。

理论进行了恰当的处理，既不损伤人体的阳气，避免寒凉损伤脾胃，又顾及了脾胃喜温的生理特性。

在治疗情志病的时候，刘完素从心立论。心主神，为火脏，五志化火均可影响心神，造成心理疾病，故治疗上注重清心泻火。刘完素为此创制了天水散、双解散等，并善用成方，如黄连解毒汤、大承气汤、栀子豉汤等。同时，刘完素也善用黄芩、黄连、石膏、生地黄、栀子等清热药，常辅以半夏、胆南星、陈皮、贝母、竹茹、石菖蒲等开窍化痰药和远志、酸枣仁、柏子仁及茯苓等安神养心药。

治疗妇人病时，刘完素会根据不同患者的年龄及体质，依据症状特点而选用药方。他善用寒凉攻猛之剂，但在用量、服法等方面会慎重选择，攻补兼施，并且重视补益之品的配伍运用。

在中风的治疗方面，刘完素也有创新性的成就。在刘完素之前，对于中风，医家多从外风论治。刘完素凭借扎实的理论知识，在“六气化火”“五志过极皆为热甚”的理论指导下，在《黄帝内经》记载的“诸暴强直，皆属于风”的病机启示下，提出了中风一病乃由内而生，并非外中风邪所致，而是阳盛阴虚、心火暴盛、肾水虚衰的病机导致，其病因多是情志失和、五志化火。刘完素的这些论点，纠正了前人以外风论中风的谬误之说，推动了中风病机学说的发展。

在治疗方面，刘完素主张用寒凉之药除郁热、开结滞、散风壅、通气血，善用“三一承气汤”通腑泄热，以泻心火之暴盛。他用灵宝丹①、至宝丹②等为患者清心火、开心窍、安心神，这些药方至今仍有临床价值。

刘完素提出的中风的内风论治疗方法并不完善，但对后世还是颇有启发的。他提出了“热极生风”的理论，认为热邪盛容易使气机郁结、气血不通。在此基础上，他研制了三化汤，开创了通腑法治疗中风之先河。

---

① 灵宝丹：配料有硫黄、自然铜、雄黄、光明砂、磁石、紫石英、阳起石、长理石、虎胫骨、腽肭齐、龙脑、麝香、牛黄、龙齿、钟乳、天麻、远志、仙灵脾、巴戟、乌蛇、苦参、肉桂、鹿茸、木香、肉豆蔻、延胡索、胡桐律、半夏、当归、生地黄汁、童便、无灰酒、皂荚仁、犀角。

② 至宝丹：配料有生犀角、生玳瑁、琥珀、朱砂、雄黄、金箔、银箔、龙脑、麝香、牛黄、安息香。

刘完素提倡“饮食有常，饮食有律”，认为饮食规律是健康的关键。“饮食有常”有两种理解，一是饮食的五味要正常，因为酸、苦、甘、辛、咸五味对人体的健康能够起到至关重要的作用。刘完素认为人在饮食上不应有偏嗜，五味均应有所接触而又不太过，太过则对身体有害。例如，若过食苦味的东西，苦属于火而生土，土气过旺则脾气壅滞不行，反而不能为胃运行津液和水谷精微，津液和水谷精微停滞胃肠，则胃肠食积不化，会出现脘腹胀满、嗳腐吞酸的症状。二是饮食的量要正常。刘完素认为人应保证正常的饮食食入量，不应暴饮暴食，以免损伤脾胃，使脏腑不调，这样，人的精神形体就会得不到滋养。

此外，刘完素还认为人的饮食应随四季变化而有所变化，以适应脏腑之气的变化：春季阳气升发，人体新陈代谢开始加快，饮食上应以清淡、温补的食物为主，不宜吃过多油腻、生冷、辛辣的食物；夏季天气炎热，人体新陈代谢旺盛，体内消耗的能量较多，饮食上宜选择能消暑解热、利尿消肿的食物；长夏的天气更加炎热多湿，食物易腐烂变质，饮食上需要注意卫生，多吃素食，少吃油腻的食物；秋季天气变得凉爽，是由炎夏向寒冬过渡的季节，气候干燥，气温时高时低，容易损伤人们的肺气，饮食上应以滋阴润肺的食物为主；冬季天气寒冷，人体需要适当进补、滋养肾脏，使足够的阳精保存在体内，这样，等到春季阳气升发时，才能及时供给能量及营养，使阳气得到恢复和调养。

刘完素的贡献为世人所敬仰，在他辞世后，保州、河间十八里营村、肃宁洋边村都建庙宇纪念他，河间十八里营村更名为“刘守村”，肃宁洋边村则更名为“师素村”（取纪念刘完素之意）。明正德二年（1507 年），刘完素被封为“刘守真君”；明朝万历年间，师素村的刘守庙扩建为“刘守真君”庙。

二、直言时弊，驱邪攻下——张从正

张从正（约 1156～1228 年），字子和，自号戴人，金元四大家之一，睢州考城（今河南省兰考县附近）人。

张从正出生于医学世家，十岁跟随父亲学医，博览医术，深究医理，二十岁时能治病救人，到了中年，便成为了一代名医。张从正为人平和，宽以待人，为人无威仪。他与当时的著名学者麻知几是至交，二人在一起时喜欢吟诗作对，品酒聊人生。受到麻知几的启发，张从正意识到如果没有广博的知识，难以成为一名良医。于是他悉心攻读医书，并拜刘完素为师，学习医术，最终闻名于世。

张从正对《黄帝内经》《难经》《伤寒论》等都有研究，他的一生著作颇多，除了《儒门事亲》五卷之外，还有《心镜别集》一卷、《张氏经验方》二卷、《张子和治病撮要》一卷、《秘传奇方》二卷传世，其余的著作因为年代久远，没能流传下来。张从正的代表性著作《儒门事亲》中，包含了其学术思想和临床经验的精华，共记载医案236例，其中明确记载的情志病者达23例，心理治疗医案10例，是中国古代医学史上心理治疗水平最高的医案。这些医案反映了张从正的心理治疗方法，得到了后世医家和研究者的充分肯定，对后世医家治疗身心疾病产生了重要影响。张从正认为，情志病是由于正气不足、阳气逆上、肝木乘脾、气机失常而发生的，因此在治法上，他善用汗、下、吐三法进行医治，在治疗手段方面，他善用以情胜情、习以平惊、逸以治劳、行为疗法、祝由术等方法，形成了较为完整的中医心理学理论，为后世医家提供了大量的心理疾病症治思路，对现代心理学的发展创新有着重要意义。

攻下派名医

张从正主张汗、吐、下三法，他的著作中，对于下法更加注重。他认为治病重在驱邪，邪去则正安，因此被后人称为“攻下派”。

张从正在学术上继承了《黄帝内经》《难经》《伤寒论》中的理论与临床观点，并且很推崇刘完素的学术思想。刘完素在临床上强调“六气化火”与“五志化火”的理论，治疗火热病的时候从表里分治，以散火热之邪。张从正虽然跟刘完素学习医术，对于刘完素的祛邪观点深有体会，但他并不侧重于火热病机。他结合前人的治疗经验和个人的临床体会，总结出了对运用汗、吐、下三法的独到见解，同时也积累了丰富的经验，扩充了三法的运用范围，并在理论上有所阐发，形成了以攻邪法治病的独特风格，为中医学的病机理论和治疗方法的发展做出了贡献。

习以平惊

“习以平惊”是一种治疗心理疾病的方法，针对因受到惊吓而导致的心理疾病，类似于现代心理治疗中的实体脱敏法，具体为使患者暴露于不同的恐惧等级下，使患者对所恐惧的事物产生全新的认知，从而打破过度的条件反射。

据《儒门事亲》记载，有一个叫卫德新的人与妻子一同外出游玩，夜宿客店时遇到强盗纵火抢劫，卫夫人从梦中惊醒，吓得大叫一声，从床上摔了下来，卫德新在大火中背起夫人逃出了客店。

经历这次抢劫事件之后，卫夫人便得了怪病，只要看到火光，听到响声，就吓得魂不附体、不省人事。卫德新为了给妻子治病，四处求医，但是妻子经多方治疗，病情丝毫没有好转。一年过去了，卫夫人被疾病折磨得皮包骨头，精神恍恍惚惚，全家人都为她的病情担忧。

一天，卫德新听说考城名医张从正路过此地，便急忙把张从正请到家为妻子治病。张从正问清卫夫人得病的经过后，让侍女扶着她坐到椅子上，并当着她的面点灯，又把一个小凳放在椅子上，用木棍敲打小凳，卫夫人吓得大叫不已。张从正对卫夫人说：“夫人，我点着灯，用木棍敲凳子，您害怕什么呢？”稍停，张从正又敲，夫人不那么害怕了。如此反复多次，张从正敲击的声音越来越大，灯光也越来越亮，他还让人到卫夫人背后敲窗户大叫，如此胡闹一通，逗得卫夫人捧腹大笑。卫德新疑惑问道：“先生，您这是什么治法呢？”

张从正说：“夫人得的是惊吓病，我则是用突然而频繁的刺激去模拟病因，使她逐渐适应，化突然为平常，进而消除她对该刺激的病理性敏感，使气得平，胆气得常，心有所依，神有所归。”卫德新夫妇明白了这个道理，又照此法试了几次，卫夫人的病很快就治好了。这件事在民间很快就传开了，人们都称赞张从正为“神医从正”。

张从正在治疗卫夫人的疾病时采用的就是习以平惊法，他通过设计合理的刺激分级使病人逐渐放松，从而取得了良好的治疗效果。临床表明，这种疗法能够降低患者的焦虑程度，提高患者的心理抗压能力，是治疗广泛性焦虑症的一种经济、简便、安全、有效的中医疗法。这种疗法在中医心理学历史上是一次前无古人的创新。

情志相胜，不药而愈

张从正还善用“情志相胜”的方法治疗患者。

据《儒门事亲》记载，息城司侯的父亲被强盗所害，他因此而悲伤不已，整日啼哭。没过多久，司侯就觉得心下部分疼痛，疼痛一天比一天严重，并逐渐形成结块。一个月后，结块竟然发展到一个杯子般大小，形状也像是倒放在桌子上的杯子。司侯疼痛难忍，多方用药，都没什么效果，他得知张从正医术高超，便派人请张从正来为自己治病。

张从止问清楚司侯得病的缘由，根据他此时的症状，拟定了一个“心药方”：他穿上巫师的夸张服饰，模仿巫师的动作和体态，一手持桃木剑，一手拿着朱砂画的符纸，口中念念有词，在病人床前又唱又跳，惹得司侯哈哈大笑。两三天之后，司侯心下的结块开始消散，最后慢慢痊愈了。

司侯非常高兴，亲自去感谢张从正，并将心中的疑问说了出来：“为什么我的病经多位医家治疗都没有效果，您却不用药物就可以把我治愈呢？”

张从正告诉他，这就是《黄帝内经》上说的“喜胜悲”的情志治疗方法。喜是心脏精气的变化活动，心在五行中属火；而悲是肺脏精气变化活动的结果，肺属金，火能克金，所以，喜悦情绪能克制悲忧的情绪，使得人体内气机调畅，气血运行，从而使郁结消散，达到治愈疾病的目的。

喜胜悲法宜用于悲哭证、脏躁证以及由悲哀过度而导致的其他病症。实施喜胜悲法时要因人施乐，掌握分寸，防止因喜太过而“暴喜伤阳”。实施方式不宜重复，内容要不断更新，不宜连续使用。

除“喜胜悲”外，还有“怒胜思”法。据《儒门事亲》记载，有一位富商太太因思虑过度而整整失眠两年，看了很多医生都不见好，于是富商请张从正来为其诊治疾病。张从正摸了摸妇人的脉，发现她左右两手均为缓脉，断定病位在脾。因为脾主思虑，所以他判断妇人是因为思虑过度而引起的疾病。

于是，他运用心理疗法，让原本花钱缩手缩脚的富商突然将家中积蓄如流水般花费在宴饮上，借此激怒妇人。妇人果然心中大怒，既心疼钱财，又恨丈夫不思进取、消磨人生，心情越来越焦急，之后就出了一身大汗。到了晚上，妇人觉得身体困倦，躺在床上不一会儿就睡着了。如此八九天之后，妇人不仅夜晚安眠，原本不佳的食欲也渐渐得到了恢复。张从正再为妇人诊脉时，发现她的脉象已然平和，病情也痊愈了。

张从正在治疗妇人失眠时，考虑到思在五行属土，与脾相对应；怒在五行属木，与肝相应，而根据五行相克的理论，木克土，因此，对于由思虑导致的疾病，他用“怒胜思”的方法进行治疗。此妇人因为思虑过多，体内阴阳失调，阳不入阴导致失眠。而张从正使妇人发怒，怒气冲开结聚，使阴阳平衡，妇人的病自然就痊愈了。

张从正总结医案时指出，《黄帝内经》提到“忧则气结”，所以采用让病人开心的方式使他的气血流通、经脉舒畅，结聚的气机一消散，病就好了。

敢于创新，成就经典

在学术上，张从正精心钻研典籍，同时也提出了古代药方不能完全治疗当时的病症的著名观点。张从正对疾病有自己独到的见解和看法，他将疾病产生的原因归于外界不同邪气的侵袭。他强调邪气致病，同时也没有忽略人体的虚症及在疾病过程中正虚的一面。他认为疾病的产生主要是邪气的作用，在治疗疾病的时候若先补其正气则真气未旺，反而助长了邪气，这样一来就更加损伤正气。就像鲧以筑堤之法治理洪水一样，不疏通河道而一味地去治理洪水，洪水永远也得不到控制。使用祛邪之法，类似于治洪水时先疏通河道，这样使邪气祛除，正气才能恢复。张从正提出了攻邪即是扶正的辩证关系，其祛邪理论强调人体应以气血通达为常。他认为通过攻邪之法，可以调畅气机，疏达气血，“使上下无碍，气血宣通，并无壅滞”（《儒门事亲》），从而达到恢复健康的目的。

张从正十分重视邪气致病和气血流通的理论，他对补法的运用也十分谨慎。张从正强调，补法的运用应当针对病情，不能滥用，他特别反对无病之人滥服补药；而对于患病之人，他认为若邪气没有祛除而先用补法，往往会如以粮资寇，助邪伤正；只有对纯虚无实的患者，才可以使用补法。至于具体的补养正气方法，张从正认为应当重视食补。因此，张从正又十分重视人体胃气的盛衰，认为它直接影响食补的效果。他指出，保护胃气，使水谷得以消化，人的正气才能够恢复。

当时的社会流行着一种“好补”的不良风气，为了纠正这种风气，张从正倡导“汗、吐、下”三法攻邪，他对此三法的运用也十分纯熟。他认为，只要邪气存于肌表，尚未深入，便可应用汗法。他所指的“汗法”包括灸、蒸、熏、渫、洗、熨、烙、针刺、砭射、导引、按摩等，“凡解表者皆为汗法”(《儒门事亲》)。在应用方面，张从正认为首先要辨明阴阳表里、寒热虚实，在实际应用时，不仅表证可以使用此法，有里证者，若兼有表证之象也可应用。张从正尤其注重辛凉与辛温发汗之间的分辨，注重从地区、季节、体质、感受邪气、禀性、脉象等方面的不同，鉴别辛凉与辛温的不同适应证。在使用汗法时，他强调汗出之时要周身出遍，要渐渐汗出，不宜过多。

对于吐法，他认为凡风痰、宿食、酒积等，在胸膈以上的大实大满证均可应用。如伤寒或杂病中的头痛，痰饮造成的胸胁刺痛、失语、牙关紧闭、神志不清、眩晕恶心等，由于病邪在上，均可用吐法。当然，他所称“吐法”不仅指涌吐，豁痰、引涎、催泪、喷嚏等上行的治疗方法都属于吐法。一般情况下，凡吐至昏眩，可饮用冰水，若没有冰水，服用凉水亦可。至于不适用吐法的患者，如性情刚暴、好怒喜淫、信心不坚、病势临危、老弱气衰、亡阳血虚、自吐不止以及诸种血证，均为吐法的禁忌证。

对于下法，他认为不仅局限于通泻大便，“催生、下乳、磨积、逐水、破经、泄气，凡下行者皆为下法”(《儒门事亲》)，即通达气血，祛除邪气，使之从下而行的多种治疗方法统归于下法。张从正扩大了下法概念的范围，也相应扩展了其适应范围。如胃肠部有各种结滞、伤寒大汗之后因劳累而复发、腹中胀满疼痛不止而内有实邪、目黄、九疸、食劳及落马、堕井、打扑、损伤等外伤，均可选用下法。

此外，张从正还列举了三十味常用的攻下药物，如大戟、牵牛、芫花、巴豆、甘遂等。而对一些毒性药物，他提出使用时应当慎重，既强调其治疗作用，又论及其弊端与副作用，可见他对这些药物的应用是十分娴熟的。

张从正创立的“攻下派”疗法，疗效颇佳，从另一个角度来讲，这也是他医术精湛、辨证准确的证明。历来医家对于“攻下”药物的使用都十分谨慎，而他对于这类药物能够娴熟地使用，准确地把握，对各种病症应对自如，足见他深通医理，熟识药性，临床经验也非常丰富。

张从正勇于纠正时弊，在前人理论与临床经验的启示下，提出了一整套攻邪祛病的理论，为中医学充实了很多丰富的内容，成为独具风格的一代名医，《金史》称赞他“精于医，贯穿《素》《难》之学，其法宗刘守真，用药多寒凉，然起疾救死多取效”。张从正为我国医学的发展做出了贡献，他的理论至今仍值得我们认真学习与深入研究。

三、千古名方，补中益气——李杲

李杲，字明之，生于金世宗大定二十年（1180 年），真定（今河北省正定县）人。真定原本属于宋朝领土，但临近金国，后来被金国占领。李杲故居在战国时期赵国所辖的东垣邑，秦始皇统一六国后，又设东垣县。李杲晚年自号“东垣老人”，因此后世常以“李东垣”称之。

天资聪颖，自幼好学

据《元史·李杲传》记载，李杲出生于金朝的一个书香门第，家里世世代代都居住在真定路，家境优渥，是当地的名门望族。李杲的父辈个个满腹经纶、崇文好学，经常与当时的知名学者和名流雅士交流、聚会。优越的家境、良好的家风，使得李杲从小就有条件接收儒家思想教育，学习孔孟之道，遍读圣贤诗书，在当时的社会条件下，这实在是令人羡慕不已。

自幼年起，李杲便显示出了与他人的不同之处，这不仅表现在他天资聪颖、天赋过人上，还体现在他内敛沉稳、不骄不躁的性格上。当时，真定路上各家的孩子都喜欢结伴玩闹，李杲则十分不同，他平日里不苟言笑，喜欢一个人静静地读书，很少与旁人嬉笑打闹，总是一副若有所思的样子。他沉着冷静、满腹经纶，迥然一副小大人的样子。

心无旁骛，正视绳行

俗话说：自古纨绔无才子，贫寒之家秀才多。自古以来，人们便普遍相信寒门之子多刻苦努力、潜心造学，而富家子弟因为没有过多的生存压力，多沉迷于花天酒地，大多游手好闲、只知吃喝玩乐。李杲出生于富豪之家，家境十分优渥，可以说是含着金汤匙诞生的豪门子弟，平日却一副端庄严谨的样子，以为人洁身自好、品行端庄闻名，这无论是在当时还是现在看来，都实属不易。

很多人都对此心生疑惑：一个富家子弟，竟能如此危言危行，不动情于声色？据《医史·东垣老人传》记载，曾有几个无聊之辈“密议一席，使妓戏狎，或引其衣”，要考验一下李杲是不是真的像他平日表现的那样洁身自好，恪守自律。面对歌妓的试探，李杲“即怒骂，解衣焚之，其自爱如此”，让戏弄他的人感到钦佩，更让他们对自己之前的疑虑和猜测感到羞愧。不仅如此，即便是面对乡绅官员们的品行考察，李杲也能以自己独特的方式得到大家的认可。

就是这样一个自律、自信、自强、有学识、有胆量的人，成为了一名悬壶济世的名医，与刘完素、张从正、朱丹溪三人并列“金元四大家”。那么，究竟是怎样的机缘巧合，让出生名门望族的李杲，决定潜心学医呢？

痛失爱母，拜师学医

据《医史·东垣老人传》记载，李杲二十岁时，他的母亲患了一场大病，家人请来了许多名医，但都没有什么效果。眼睁睁地看着母亲遭受病痛的折磨却无能为力，让李杲十分心痛。后来，母亲因病撒手人寰，年纪尚轻的李杲自责之余，决心拜访名师，潜心学医。

李杲前往易州，拜当时的名医张元素为师。张元素是一个惜才之人，不仅将自己的从医经验传授给李杲，还经常给他讲人生哲理，指导他做一个品行端正、体恤百姓的称职医生。李杲自幼广读诗书，博闻强识，文学功底很深，学习能力很强，加上刻苦钻研的性格，不出几年，就基本掌握了张元素传授给他的基本学术思想和临床操作关键。

对于脾胃病的治疗，张元素有一套系统、完整的治疗方法，李杲也对脾胃学说深有研究，并在老师的基础上进行了创新。这不仅要归功于张元素教导有方，还与李杲母亲因为罹患胃病不治而去世有关。李杲从小养尊处优，身边多是达官贵人，饮食多为山珍海味、大鱼大肉，却大多缺乏运动，很容易出现消化不良的毛病，落下胃病，这更让李杲对脾胃病有了自己独到的见解。他潜心钻研因为饮食不节或郁气难解等因素导致的肠胃疾病，提出了许多宝贵的理论和方药。

因为家境富裕，李杲并不需要以医生为职业，而是将行医作为一项业余爱好，偶尔帮助身边有需要的人，所以人们也很少称呼他为"医生"。一些士大夫深知他秉性清高，如果不是大病、急症，很少贸然向李杲求医问药。

体恤百姓，精研良方

学医有成的李杲并没有成为医生，而是当了一名税务官。据《医史·东垣老人传》记载，金泰和二年，河南一带突然流行起了一种怪病，凡是患上该病的人，都会咽喉肿痛、头大如斗，不久便死于病痛。该病传播迅速，闹得百姓人心惶惶，家家关门闭户，终日不敢出门。当时的医生对此都按照外感病进行治疗，却丝毫不见疗效。他们翻遍医书，找不到可行的办法，个个束手无策。此时，已经当了税务官的李杲眼看每天有大量的百姓死去，心急如焚，他想起自己学医的初衷，决定拯救黎民于病痛之中。他日思夜想，潜心研究《黄帝内经》《难经》《伤寒论》等书，终于判断出此病不是外感病，而是一种严重的瘟疫——大头瘟。他独创药方"普济消毒饮"①，活人无数。这一药方被后人刻到了石碑上，流传甚广，后世有很多人将其称为"神仙方药"，李杲也因此有了"神医"之名。

为百姓治好了瘟疫之后，李杲又继续回去做税务官，但树欲静而风不止，没多久，蒙古兵攻入城门，李杲无奈开始流亡。在流亡的日子里，李杲每天都看到很多人因为饥饿、灾荒、战乱而死，这些触目惊心的画面深深地印

① 普济消毒饮：黄芩15克，黄连15克，陈皮6克，甘草6克，玄参6克，柴胡6克，桔梗6克，连翘3克，板蓝根3克，马勃3克，牛蒡子3克，薄荷3克，僵蚕2克，升麻2克。

刻在李杲的脑海中，他将这些令人不忍目睹的一幕幕记录进了自己所著的《内外伤辨惑论》中："解围之后，都人之不受病者，万无一二，既病而死者，继踵而不绝。都门十有二所，每日各门所送，多者二千，少者不下一千，似此者几三月……"

在这种情况下，李杲终于按捺不住自己济世救人的医者之心，开始正式行医。正值战乱时期，李杲接触了许多因战乱、饥饿、颠沛流离致病的患者，他们表现出来的症状十分像外感病①，但是在实际的治疗过程中，李杲按照外感病的治疗方法进行治疗，如使用张仲景在《伤寒论》中提到的发散风寒、解表祛邪的方剂，常常效果不佳，有时甚至会加重患者病情。后来，李杲发现了一个重要的线索：这些患者大多是在蒙古兵围城后的两三个月时发病。蒙古兵围城后，百姓大多居无定所、整日为逃命而颠沛流离、吃不饱睡不暖，对于他们来说，身体的哪个部位会首先承受不住呢？——那就是脾胃，即现代医学所说的消化系统。

李杲指出，脾胃是人体的"储备仓"，仓里没了粮食，身体的正常生理机能会受到影响，负责抵御外邪的脏腑组织（可理解为免疫系统）自然也溃不成军，于是，疾病和邪气便可轻易乘虚而入。对于这样的病人，亟须改善其脾胃功能，使储备仓里粮食充足，这样机体才能正常运转下去，也就是所谓的"攘外必先安内"，想要抵御外邪，必须先增加身体内的正气。基于此，李杲创制了一张流传千古的经典药方——"补中益气汤"。后世医家傅青主曾高度评价该方：东垣一生学问，全在此方。这倒不是说李杲一生的成就只有这一张出名的药方，也不是说这个药方是李杲最成功的药方，而是说指导此方配伍组成的思路和理念几乎涵盖了李杲一生中所阐述的所有思想，可谓是浓缩的精华。

补中益气汤由八味药物组成：黄芪、人参、白术、炙甘草、当归、陈皮、升麻、柴胡。其中黄芪、人参、白术、炙甘草四味药主攻补脾胃、助元气，使人体粮仓充沛，则正气自然充足，因脾胃位于人体中焦，故得方名"补中益气"；在

---

① 外感病就是现代医学所说的"感染性疾病"，这类疾病的患者大多会出现发热、烦躁、呼吸喘促、头痛、口渴、畏风等症状。

以上四味药之外，再配合当归以活血，陈皮以理气，疏通经络，使人体血脉通畅，及时将营养物质输布全身，为脏腑提供营养；更为精妙的是，李杲在此方中加入了小剂量的升麻和柴胡，用来升提中气。八味药这样组合起来，人体的卫气就可以到达体表，筑起一道坚固的防线，起到护卫人体、抗击各种外来邪气和不良刺激的作用。全方只有八味药，但无一不是经过李杲精心挑选。八味药共同形成了一个精妙的组合，增一味则嫌多，少一味则不足，使补中益气汤成为拯救百姓的灵丹妙药，帮助无数在围城中奄奄一息的患者得以痊愈。

后来，李杲在补中益气汤的基础上，又创制了一系列调治脾胃的方剂，如升阳散火汤、升阳顺气汤、升阳益胃汤、升阳补气汤等，并以此为经验，写出了《内外伤辨惑论》《脾胃论》等一系列论述脾胃疾病的著作，推动形成了一个新的医学流派——补土派，即“脾胃派”。

李杲通过详尽的论述和大量的医学实践，印证了脾胃的重要性，他重视脾胃的作用，认为其为“后天之本”，后世医家多遵循李杲的思想开展研究，并将其理论应用于临床。

温故新知，苦思奇方

李杲治学思路的可贵之处，就在于他能将临床实践与经典著作联系起来，并且常常能提出一些与其他医家不同的治疗方法。除了上文提及的疾病，《元史·李杲传》还记载了李杲治疗的伤寒、痈疽、眼科等方面的一系列经典病例。

第一个病例的患者是一位年近七旬的官员，他在春季患了重病，面红目赤，像喝醉了酒一样，痰黏稠，时时眩晕，自述像浮在风云中一样，且双眼视物不明。李杲细细诊断后，认为患者罹患的是下寒上热之症，应该用寒凉药物进行治疗，但考虑到患者年事已高，再加上久病体弱，恐怕寒凉之剂会影响其预后。李杲想起老师张元素对他说过的话：“凡治上焦，譬犹鸟集高巅，射而取之。”（《名医类案》）即上焦的疾病，就像群鸟聚集在山顶上一样，要用射箭的方法才能取到。

于是，李杲在患者的两眉处用三棱针点刺二十余下，放出一些败血，片刻间，患者便觉得头目清明，痛苦骤减，待完全病愈后，也没有再复发过。可见，人不仅是自然界的产物，更是自然界的缩影，自然界的道理也同样适用于人体。行医之人在临床上遇到任何难题，如果在既往经验中、相关医学资料上甚至是老师那里也寻找不到答案时，一定要学习李杲的精神，从自然界的原理、现象和规律中寻找解决问题的办法。医者贵在变通，不能墨守成规，挂一漏万。

第二个病例的患者是汴京的京兆酒官王善甫，该患者有一日突然小便不通，眼珠突出，腹部膨胀如鼓，膝盖以上坚硬如石，饮食噎膈不下，生命危在旦夕。患者四处求医，吃了各种具有甘淡渗透之性的药物和通利泄下的药物，都不见疗效。

眼看病情越来越重，患者慕名请李杲前来诊治。李杲仔细检查后说："此病之所以严重，而且各种治法都不见疗效，原因就是大家都用错了方法。《黄帝内经》曾说，膀胱乃津液之府，必先气化，津液乃出。而现在用渗透和泻下之药不仅无效，反而使病加重，这就是气不化的缘故。唐代道医王冰也曾说过，无阳则阴无以生，无阴则阳无以化。气化过程靠阴精和阳气共同作用完成，甘淡渗泄药虽能化阳，但患者病久伤阴，致使有阳无阴，所以气化仍不能正常进行。之前给患者吃的都是阳性药物，只有阳而没有阴，气化从何而来呢?"于是，李杲便给患者开了一副纯阴之药，没等吃完第二剂，患者的病就痊愈了。

第三个病例的患者叫萧君瑞，西台人，在二月中旬患上了伤寒，这种病在当时是一种很严重的疾病。患者整日发高烧，面黑如墨，医生给他开了白虎汤，服用后本症虽消失，但脉沉细，甚至出现了小便失禁的症状，医生随后又给他开了几剂辛温大热的药物，但他的症状却愈演愈烈。李杲起初对患者之前的用药情况并不知情，他在进行面诊和脉诊后，立即对患者说："你之前肯定误服过白虎汤。白虎汤是大寒之品，清热之剂，并非通经络之药，只能使腑脏寒象更加严重。白虎汤如果没有得到合理运用，会使伤寒本病更加隐匿于经络之间，此时再服用大热之药，则会出现大热之象克大寒之象，势必会引发其他疾病，反而不是挽救因错服白虎汤而罹患的他病的办法。我建议使用升阳通经的温药进行治疗。"

有的医生不同意他的观点，质疑道："白虎汤是大寒之品，现在患者脏腑寒象明显，不用大热之品恐怕救不活。你不用大热之品，又能用什么方法呢？"李杲说："伤寒患者在服用白虎汤之后，会使本来的疾病隐匿于经络之间。阳气不能升则经络不能通，经络通了才能让伤寒本病暴露出来。待到伤寒之症显露后，这个病就不难治了。"于是，李杲开了一副通经络的温药，患者服药不出几日，病就痊愈了。

第四个病例的患者是魏邦彦之妻，患者突然眼睛生出绿膜，从下至上，肿痛难忍，病情发展迅速，于是向李杲求医。李杲看后说："这绿翳自下而上生，说明病从阳明经而来。此绿又非正色，说明患者的肺与肾可能都患有疾病。"于是，李杲选用能够通泻肺肾邪气的药物，待患者病情好转后停止用药。患者后来又复发几次，对此，李杲说："身体诸脉都与眼睛联系密切，其他脉出现病变，则眼睛也会随之出现疾病。你患的是经络不调的疾病，经若不调，则眼睛的病也不会好。"于是，患者按照李杲的方法进行治疗，终于彻底痊愈。

第五个病例的患者是冯叔献的侄子冯栎，他年方十五六岁，不幸患了伤寒，眼睛红红的，还经常口渴，一呼一吸间脉能达到七八次，医生建议他服用承气汤。正在熬药时，李杲从旁经过，听到冯叔献讲起侄子的病情和用的药方，李杲大吃一惊，说："这个庸医开的药方怕是要毒死这个可怜的孩子啊！《黄帝内经》里说，人的脉象快则常为热证，脉象缓慢则常为寒证。如今看您侄子的脉象，一呼一吸间能达到七八次，这是极热之象啊！《会要大论》中也说，有脉象与病情相符但不符合实际病情的情况。脉至但按之不鼓，这恐怕是虚寒的阳证，表面的热象是寒凉之邪在体内起作用的缘故。因此，现在适合用姜和附子等热性的药物，也就是采用治疗寒证的办法来进行医治。"冯叔献听从了李杲的话，赶紧照着李杲说的方子熬药。药还没熬好，患者的指甲变了颜色。李杲令患者服下八两汤药，患者服药躺下后，马上就出了一身大汗，病也随之而愈。

第六个病例中，患者患上了偏枯病，两脚脚趾紧靠足底，不能伸直。李杲用长针刺患者患处，针刺深至骨，一下放出很多黑血来，患者却感受不到疼痛，随后，李杲又刺了六七次，嘱患者连续服药三个月，病情逐渐痊愈。

第七个病例的患者是裴择的妻子，该患者罹患恶寒发热之病，咳喘得尤为严重，发病之时，已经数年没有来过月经了。医生使用蛤蚧、附子、肉桂等药物对她进行治疗，病情一直没有什么好转。李杲听说医生的用药后，颇不以为然，他认为患者患上的病应该是热包寒病，如果用温热之剂治疗，会出现过热的情况，不仅没有帮助，还会贻害无穷；若令患者服用清热凉血之药，经络通，病自然会好，月经也会如期而至。患者按李杲的医嘱服药后，果然痊愈。

李杲遇到的病例中，疑难情况比比皆是，患者却大多被治愈，因此，当时很多人尊称他为“神医”。李杲所著的书、所写的方子，许多都流传并沿用至今。

潜心造学，自成一派

李杲医术高明，颇具医德，在临床实践中积累了无数宝贵的经验，这使得他对中焦脾土在疾病治疗中的特殊意义产生了独到的见解。在临床治疗疾病时，他十分强调脾胃在人体中的重要作用，因为在五行当中脾胃属于中央土，因此他所创立的学说也被称作“补土派”或“脾胃派”。

李杲的老师是易水学派的张元素，张元素向来重视脾胃在维持人体健康过程中的作用，这也为李杲的学说奠定了充足的理论基础。李杲的学说不仅充分继承了老师的治疗思路，并在此基础上进行了创新和升华。

李杲本是富家子弟，平日里交往的多是一些有钱有势的达官贵人，这些人通常养尊处优，平时多食膏粱厚味，容易耗伤脾胃之气，所患的疾病多属脾胃病系。另外，李杲生活的年代正值元兵南下，战乱频繁，百姓生活在饥饿、寒冷、颠沛流离中，起居饮食没有规律，也容易损伤脾胃，这也成了李杲建立“补土派”学说的独特社会条件，促使李杲面对现实，仔细分析病人的特点，并据此研究方药。

李杲提出的脾胃论的核心在于“脾胃内伤，百病由生”（《脾胃论》），这与《黄帝内经》中所言“有胃气则生，无胃气则死”有着异曲同工之妙，均十分强调脾胃之气的作用。

同时，李杲还将内科疾病详细而系统地分为外感和内伤两大类，这对于临床诊断和治疗相关疾病具有极其深远的指导性意义。对于内伤所致的疾病，李杲认为以脾胃内伤者最为常见，究其原因主要有三：饮食不节、劳逸过度和精神刺激。

另外，脾胃在五行上属土，位居于中央，与其他四脏关系密切，无论哪一脏腑受到邪气侵袭或因劳损导致内伤，都多多少少会伤及脾胃。反之，各脏腑器官的疾病也都可以通过脾胃来进行调和、濡养、协调、治疗。在用药方面，李杲并不主张使用温热峻补的药物，而是倡导按照自然界的四时规律，对于实证，采取汗、吐、下等不同的治法；而对于虚证，采取补益的治法，也就是所谓的“虚者补之，实者泻之”（《儒门事亲》）。他特别强调，在临床治病时要充分运用辨证论治的原则，切忌犯虚虚实实的错误。这样一来，就使得他的理论更加完善，

李杲提出的脾胃学说，不仅在当时救了许多百姓，也成为中医史上的一座里程碑，特别是他根据脾胃学说所创立的药方，虽然大多用来治疗当时因长时间饥饿、颠沛流离而患上内伤脾胃病的患者，但在物质生活极大丰富的今天也同样适用，他所著的《脾胃论》对后世医家治疗脾胃病及以脾胃为主的内伤杂病具有重要指导作用。李杲的独特理论充分反映了当时的时代特点，也展现了他对《黄帝内经》《伤寒论》《难经》等经典著作细致研读的成果。

治愈元好问

在《伤寒会要序》中，元好问记载了他与李杲的友谊。金天兴二年（1233年），元军攻下开封，元好问一家人都被押送到聊城羁管，恰巧遇到李杲，二人此时均被元军羁押在至觉寺内。相同的不幸遭遇，同样的高雅志趣，使得二人一见如故，不禁产生了“医文不分家”的共鸣，造就了一段“他乡遇故知”的医文雅缘。随后二人结伴而行六年，这也是两人分别奠定各人在医学史和文学史上崇高地位的六年。

在《疮疡治验》一书中，元好问记载了李杲为其治疗疽的事。当时元好问住在一挚交家中，不幸患上了疮疽。元好问觉得疮疽是小病，不愿打扰当时享誉“国医”之名的李杲，便到街边一家专门医治疮疡的诊所治疗，但他吃了医生开的药之后数日不见效果，便又请了一位医生前来。第二位医生说

元好问患上的是疽，不能心急治疗，需要等十八天，待患处化脓熟透后再用药行针，前后恐怕要花上三个月的时间才能痊愈。元好问见二位医生说法不一致，心生疑惑，这才找到李杲看病。

李杲听到老友的病情，一边给他讲此病的来龙去脉，一边写下药方，然后先给元好问用艾灸，再嘱他回去服药，并安慰他："你这个病虽然严重了点，但是只要有我，你就不必担心。你回去服药之后，这个疽不但不会痛不会破，还会让你精气大旺，饭量大增，体质变强。"

过了三天，李杲去探望元好问，看过他的脸色后连问三句："你这三天是不是特别能吃饭？过去你腿脚无力，现在腿脚是不是很有劲儿？你昨晚是不是做了噩梦？"这几个问题问得元好问频频点头，感叹李杲断病如神。等到第十四天，元好问的疮疽便痊愈了。此事之后，元好问更加钦佩李杲的医术，并写下了《疮疡治验》记录这件事。

四、朱半仙——朱丹溪

朱丹溪，原名朱震亨，字彦修，婺州义乌人（今浙江省金华市义乌市），生于 1281 年，因为他出生的赤岸镇有一条美丽的溪流，当时人称"丹溪"，所以后世学者多尊称朱震亨为"朱丹溪""丹溪先生"或者"丹溪翁"。朱丹溪医术高明，临床选方用药别出心裁，且每每收获良效，经他诊治的患者在用药之后不必再进行诊治就恢复健康，亦不再复发，因此当时的百姓对他大加赞誉，给他起了"朱一贴""朱半仙"等外号。

朱丹溪与刘完素、张从正、李杲三人并称"金元四大家"，他所提出的理论思想在一定程度上推动了中国医学史的发展，这使得他在传统中医学发展史上具有重要地位。

遍读诗书，从儒转医

朱丹溪自幼聪明伶俐，在读书识字方面显示出了过人的天赋，远近的乡亲和有名望的长辈都对他十分器重。但待他年纪稍微大了一些之后，便不再每日读书学习，反而变得争强好胜、崇尚江湖侠义，一旦碰上同乡的名门望族仗势欺人，他便挺身而上。

据《故丹溪先生朱公石表辞》记载，朱丹溪年轻时跟从家乡的先生整日学习儒家经典，为了能走上仕途、出人头地，他积极筹备参加科举考试。当时的人都说朱丹溪记忆力超群，凡是看过的书都能流利背诵出来。

在朱丹溪三十岁这年，他的母亲生了一场大病，请来的医生却个个束手无策。看着母亲整日被脾病所折磨，朱丹溪心急如焚。从此，朱丹溪开始研读医书，学习中医经典。参读前人经典之余朱丹溪发现，当时社会上医生的心态普遍十分浮躁，大多医术拙劣却不以为然。

当时医学界流行使用陈师文、裴宗元校订的《校正太平惠民和剂局方》，在浮躁风气的影响下，很多医生胡乱搬用该书中的经典方剂，给不同症状患者开的药大同小异，无法收到好的疗效。

朱丹溪不分昼夜地研读此书，不出几日便醒悟：大家都拿着古代的方剂来治疗现在的疾病，难以完全适应。他转念想到，如果想要建立选方、用药上的法度和规范，制定出一套用药标准来，应该需要用《素问》《难经》这类的经典。看着久卧病床的母亲，朱丹溪下定决心潜心学医。接下来，他花了五年的时间攻读前人留下的中医经典著作，不仅治好了母亲的顽疾，还成了一名远近闻名的医生。

朱丹溪非常谦逊，他认为自己的学识远远不足，在强烈的求知欲的推动下，他前往朱熹的第四代传人许文懿处拜师求教，以进一步领悟道德、人性与天理之间的关系。在许文懿的指点下，朱丹溪彻底舍弃了以前修习过的与科举考试相关的知识，决定专心学习医学知识。朱丹溪曾感慨：读书人如果能够精通一门技艺，并以此惠及世间万物，即便这辈子没有做过官，也像是做了大官一样。由此便可以看出他心系世间苍生的情怀。

朱丹溪从儒转医，主要有两方面的原因：第一，他一向怀有惠民之心，心系百姓，而将一生奉献给医治百姓的事业，为百姓的健康而努力，是一项很有意义的事业；第二，朱丹溪母亲的大病让他深深感到生命在疾病面前的脆弱和无助，而成功医治母亲顽疾的过程，使他有了成为一名称职医生的信心。

千里拜师，潜心治学

朱丹溪的医术已经达到了一定的水平，可他却希望再寻找一位可以进一步为他指点迷津的恩师。为了深入钻研医学，他踏上了求学的路途。他渡过钱塘江，来到吴中地区，到达宛陵、南徐、建业等地，后来意外获得了刘完素的《素问玄机原病式》和李东垣的方稿，却仍然没能找到理想的老师。

泰定二年(1325 年)，朱丹溪四十五岁时，偶然听说了罗先生。罗先生名叫罗知悌，字子敬，世人尊称其为“太无先生”，是宋理宗时的一名近侍，医术十分精湛，深得金朝刘完素第二代传人的真传，而且对张从正、李东垣的学说也略知一二，但他性格怪僻，不愿与人亲近，而且自恃清高，大家都觉得他难以相处。罗先生的学识让朱丹溪心驰神往，他前去拜访，却如旁人预料的一样屡次碰壁。

据《丹溪翁传》记载，朱丹溪曾先后多次拜访罗知悌，但罗知悌都不肯与他见面。吃了几次闭门羹后，朱丹溪非但没有放弃，反而态度更加诚恳了。罗知悌见他态度认真，而且听旁人介绍后，对朱丹溪的为人和行医事迹也有所了解，便接见了朱丹溪。两人一见如故，相谈甚欢。朱丹溪见到罗知悌之后，提出了拜师的想法，表示愿意接受罗知悌的教诲。罗知悌很高兴，痛快地点头答应。

罗知悌教了朱丹溪许多理论方面的知识，而且给了朱丹溪许多实践机会，让朱丹溪的行医水平得到了大幅度的提高。朱丹溪在求学阶段细心体悟，虚心求教，积累了大量宝贵的经验。经过长期努力，朱丹溪总结出了“滋阴”对治疗各种疾病的重要性，这为他之后创立独立学派打下了坚实的基础。

罗知悌将自己对刘完素、李东垣、张从正三人的理论及学说的理解和看法全部传授给了朱丹溪，并耐心为朱丹溪阐发三家学说的要领。他时常嘱咐朱丹溪舍弃原来所学的医术，因为并非所有医学理论都是正统的中医学说。朱丹溪听了他的话，也十分赞同。朱丹溪十分感谢他的老师，一直在罗知悌身边学习医术，直到罗知悌去世后，朱丹溪才回到家乡，继续治病救人。

巧用倒仓法

据《丹溪翁传》记载，朱丹溪回到家乡后，见家乡的一众医生仍然拘泥于陈师文、裴宗元提出的学说和方药，便将自己求学的收获讲给大家听，不料大家不但没有感谢他，反而又是嘲笑又是排斥。这件事传到了许文懿那里，许文懿却欣慰地说："看来我的病，丹溪能够治好了。"原来，许文懿患上了半身不遂的疾病，远近的医生花了多年时间都未能将他治愈。朱丹溪得知之后，连忙赶往许文懿住处。经过一番诊断，他判定许文懿疾病的根源在肠胃，由于停痰瘀血，互相纠结，导致中宫不清，土德不和，才引起了许文懿看似稀奇古怪的病症。他决定用从罗知悌那里学来的医术治疗许文懿。

第一步，朱丹溪叫人去买了一二十斤黄牡牛的牛肉。为什么是黄牛的肉呢？因为黄色属土，入脾胃。朱丹溪叮嘱用长流水煮牛肉，煮得糜烂，用布过滤掉渣滓，再把汁放入锅中，直至熬成琥珀色。然后，取熬制而成的肉汤，每次饮一盅，过一会儿再饮，如此者积数十盅。也就是要一直往下灌，达到令患者上吐下泻的效果。朱丹溪对此解释道："病在上者，欲其吐多；病在下者，欲其利（泄）多；病在中者，欲其吐下俱多。"

第二步，朱丹溪安排患者在一间不透风的屋子里卧床静养，如果渴了，就喝自己积下来的尿液（这在当时叫"轮回酒"），如果饿了，就慢慢地喝一些烂粥，如此持续两三天。待患者病愈后，需要清淡饮食半个月，之后的五年忌食牛肉。

许文懿按照朱丹溪的疗法，病彻底痊愈，第二年还喜得一子。如此神奇的疗效，让那些不信服朱丹溪的医生个个心服口服。

这个方法治疗好的病人不止许文懿。镇海有一位叫萧伯善的人，得了尿液白浊、"精不禁"的毛病，和现代医学中的"早泄"有些许相似。萧伯善辗转找到朱丹溪，经过倒仓法治疗，情况也有所好转。

另外，还有一位姓林的老先生患上咳嗽许久，有时痰中带血。他逐渐消瘦，时常发烧，白天症状轻，晚上加重。许多医生推断他得了肺结核，开了各种药方都不见疗效，反而病情日渐加重。后来，朱丹溪用以上方法治愈了这位老先生，连咳嗽的病根也去了。

朱丹溪将这种治疗方法命名为“倒仓法”，他认为人在中年时偶尔使用一次“倒仓法”，可以达到祛病延年的功效。当然，如今我们并不推荐大家使用此法，毕竟年代久远，记录不详，至今也没有明确的科学依据表示这种方法适用。

事实上，朱丹溪在应用此法治疗疾病的过程中也十分谨慎，各个步骤都严谨设计。尤其是在治疗林老先生的疾病时，因为病情过于复杂，朱丹溪一开始完全没有头绪，甚至后来他在书中也坦然承认，自己当时“计无所出”。

朱丹溪的医家三宝

朱丹溪行医时少不了三样东西，一是在走夜路时用的灯，二是伞，三是药箱，这三样物品被称为“医家三宝”。据说朱丹溪还多用了一宝，那就是用来打野狼的木棍。

朱丹溪的出诊频率非常高，他的这三样宝贝消耗得也格外快。他平时衣着简陋，从来没有住进过豪宅大院，吃的也是粗茶淡饭，活脱脱一个清修苦节的儒者。有时，患者家属半夜来访，请求朱丹溪上门治病，朱丹溪也会不由分说，拿上他的三样宝贝就出门，绝不拖延时间，唯恐患者在病痛中多挣扎一分一秒。

《故丹溪先生朱公石表辞》记载，有一次，朱丹溪听说有个铁匠的妻子生病了，却因家中贫困，无钱看病，便亲自前往患者家中治疗。他看到患者躺在草席床上，脸色发黑，肚子胀得很大，四肢细瘦如柴，远远望去，令人心惊又心疼。朱丹溪为患者诊脉后，发觉脉数而涩，重取又有弱脉之象，于是断定患者患上的是鼓胀，需要调养一年左右。他为患者开了经典的四物汤①，加了黄连、黄芩、木通、白术、陈皮、厚朴、生姜等药材。考虑到患者家境，朱丹溪未收诊费，还免费为患者提供药材，直至患者康复。

生命不息，诊病不止

直到七十七岁生命结束，朱丹溪的行医生涯几乎没有一天停止。

---

① 四物汤中的“四物”是熟地黄、白芍、当归、川芎。

据《丹溪翁传》记载，浦江县的郑义士患了痢疾，某天傍晚突然昏倒在地，两眼上翻，小便失禁。家人赶过来看他，一摸他的额头，竟然摸到了一手的汗。朱丹溪为他诊脉，发现脉象奇大，于是对患者家属说："郑氏患上的是阴气虚，同时阳气突然丧失的疾病，我推断是因为患者患病后大量饮酒，并且房事不节导致的。"朱丹溪令患者家属熬制人参膏，然后在患者的气海穴进行艾灸，没过一会儿，患者的手足就能微微动了，又过了一会儿，患者的嘴唇也轻轻张开了。这时，人参膏熬制完成，朱丹溪让患者服了三次，患者便恢复了神智。这之后，待患者服完数斤人参膏，疾病便彻底痊愈了。

《丹溪翁传》中，还记载了一件类似的事情：天台县的周进士患上了恶寒，即便是在酷暑天，也要用棉被捂住头才觉得舒服。他四处寻医后，在医生的建议下服了数百剂附子汤，病情却更加严重了。朱丹溪前来为他诊病时，发现他的脉象又滑又快，便说："你患上的是体内有热证却在外表现出寒象的疾病，万万不可继续用之前的办法进行治疗了。"朱丹溪为他开了一副辛凉之性的汤剂，他服下后，当即就吐出了大量浓痰，可以稍稍减去一些压在身上的棉被了。随后，朱丹溪又让他继续服用防风通圣散，没出几天，他就大病痊愈了。周进士上门拜谢朱丹溪，朱丹溪却提醒他说："虽然你的病好了，但是往后必须长时间保持饮食清淡，以此调养脾胃，而且生活起居中必须排除杂念，养精蓄锐，保养精神，否则，你之前服用的附子汤的毒性就会发作，到时恐怕就没人能救活你了。"周进士觉得朱丹溪过于夸张，便没有放在心上。后来，他又患上了重病，背部发出毒疮，丢了性命。

这之后，又有一名男子患上了小便不通的怪病，医生们用利尿的药对他进行治疗，但疗效不佳，便请来了朱丹溪为其诊脉。朱丹溪发现患者右手寸部的脉象又弦又滑，判定患者患了积痰之证，是因积下的痰停聚肺内所导致。肺属上焦，而膀胱属于下焦，上焦闭塞时，下焦也会不通，就像是灌溉用的水具，必须打开上边的孔，下边孔里的水才能正常流出。按照这种思路，朱丹溪为患者催吐，患者吐完之后，果然病愈如初。

朱丹溪有许多与以上类似的行医事迹，后世医家之所以推崇、敬佩他，大多也是因为他在诊疗时从不拘泥于古方，而是会结合自己对疾病的判断、理解与对中医学经典理论的深刻见解，然后作出最终判断，所以，他才能够治好很多疑难杂症。对于当时的各家方论，朱丹溪可以说是无所不通。他人拘泥固执，朱丹溪却能灵活取舍，最终又与古法的精神吻合，实在是厉害。想要向朱丹溪学医的人络绎不绝，朱丹溪对他们态度谦和，谆谆教诲，不知疲倦。

品行坚贞，清高不俗

朱丹溪敦厚老实，待人温和，行为谨慎，当时的人评价他品行坚贞，刚毅庄严，清高不俗。深谙儒家之道的朱丹溪，平日里就以正直立志自勉，以诚信立身处世。对待家里的长辈，朱丹溪细心照料，随时调整其饮食起居，关心其健康状况；对待兄弟姐妹，他宁可对自己刻薄一些，也不愿亏待。他从不结交酒肉朋友，人们谈及无聊的闲杂话题时，他也一向缄默不语。只有遇到知己，讨论到关系国家前途和百姓得失的大事时，他才会慷慨激昂地打开话匣子，这也表现出了他先天下之忧而忧的气概。

当时，有名的达官贵人常常闻名前来请教，朱丹溪在与他们谈及治国治民之道时向来坦率直言，无太多顾忌；一旦谈论到个人荣华名利，朱丹溪便会生气地拂袖而去。他用三纲五常作为自己的交友标准，认为天下遵行仁道的时候，人们的品行就像依着树干而茂盛生长的枝叶一样，根基坚实而淳朴高尚；天下丧失仁道的时候，人们的言论就像没有树干而徒然存在的枝叶一样，缺乏根基而虚美不实。

朱丹溪曾在婺州学习，掌握了道学的源流和精髓。他行医时，时常有人因医事上门求见，每到这时，朱丹溪就用保全并修养精神的建议来启迪他们的心志，诚恳地给人教诲，使上门拜访的人受到鼓舞，身心均受到洗礼，即便是很久之后，也仍然用他说过的话进行自我鞭策。像朱丹溪这样的人，大概就是古今圣贤所说的正直诚实而又学识渊博的良师益友吧。

朱丹溪研究理学的成就和平日为人处世的大家风范，全部记载在太史宋濂为他所写的墓志中，后世也有许多人将他流传于世的医学事迹编撰成文。也正因此，今天我们才得以一览他的事迹，感受他过人的才智和极高的道德修养。

阳常有余，阴常不足

朱丹溪学习刘完素、李东垣、张从正三家的学说，并对其加以推论、发展。刘完素和张从正的学说中，造成脏腑气失调的因素主要有君火、相火、风、湿、燥、寒六种。朱丹溪在以上理论的基础上推陈出新，提出了泻火法治疗疾病的思路。对于阴精不足、相火易于妄动或者是阴阳两虚、湿热旺盛的患者，朱丹溪认为应该多加斟酌，慎用泻火之法。

另外，朱丹溪十分赞同李东垣提出的饮食劳倦导致内伤脾胃，脾胃阳气不能升发，连及心肺阳气陷入中焦的说法。但具体来说，在北方，天不够高，在东南方，地不够厚。天属阳，地属阴，西北之人阳气容易不足，东南之人阴火容易旺盛。如果不知道这些，死守李东垣提出的治疗法，对于阳气不足的患者来说倒是勉强能起到治疗作用，而对于阴火旺盛的患者来说，就会加重病情了。

总之，对于以上三家的学说，朱丹溪弃其所短而用其所长，又用太极之理和《易经》《礼记》《通书》《正蒙》等书中的理论参验它们，再用《黄帝内经》中的理论将它们贯穿起来，探求其中真谛所在。朱丹溪认为，《黄帝内经》中所提到的“火”，与太极中的相关理论有着一些不易察觉的相合之处；《黄帝内经》中提到的阴经容易受损而不足的说法，又跟《礼记》中所说的养阴之意相同。在上述思考的基础上，朱丹溪撰写了《相火论》和《阳有余而阴不足论》，在其中详细阐明了他的观点。

朱丹溪的健康建议

纵观现代人的饮食，油脂明显过剩。有些人虽然吃素，但炒菜的时候放的油也很多，血脂等指标还是高。儒家讲孝道，如何更好地奉养老人被朱丹溪视为十分重要的问题。他在侍奉自己的母亲时格外讲究，我们也可以从中得到许多健康方面的启示。

在饮食方面，朱丹溪主张既不要给老人吃特别丰盛的大餐，也不要过于苛待。因为老人的脾胃功能弱，有时刚吃完饭一会儿就觉得胃中空空如也，这是胃中虚热的表现；有时刚吃一点儿东西就吃不下了，还经常腹胀、嗳气，这是典型的脾弱的表现。老年人容易出现虚热的症候，这还表现在他们在性情上容易莫名动火、着急。因此，朱丹溪建议不要给老人吃带有热性的食物，比如过于辣的、肥腻的以及羊肉等。朱丹溪的母亲痰饮为患，一直以清淡饮食为主，年老后便出现了便秘的情况，朱丹溪便用牛奶和猪油混在粥里让母亲喝，起到通利大便的作用。

一世辛劳，名留千古

医道，就是行医之人“发大慈恻隐之心，誓愿普救含灵之苦”(《千金要方·大医精诚篇》)的信念。在这种信念的指引下，一个医生可以专心于救治，竭诚提高自己的医术，百折不挠，不畏千辛万苦。

朱丹溪身体力行地为我们阐释了何为医道，何为医德。他就是那种为了争分夺秒救治患者，会在嘴里嚼上姜片，独自走在冰冷的晨雾中的人；他是那种听说别人有病痛，不待人请，就会风尘仆仆地主动前去探视的人；他是那种为了抢救病人，会在漫天的大风雨中满身泥泞，跌倒又爬起来的人；他也是那种精通医术和医道的人。

朱丹溪晚年将自己的行医经验与心得整理成册，像《格致余论》《局方发挥》《金匮钩玄》《本草衍义补遗》《外科精要发挥》等都是他的代表作品，后人将他的临床经验整理成了《丹溪心法》《丹溪心法附余》等书籍。

1358年，朱丹溪逝世，被埋葬在浙江省义乌县赤岸镇东朱村旁的墩头庵，享年七十七岁。他的坟墓曾几经修葺，至今香火不绝，足见后人对他的深切怀念。

朱丹溪一生历尽千辛万苦，救治无数病人，从一个任侠的少年，到刻苦学习理学的青年，一直到成为一个优秀的医生，完全凭借自己坚强的毅力和心中的信念，完成了自己人生的巨大转变。他将自己遭受的失去亲人的痛苦转化为悲天悯人的博大情怀，刻苦钻研医学，最终成为了一个对社会有用的人，成为了一个能够将自己的学术思想和生活信念传给后代的人。他通过多年的临床实践经验，自创新说，自成一派，创立了有名的“阳常有余，阴常不足”及“相火论”学说，并对内伤杂病的治疗提出了以气、血、痰、郁为纲领的辨证治疗方法，对于医学理论及杂病治疗的发展做出了巨大贡献。

朱丹溪逝世后，他的学术思想绵延传承，远播海外。到明朝，出生于日本医学世家的田代三喜在我国学习中医时，继承了朱丹溪的医学思想，待他学成回国后，大力宣传李东垣、朱丹溪等金元四大家的学术思想，最终在日本形成了与使用张仲景医方的“经方派”并立的“后世派”。在后世派中，尊称朱丹溪为“医中之圣人”。

MING QING MING YI

第七章

明清名医

第一节 明清的医学

明清时期(1368～1911年)是我国封建集权加剧,皇权高度集中的时期。我国封建社会的发展在这一时期达到鼎盛,也带动了古代医学的发展。这一时期的医家不仅对前人的医书进行了注释、考证、纠错,更重要的是在诊病、中医分科方面也进行了明显的改进。

明清时期的医学在继承前人成就的基础上有许多新的进展。这一时期名医辈出、学派林立、学科分明,内外妇儿及五官科等领域都有新的成就。很多著名医家著书立说,对后世影响颇深。这一时期的许多医家强调四诊的重要性,写了不少关于四诊的专著,望诊方面如汪宏的《望诊遵经》,脉诊方面如李时珍的《濒湖脉学》。李梴在《医学入门》中提出学医的人首先要学问诊,并举出了五十五项问诊内容。孙一奎在《赤水玄珠》中概括地指出:"凡证不拘大小轻重,俱有寒热、虚实、表里、气血八个字。苟能于此八个字认得真确,岂必无古方可循?"张三锡在《医学六要》中总结了他多年从医的体会:"张医家世业医,致志三十余年,仅得古人治病大法有八:曰阴曰阳,曰表曰里,曰寒曰热,曰虚曰实,而气血痰火,尽在其中。"张景岳在《景岳全书》中强调以阴阳为总纲,以表里、虚实、寒热为六变。这些辨证论治的思想至今仍然深深影响着一代又一代的中医人。

明清时期的医家将中医的分科细化,编著了很多分科的医著。如薛己的《内科摘要》是我国最早以"内科"为名的医书,这本书以中医基本理论尤其是辨证论治和本草学理论为纲领,推动了许多内科病症诊治方法的发展。其他具有代表性的著述有虞天民的《医学正传》、王肯堂的《证治准绳》、张景岳的《景岳全书》等,富有总结性或专门性的内科著述更是不胜枚举。

皮肤病、性病的治疗方面,也有不少研究进展和相关书籍。例如,明代的薛己在《疠疡机要》一书中专门记载了麻风病,并对麻风病的相关表现做了一定说明；后来，沈之问在《解围元薮》一书中，首次确认了麻风病具有传染性，也指出了大风子不仅具有杀虫的作用，对于麻风病也有治疗效果。又如梅毒，明弘治年间(1488～1505 年)，俞弁发现有广东人得了一种恶疮，外形极像当地产的杨梅，于是便将其称为“杨梅疮”；薛己用内服土茯苓等药，外用水银涂抹和熏烤的方法治疗梅毒；汪机发现梅毒可由男女同床或同厕传染；陈司成在《梅疮秘录》中明确指出此病由性交感染并有遗传性，还报告了各期梅毒病例和先天梅毒，主张用砷剂治疗。

医学理论方面，温病学在伤寒学的基础上发展起来。这一时期，外感热病增多，流行传染更加残酷，医家们在治疗过程中认识到《伤寒论》中的辨证治疗方法在用于治疗温病时存在许多不足。对于出现的新病种，很多医家提出了新的理论并著书立说，如吴又可的《温疫论》、叶天士的《温热论》、吴鞠通的《温病条辨》、王孟英的《温热经纬》等，这些著作也标志着温病学的诞生。

针灸方面，明代医家杨继洲对明以前的针灸知识做了较全面的总结，撰写了著名的《针灸大成》。杨继洲是家传世医，他祖父曾为太医，本人亦被选入太医院任职多年，尤长于针灸。他的《针灸大成》选录了各家针灸方法和医案，参以家传经验，取材丰富，有颇多精辟之处，是当时覆盖范围最为全面的针灸专书。

健康保护方面，随着越来越多的老百姓彻底摆脱温饱问题，有些医家开始关注健康保护，重视治未病，并总结、创制了许多方法，例如四时调摄和除病法、延年益寿法、八段锦、导引除病法等，这些方法多以歌诀形式流传于世。如万全的《养生四要》、高濂的《遵生八笺》、胡文焕的《摄生集览》、曹慈山的《老老恒言》、陈修园的《平人延年要诀》等著述，对后世影响颇深。

治疗方法方面，清朝末期，战乱频发，社会动荡，老百姓看病难的问题尤为突出。鉴于老百姓一方面缺乏药源，一方面又有不肯服药之人和不能服药之症，清朝著名医家吴师机从外治法入手，综合当时民间的各种外治方法和经验，撰成《理瀹骈文》。该书主张外治可补内治的不足，外治能够与内治平行，力求把内治之理推之于外治。书中汇集了多种外治法，如敷、熨、熏、浸、洗擦、坐、嚏、缚、刮痧、火罐、推拿、蜡疗、泥疗、水疗、膏药等，具有简、便、验、廉的特点。

解剖学方面，清朝末期，越来越多的医家发现传统医学知识并不能覆盖所有他们遇到的疾病，于是，一些先驱者开始探索人体的结构特点。而随着此时西方医学的大量传入，我国医生对于人体生理的研究也更加深入。一些人开始探索人体解剖知识，如王清任，他强调认识脏腑对于临证治病的重要性，并做了很多实地观察。他经常去刑场解剖死刑犯的尸体，并根据解剖经验，编著了对于解剖描述颇为详细的《医林改错》一书，对后世医家有相当的影响。

对外交流方面，西医学在16世纪至20世纪初这一阶段中，随着化学、生理学及显微镜的发明，更注重对人体的微观、形态学上的观察和量度，而忽略整体功能及临床的整体观察，这些均与中医学不同。清末，西方医学开始大量传入，我国医学界产生了中西汇通派，其中较为出名的医家是张锡纯，他历时多年，努力编著而成的《医学衷中参西录》对后人有极高的启示。但在整体上，中医学受社会发展和有关科学技术条件的限制，未出现像西方医学那样的变化，仍然保持着朴素的辨证观。

第二节　明清名医的故事及其智慧

一、医者中的杰士——张景岳

张景岳，本名介宾，字会卿，号景岳，别号通一子，浙江会稽（今浙江省绍兴市）人，明代杰出医学家。张景岳创立了温补学派，他善用熟地黄，人称“张熟地”“医术中杰士”“仲景以后，千古一人”。

张景岳生于明嘉靖四十二年（1563年），他自幼聪颖，家境富裕，祖上以军功起家，世袭绍兴卫指挥使，食禄千户。他从小就喜爱读书，广泛接触诸子百家的经典著作。张景岳的父亲张寿峰是定西侯门客，通晓医理，张景岳也跟着父亲学医。他13岁时跟着父亲来到北京，拜京城名医金英为师，开始真正接触中医。

张景岳性格豪放，受先祖以军功立世的激励，积极投身军旅生涯。但他当兵多年，并没有取得什么成就。恰逢家中道落，张景岳便解甲归隐，潜心于医道。后来，他医技大进，名噪一时，被人们奉为“仲景、东垣再生”。五十七岁时，张景岳返回南方老家，专心从事临床诊疗，著书立说。张景岳在明崇祯十三年（1640年）去世，终年七十八岁。

智救幼儿

据《古今医案按》记载，有一个刚满一岁的小儿误食铁钉，卡在喉间出不来。小儿母亲倒提其两足，想要倒出铁钉，哪知小儿反而鼻孔喷血。张景岳见了，让小儿母亲把小儿抱正，小儿当即“哇”的一声哭开了，张景岳便断定铁钉已入小儿肠胃。他记起《神农本草经》上有“铁畏朴硝”一句话，便想出一个治疗方案。他取来活磁石一钱，朴硝二钱，研为细末，然后用熟猪油、蜂蜜调好，让小儿服下。不久，小儿大便时解下一物，大如芋子，润滑无棱，药物护其表面，拨开一看，里面正包裹着小儿误吞下的那枚铁钉。

小儿父母感激不已，请教其中的奥秘。张景岳解释说，他使用的芒硝、磁石、猪油、蜜糖四药，相互联系，缺一不可。芒硝若没有搭配吸铁用的磁石，就不能吸附在铁钉上；磁石若没有搭配泻下用的芒硝，就不能逐出铁钉。搭配猪油与蜂蜜的主要目的是润滑肠道，使铁钉易于排出，蜂蜜还是小儿喜欢吃的调味剂。以上四药同功合力裹护铁钉，直至其从小儿肠道中排出来。

这个故事中，张景岳利用了磁铁和芒硝结合产生的副作用，导致小儿泄泻，从而使其排出铁钉。其实，在《神农本草经》中就有“勿用相恶、相反者”的记载。“铁畏朴硝”，实际说的就是药物作用中的“相反”。相反，指的是两种药物合用，可能产生毒性或副作用。“十八反”和“十九畏”即是说的此类药物关系。

十八反的药物有：甘草反大戟、芫花、甘遂、海藻；乌头（包括川乌、草乌、附子)反贝母(川贝母、浙贝母)、瓜蒌、天花粉、半夏、白蔹、白及;黎芦反人参、西洋参、丹参、沙参(南沙参、北沙参)、苦参、玄参、细辛、芍药(白芍、赤芍)。

十九畏的药物有:硫黄畏朴硝,水银畏砒霜,狼毒畏密陀僧,巴豆畏牵牛,丁香畏郁金,牙硝畏三棱,川乌、草乌畏犀角,人参畏五灵脂,肉桂畏赤石脂。

中医大夫在用药时候,都会遵循十八反和十九畏的规则。有医家还根据以上规则创作了两首歌诀:

十八反:本草明言十八反,半蒌贝蔹及攻乌,
　　藻戟遂芫俱战草,诸参辛芍叛藜芦。

十九畏:硫黄原是火中精,朴硝一见便相争,
　　水银莫与砒霜见,狼毒最怕密陀僧,
　　巴豆性烈最为上,偏与牵牛不顺情,
　　丁香莫与郁金见,牙硝难合京三棱,
　　川乌草乌不顺犀,人参最怕五灵脂,
　　官桂善能调冷气,若逢石脂便相欺,
　　大凡修合看顺逆,炮爁炙煿莫相依。①

六味回阳救老翁

据《景岳全书》记载,有一位七十多岁的老翁突然患了伤寒病,也就是如今所说的“外感病”。张景岳仔细地给他诊断,发现他的身体过于虚弱,没有力气将这寒邪排出去,于是就对他用了温补的药,来辅助他的正气。服药十天后,患者的正气开始慢慢充足(中医的术语叫“正气来复”),在这种情况下,他却突然开始打寒战了,而且这寒战打了整整一早晨,可他就是没有出汗。

按照一般的发病规律来说,先打寒战,然后出一身的汗,这邪气也就随

---

① “十八反”歌诀最早见于金代张从正所著的《儒门事亲》,“十九畏”歌诀最早见于明代刘纯所著的《医经小学》。

着汗排出去了。可这个患者打了一早晨的寒战也没出汗，而且还冷得厉害，对此，张景岳判断，这是正气仍然不足的表现。他思虑一番后，给患者开了六味回阳饮[1]，此方是在古方理中汤[2]的基础上进行加减而得。张景岳对古方活用，在古方的基础上，不但补阳，还兼顾补阴，所以用了熟地；不仅注重补气，还注重补血，所以就加了当归。

患者将药喝下去以后，果然不多久就开始大汗如雨，但是快到中午时，患者出汗还是很多，停不住，甚至开始有虚弱的表现。张景岳又命患者家属把刚才的药再熬一遍给患者喝，没过多久，患者的汗就止住了，神情也恢复了常态。

为什么治疗前后的变化这么大呢？张景岳解释说，其实，患者刚开始的无汗可发和后来的汗出不止都是正气不足造成的，正气稍微足了以后就开始发汗，但由于正气还没有完全充足，汗发出去后又无力收回，此时便还要接着补足正气。正气补足以后，就有能力把汗收回来，这样，患者就恢复了。

关于故事中所提到的正气，《素问·刺法论》中指出，“正气存内，邪不可干”。当人体正气不足，或正气相对虚弱时，往往无力抵抗外邪，卫外功能低下，那么邪气就可能会乘虚而入，导致机体阴阳失调，脏腑经络功能紊乱，引发疾病。故事中的这位患者便是因为年老体虚，正气不足，邪气乘虚而入，引发疾病，到了后期，又因为正气依旧不足，无法固摄汗液，出现了汗出不止的现象。

说到这里，就不得不提到中医所认识的“气”。中医认为，人体的气有四大作用：

第一，推动与调控的作用。人体的生长发育、脏腑经络的生理活动、精血津液的生成及运行、输布等，都要依靠气的推动作用。

第二，气分阴阳。阳气温煦，阴气凉润。阳气可通过气化产生热量，使人体温暖，消除寒冷。

第三，防御的作用。气既能护卫肌表，防御外邪入侵，也可以驱除侵入

---

① 六味回阳饮：当归、熟地、附子、炮干姜、炙甘草、人参。

② 理中汤：人参、白术、炙甘草、干姜。

人体内的病邪。因此，气的防御作用十分重要。

第四，固摄的作用。气对于人体内的血、津液、精等液态物质有固护、统摄和控制作用，可以防止这些物质无故流失，保证它们在人体内发挥正常的生理功能。

中毒反用温阳药

据《景岳全书》记载，北京城有个姓吴的参军误食毒蘑菇，上吐下泻，大夫用黄连、黑豆、桔梗、甘草、枳实等药给他治疗，结果他的症状更严重了，出现了胸部和腹部发胀的情况，同时开始气喘，连水都喝不下去。

张景岳为其诊断以后，开出了包含甘草、人参、白术、干姜、附子、茯苓等药物的药方。然而，由于此方中的药物多为温阳的补药，吴参军不免疑虑，并未服用，结果第二天病势更重了。张景第二次为其诊脉，又开出了同样的药方。吴参军无奈，只得服下，结果喝完一服药后，呕吐症状就减轻了。吴参军大喜，又喝了一付，结果腹胀也减轻了。随后，张景岳又在方子里加入了大剂量的熟地，嘱咐吴参军继续按时服药。吴参军遵照医嘱，服完二十多服药以后，身体就彻底痊愈了。

明明是中毒，用解毒药反而加重，用温补药却能痊愈，这是为什么呢？

对此，张景岳解释说，毒有不同，黄连、甘草并不是什么毒都可以解。令患者中毒的蘑菇肥白鲜嫩，一定是生长在深坑枯井里的，属于阴寒之毒，患者的症状也是阴寒证，因此热药就可以作为解毒药，黄连等寒凉药就变成了助毒药。要为患者解毒，关键看中毒的性质，患者中的是热毒，就用凉药；中的是寒毒，就用温热的药，这就是辨证施治。之前的大夫用固有思路，就不是辨证施治了，很难做到药到病除。

温阳救逆

据《景岳全书》记载，有一位姓倪的孝廉，四十多岁，经常熬夜。他脾胃虚弱，经常呕吐，每次碰到这种情况，都会来找张景岳治疗，每次恢复得也都很快。

一年夏末，倪孝廉连着熬夜几天，白天还要出去应酬，结果病情加重，开始吐血和泄血。每次吐出来的血都有手掌那么大一摊，有时是红色的，有时是紫色的，很是吓人。这位孝廉很是担心，于是就赶快找人去请张景岳来给自己诊病。

可是恰巧张景岳到别的地方出诊去了，倪孝廉就请了另一位比较有名气的大夫。这位大夫诊断过后，认为正值夏天，夏天属火，正是火气当令，而患者又是因为操心上火患的病，这两股火加在一起，才会使其出现吐血的症状。于是，这位大夫就为患者开了些清火的药，其中包括犀角、地黄、童便、知母等药材。

但是，倪孝廉用药后吐血更加厉害，体力明显减退，脉搏跳动更快了。开药的大夫见状吓坏了，认为倪孝廉已无法救治，说："脉搏跳动得这么快，你的体内该有多大的热啊！这么生猛的药我都用了，居然还控制不住。唉！不可为。"

倪孝廉的家人无比惶恐，又请来了外出归来的张景岳。张景岳诊完脉，为患者开了新的药方，其中熟地下行，治疗吐血；干姜、炙甘草、人参三药上行，治疗便血。张景岳只用这四味药，量特别大。倪孝廉第一次服药后没有什么反应，第二次服药，就感到往上呕的劲头减小了。

随后，张景岳修改了药方，其中有附子、炮姜各二钱，人参、熟地各一两，白术四钱、炙甘草一钱、茯苓二钱。倪孝廉黄昏服药后开始睡觉，一直睡到四更，再次服药，此时就不吐血了。

张景岳见患者病情好转，便改用温补药为其调理，十多天后，患者就痊愈了。

之前的大夫很是吃惊，询问张景岳原因。张景岳解释，之前是按照火证治疗，但患者实际并非火证，而是因为脾虚，气不足，导致气不摄血。如果再用寒凉之药，必然伤脾阳，导致病情恶化。

张景岳为什么用温阳药来治疗倪孝廉呢？因为他辨出患者是因脾阳虚导致气不足，不能摄血，才会吐血。张景岳认为，补脾阳才能治疗吐血，此时服用寒凉的药物，无异于雪上加霜，会加重患者的病情。

二、以温纠寒　——薛己

薛己，字新甫，号立斋，吴县（今江苏省苏州市）人，明代医学家。薛己自幼继承家训，精研医术，明正德元年（1506年）为太医院院士，九年为御医，十四年为南京太医院院判。他兼通内、外、妇、儿各科，在学术上能旁通诸家，可谓博学多才。薛己治学极为勤奋，有很多著作，除著有《外科枢要》《内科摘要》《女科撮要》《疠疡机要》《正体类要》《口齿类要》之外，还校订了《妇人良方大全》《小儿药证直诀》《明医杂著》《外科精要》等数十种医书。

薛己生活的年代，丹溪之学盛行，医家多重视寒凉降火，克伐生气，流弊由此产生。针对这种情况，薛己根据前人的经验及自己的潜心研究，自立一家之言，融东垣脾胃之说及王冰、钱乙肾命水火之说于一炉，重视先天、后天的辨证，治疗用药倡导温补，他的理论对后世温补学派的产生颇有启发。

薛己的学术观点，是在深入研究前人学术思想的基础上，结合个人临证心得总结而成的。他的学术思想主要强调两个方面：

第一，强调运用辨证论治的方法，以求疾病之本。薛己说："凡大夫治病，治标不治本，是不明正理也。"（《明医杂著》）

第二，强调人以胃气为本。薛己提出了"胃为五脏本源，人身之根蒂"（《明医杂著》）这一思想。

针药结合治喉疾

据《续名医类案》记载，甫田有一位史侍卫患了喉痹病，咽痒不适，红肿疼痛，吞咽不利。薛己诊断后又问了发病经过，为患者开了防风通圣散。可是患者咽喉疼痛难忍，牙关紧闭，吞咽困难，无法服药。薛己便用针刺患者的少商穴，挤出一些黑血，不一会儿，患者感觉疼痛稍有减轻，能张开嘴了，但咽喉还是红肿。薛己又命人拿来胆矾，让患者尽最大的努力把嘴张大，将胆矾轻轻吹进患者咽喉红肿的地方。不一会儿，患者又吐了很多痰，之后便感觉咽喉通畅了许多，能咽下东西了，薛己就让他口服之前开的药方。

为什么针刺患者少商穴后，患者就疼痛减轻，还可以张嘴了呢？

首先我们要知道少商穴在哪儿。少商穴是人体肺经最末的一个穴位，属手太阴肺经，位于人的拇指末端桡侧，指甲根角侧上方0.1寸处。

少商穴具有清肺利咽、开窍醒神的功效，为肺经之井穴，五行属性属木，其疏通、条达、开泄之作用较强，善清肺泻火，驱邪外出。针刺该穴可治疗外感风热郁遏肺经之咳嗽气喘，郁遏鼻、咽之咽喉肿痛、鼻衄。

这个故事中，薛己就是利用针刺少商穴治疗患者的咽喉肿痛，但并不是任何情况下的咽喉肿痛都可以这么治疗。中医讲究辨证论治，只有是阳证、热证的咽喉肿痛才可以用针刺少商放血以泻热祛风的方法治疗。

以茶治病

据《薛氏医案》记载，有一位老人，下腹部常常感到不适，很想解大便，然而又无法一泄为快，还会伴有剧烈的腹痛，很是痛苦。

老人请来多位大夫诊治，却都没有效果。诸位大夫在私下讨论的时候都很疑惑：患者肠胃不好，症状像痢疾，可又没有接触过痢疾病人，而且也没有红白相间的脓血便。大夫们商量再三，用了祛痰止痢的药物，患者服用后，依旧没有效果，还是腹痛。

大夫们见此情形，便向老人推荐了薛己。薛己仔细研究患者的病情，又询问了病史，便发现患者喜欢边喝酒边吃甜食，饭后还有再喝一杯牛奶的习惯。

薛己对患者说："您以后不能在饮酒的同时喝牛奶、吃甜品，这就是您得这个病的原因。我给您开个方子，照着吃，不几日便能痊愈。"说罢，薛己便请患者家人沏茶，然后令患者将茶水和茶叶一同服下。这样连服了几天，老人的病果然好了。

酒是辛散之品，而牛奶为酸性，有收敛固涩的作用，酒遇到牛奶，则使气机凝结。故事中，老人将酒和牛奶及甜食一同服用，导致食积在脾胃，无法消化，秽浊之气很难排出体外，就会觉得肚子胀得厉害。正如唐代名医陈藏器在《本草拾遗》中写的："米酒不可合乳饮之，令人气结。凡酒忌诸甜物。"

为什么茶叶可以治疗这种疾病呢？茶叶其实也是一味中药，它的功能是消食化积、利尿、解毒、涤热、去秽，又解炙煿毒、酒毒。茶叶味苦，酒的辛味与茶叶的苦味相遇，则会消散人体郁结的气机，使气机得以正常运行。

这里涉及了中药的四气五味。四气说的是药物的寒、热、温、凉四种特性。寒凉和温热是两种对立的药性，寒与凉、热与温之间只是程度的不同。另外，还有平性药物。一般寒凉药多具清热、解毒、泻火、凉血、滋阴等作用，主治各种热证。温热药多具温中、散寒、助阳、补火等作用，主治各种寒证。

五味指的是辛、酸、甘、苦、咸。药物的味不同，作用便不相同。辛味能散、能行，即发散、行气、行血，像解表药、行气药、活血药等，基本都有辛味；酸味能收、能涩，即收敛、固涩，具代表性的酸味药有固表止汗药、敛肺止咳药、涩肠止泻药、固精缩尿药、固崩止带药等；甘味能补、能缓、能和，即补益、和中、调和药性、缓急止痛，具代表性的甘味药有滋养补虚药、消食和胃药以及调和药性及缓解疼痛的药物；苦味能泻、能燥、能坚，即清热泻火、泄降气逆、通泄大便、燥湿、坚阴，具代表性的苦味药有清热泻火药、下气平喘药、降逆止呕药、通利大便药等；咸味能软、能下，即泻下通便、软坚散结、清热解毒、补肾，具代表性的咸味药有泻下通便、软坚散结、消散结块的药物。

吃羊肉治痈疽

据《薛氏医案》记载，上舍有位名叫蔡东的人，约五十岁，得了痈疽病（一种疮疡病），请了好多大夫，却都没有什么效果，病情越来越重，最后请到薛己来诊病。

薛己明确患者的病情后，为其开了些托里的药物，但直到冬天到来，患者的伤口依旧没有完全愈合，还是能看到溃烂的皮肤，而且开始咳嗽，薛己便再次前往诊治。他为患者诊脉后，说道："疮口一直没有愈合，这是脾气虚。冬天一直咳嗽不止，这是肺气虚，应当补益才对。"于是，薛己又为患者开了些补益的药物。患者吃了一段时间，疮口稍有愈合。

过了些日子，患者与薛己一同吃饭，宴席上摆满了牛肉、羊肉、猪肉等食物。细心的薛己发现患者从没有吃过羊肉，便劝说："羊肉有补益之功，可以补益虚弱病症，而您的病情就需要补益。虽常说痈疽患者不能吃羊肉等食物，但您的病偏偏就需要吃羊肉才能治疗呢！"听了薛己的话，患者从此开始每天都吃羊肉，半个月后，疮口果真完全愈合，也不咳嗽了。

其实，羊肉属于发物，患有发背痈疽一类皮肤病的患者不宜食用。据《素问·至真要大论》记载，“诸痛痒疮，皆属于心”，即大部分皮肤病是由火热之邪所致。而羊肉系大热之品，故皮肤病患者要忌食羊肉，否则会火上添油，加重病情。而在这个病例中，薛己明确告知患者不必忌食羊肉，这是为什么呢？

原来，羊肉味甘热，具有补中益气、开胃健身的功效，对治疗脾虚有益。患者咳嗽、肺气虚，而脾为肺母，虚则补其母。羊肉是血肉有情之品，能补形，故患者食用羊肉十余天，疮口收敛，咳嗽治愈。

其实，中医治病忌口也要讲究辨证论忌。我们不能单纯地仿效薛己用羊肉治疗蔡东的痈疽，还是要根据证候治疗。大部分的皮肤病都属于热性病，因此，在遇到皮肤病是否能食用羊肉的问题时，我们还是需谨慎的。

由以上几个病例，我们可以看出薛己医术的高明。他治疗病人不拘泥于古法，擅长运用多种治疗方法。他在治疗取法上遵循杂合以治的原则，针对不同的病人，能够采取不同的治疗方法。像咽喉肿痛的病人因为太过疼痛无法开口，不能吃药，薛己便换另一种方法，采用针刺放血治疗；再比如对牛奶和酒同饮的病人，薛己嘱其食用茶叶；对患有痈疽的病人，嘱其食用羊肉，这都是薛己在明确患者病情后，采用的治疗手段。

三、药圣——李时珍

李时珍，字东璧，号濒湖，湖北蕲州（今湖北省蕲春县）人，生于明正德十三年（1518 年），卒于万历二十一年（1593 年）。李时珍家世代为医，他的祖父是铃医[1]，父亲名闻，号月池，也是当地名医。

李时珍自小体弱多病，十四岁中了秀才后，三次考举人都落第了。于

---

① 铃医即走方郎中，行医之时身负药箱、手摇串铃，成年累月地于村市街巷往来奔走，为百姓除灾治病，有着丰富的治疗经验。

是，他放弃了考科举做官的打算，专心学医，没过几年就成为很有名望的大夫。三十八岁时，李时珍被武昌的楚王召去任王府奉祠正，兼管良医所事务。三年后，他又被推荐上京任太医院判，但只任职一年便辞职回乡。

在这十几年中，李时珍阅读了大量古医籍，经过临床实践，发现古代的本草书籍中存在众多问题，如许多毒性药品在古籍中竟被认为久服可以延年。于是，他决心重新编纂一部本草书籍。

李时珍读了大量医书，家藏的书读完了，就利用行医的机会向豪门大户借书看。后来，他进了武昌楚王府和北京太医院，读的书就更多了，他自述“长耽嗜典籍，若啖蔗饴”（《本草纲目》）。清代文学家顾景星在《李时珍传》里也赞他“读书十年，不出户庭，博学无所弗窥”。李时珍不仅读了八百余种医书，而且看过不少历史、地理和文学名著以及辉煌的经史巨作，这些书籍让他掌握了许多真实、有用的医药学知识，帮助他纠正了前人在医药学上的谬误。

历经千辛万苦，终成本草巨著

李时珍在读医书时，发现许多书中药名混杂，并没有写清楚药物的形状和生长情况。例如药物远志，陶弘景说它是一种小草，像麻黄，但颜色青，开白花；宋代的马志却认为它像大青，并责备陶弘景根本不认识远志。又如狗脊，有的书中说它像萆薢，有的说它像拔葜，有的又说它像贯众。类似的情况很多，李时珍时常思考该如何解决这一难题。在父亲的启示下，李时珍认识到读万卷书固然需要，行万里路更不可少。于是，他穿上草鞋，背起药筐，在徒弟庞宪、儿子李建元的陪伴下，远涉深山旷野，遍访名医宿儒，搜求民间验方，观察和收集药物标本。

据《李时珍传》记载，李时珍每到一地，就虚心向当地的采药人、农民、捕鱼人、樵夫、猎人等求教，这些人也热情地帮助李时珍了解当地的药物。比如，治病常用药芸薹的外形，《神农本草经》说不明白，各家注释也搞不清楚。李时珍问了一个种菜的老人，在他的指点下观察了实物，才知道芸薹实际上就是油菜。这种植物，头一年下种，第二年开花，种子可以榨油。于是，这种植物的性状便在李时珍的《本草纲目》中一清二楚地描述出来了。

李时珍非常注意观察药物的形态和生长情况。如蕲蛇，即蕲州产的白花蛇，这种药有医治风痹、惊搐、癣癞的功用。李时珍早就关注蕲蛇，但他最开始观察到的是蛇贩子捕获的蛇，内行人提醒他，那是从江南兴国州山里捕来的，不是真的蕲蛇。那么真正的蕲蛇又是什么样的呢？他请教一位捕蛇人。捕蛇人告诉他，蕲蛇牙尖有剧毒，人若被咬伤要立即截肢，否则就会中毒死亡。蕲蛇治疗上述诸病有特效，因之非常贵重，州官逼着群众冒生命危险去捉，以便向皇帝进贡。蕲州那么大，其实只有城北龙峰山上才有真正的蕲蛇。

为了亲眼观察蕲蛇，李时珍置危险于度外，请捕蛇人带他上了龙峰山。那里有个狻猊洞，洞周围怪石嶙峋，灌木丛生，缠绕在灌木上的石南藤举目皆是。蕲蛇喜欢吃石南藤的花叶，所以生活在这一带。最终，李时珍在捕蛇人的帮助下，亲眼见到了蕲蛇，并看到了捕蛇、制蛇的全过程。有了这样深入实际的调查，后来他在《本草纲目》中写到蕲蛇时，就得心应手，说得简明准确。他描述，蕲蛇的形态是“龙头虎口，黑质白花、胁有二十四个方胜文，腹有念珠斑，口有四长牙，尾上有一佛指甲，长一二分，肠形如连珠”，并讲明蕲蛇多生活在石南藤旁，以食用石南藤上的花草为生。人们因知道了蕲蛇的特性，所以很容易就能捕获它。

李时珍并不满足于走马观花式的调查，而是仔细对着实物进行比较核对，弄清了不少古籍中记载得似是而非、含混不清的药物。当时，太和山五龙宫产的榔梅，被道士们描述成吃了可以长生不老的仙果。他们每年采摘榔梅进贡皇帝，严禁其他人采摘。李时珍不信道士们的说辞，经亲自研究，发现它的功效跟普通的桃子、杏子一样，能生津止渴，是一种变了形的榆树果实，并没有特殊功效。

又如鲮鲤，即穿山甲，是常用的中药。陶弘景说它水陆两栖，白天爬上岸，张开鳞甲，装出死了的样子引诱蚂蚁进入甲内，再闭上鳞甲潜入水中，开甲让蚂蚁浮出，然后吞食蚂蚁。为了了解陶弘景的说法是否正确，李时珍亲自上山观察穿山甲。他在樵夫、猎人的帮助下捉到了一只穿山甲，从它的胃里剖出了一升左右的蚂蚁，证实穿山甲食蚁的说法是对的。但在观察中，他发现穿山甲食蚁的方式是破开蚁穴舔食，而不是诱蚁入甲，下水吞食。李时珍肯定了陶弘景对的一面，纠正了其错误之处。

李时珍在研究药材的时候，总是先参考各类本草书籍，查看诸家论著的异同，再用自己观察的结果加以验证。如《神农本草经》中只记载了枸杞的名字，并没有说明药用部位，《药性论》说枸杞甘平，子、叶皆同，《名医别录》说它根大寒，子微寒，《本草衍义》说枸杞是梗皮，而李时珍说："窃谓枸杞：苗、叶，味苦甘而气凉；根，味淡气寒；子，味甘气平，气味既殊，则功用当别。此后人发前人未到之处也。"李时珍经过研究，在批判继承的基础上推陈出新，这种精神，在其写作《本草纲目》的过程中始终如一。

李时珍在研究中药的时候非常重视实践，他广泛地向劳动人民学习，注意观察。如他见车夫用旋复花治跌打损伤，遂肯定其益气续筋、补劳损之功；从猎户口中得知虎骨有强志壮神的功能；从菜农处明确芸薹即油菜；从工人处学得预防采矿中毒之法……山人、渔翁、农夫、皮匠、猎户等，都是他的老师，使他从调查研究中获益匪浅。

李时珍经过长期艰苦的实地调查，搞清了关于药物的许多疑难问题，于万历戊寅年(1578 年)完成了《本草纲目》的编写工作。全书约有 190 万字，52 卷，载药 1892 种，与同类古籍相比新增药物 374 种，载方一万多个，附图一千多幅，是我国药物学的空前巨著。其中，纠正前人错误甚多，在动植物分类学等方面有突出成就，对其他有关学科(生物学、化学、矿物学、地质学、天文学等)也有贡献，还记载了来自天竺、大食、南洋等地及由梵文、佛经中得到的医药知识。达尔文称赞《本草纲目》是中国古代的百科全书，李时珍则被后世尊为"药圣"。

初时行医，险酿大错

据传，李时珍刚开始行医时，遇到一个患者高烧不出汗，头痛得厉害，李时珍诊断他患的是伤风病，认为应该先让他发汗。他让患者在吃药之前先煎些生姜水喝，然后裹紧被子睡一觉，出出汗，以减轻病痛。李时珍准备离开时，患者又问他患了伤风是否可以吃鱼，李时珍看到患者家里挂着一条乌鳢鱼，就笑着说："用生姜煮乌鳢鱼吃无妨，只要发了汗就行。"

不料，病人吃了生姜煮的乌鳢鱼后，瞳孔变大，脸色变白，舌头打结，喘气不匀。李时珍的父亲听说这件事，抓起几样草药就和李时珍赶到病人家中。李父令患者煎服了解毒的草药，等病情好转，再煎服治伤风病的草药，只三天工夫，患者就能起床干活了。

后来，李父告诉李时珍，生姜煮乌鳢鱼能使人中毒。①

为什么李时珍令患者用生姜煮水发汗呢？生姜味辛，性微温，归肺、脾、胃经，具有解表散寒、温中止呕、温肺止咳、解毒的功效，常用于风寒感冒、脾胃寒证、胃寒呕吐、肺寒咳嗽、解鱼蟹毒。

生姜可以解鱼蟹毒，且海鲜属于寒凉之物，过多食用会导致体内寒邪深入，而生姜性温，可以发散寒邪，因此人们吃海鲜的时候都会搭配一些姜。但生姜并不是所有的鱼蟹毒都能解，像乌鳢鱼，与生姜一同服用就会产生大毒。

生姜还可以治疗胃寒导致的呕吐。将生姜切片，热水冲泡成生姜水喝下，就能止呕；如果呕吐不止无法饮用，可以将生姜切片，含在嘴里。如果幼儿手脚发凉，可以将生姜切片或切沫，放入温热的水里为其泡脚，泡到后背微微有汗出即可。时间久了，幼儿体内的寒邪就会去除，手脚就不会再像之前那样凉了。

蜈蚣解剧毒

一天，李时珍在河边散步，看到邻居捞了一只红色的甲鱼，他告诉邻居，这种甲鱼叫“化骨丹”，毒性很重，不可吃。到了晚上，李时珍放心不下，再次前往邻居家嘱咐不可吃甲鱼。第二天，邻居告知李时珍：“李大夫，你说的确实对，那只甲鱼真的有毒。昨天晚上我把它煮着吃了，到了半夜，就觉得心里燥热，口干舌燥，全身冷汗淋漓，哆嗦不止。我下床喝了杯水，当时还一边想：完了我真的中毒了，幸好老婆孩子不在家，要不然我们一家人都要因为我贪图小便宜而死。可不一会儿工夫，我突然就没事了。”

李时珍很疑惑：一杯水能化解甲鱼的毒性吗？他问邻居：“你晚上喝的什么水？”邻居说：“我喝的就是凉茶水。”为了一探究竟，李时珍去了邻居家。

---

① 参见叶贤恩：《李时珍全传》，湖北科学技术出版社2012年版。

他查看了邻居用的茶杯，发现杯底居然浸泡着一条蜈蚣。见此场景，李时珍想到了《名医别录》中利用蜈蚣的毒性截风攻毒的论述，决定亲自验证。经过几次验证和观察，他终于确定了蜈蚣以毒攻毒，疏风活络的作用，并详细记录了下来。①

其实，很多医学知识的获得往往都源于偶然。故事中，李时珍的邻居吃了有毒的甲鱼，又误喝泡了蜈蚣的水，才得以幸存。这一点被细心的李时珍发现，并将其研究、整理为医学知识，这也是他能够成为大医的必然条件。

蜈蚣喜栖于潮湿阴暗的地方，它的毒腺能够分泌大量毒液，由毒腺口注入被咬者皮下而使其中毒。它的毒素不强，会使被咬者疼痛，但不会致命。被蜈蚣咬伤会出现什么症状呢？小蜈蚣咬伤，会发生局部红肿、疼痛；热带型大蜈蚣咬伤，可导致淋巴管炎和组织坏死，有的伤者整个肢体出现紫癜，有的可见头痛、发热、眩晕、恶心、呕吐，甚至膻语、抽搐、昏迷等全身症状。如果被长江流域的红头黑身黄脚蜈蚣咬到手，咬伤处会很快产生剧烈疼痛，一般 2 小时内肘关节处、3 小时内腋窝处开始剧烈疼痛，4～5 小时胸口隐隐作痛。不过不用担心，这种蜈蚣咬伤一般不会有生命危险，4 天后症状就会渐渐消失。

被蜈蚣咬伤后，伤者应立即用肥皂水清洗伤口，可在伤肢上端 2～3 厘米处用布带扎紧，每 15 分钟放松 1～2 分钟，伤口周围可用冰敷，也可以用鱼腥草、蒲公英捣烂外敷，有全身症状者应速到医院治疗。

蜈蚣能解毒，所以也是一味中药。它辛，温，归肝经，具有息风镇痉、通络止痛、攻毒散结的功效，可以用于治疗肝风内动、痉挛抽搐、小儿惊风、中风口歪、半身不遂、破伤风、风湿顽痹、偏正头痛、疮疡、瘰疬、蛇虫咬伤。

辨漏篮子，解救铃医

据《蕲州志》记载，有一次，李时珍跟随父亲外出采药，路过蕲州一富豪家，见一铃医正被责罚。李父上前询问，方知是因铃医开方后，患者病情加重。李父查阅铃医所开药方，发现并无不妥之处，便令管家取出煎药的罐

---

① 参见王剑等主编：《世界文化名人李时珍》，上海科学技术文献出版社 2001 年版。

子，命李时珍倒出药渣辨认。果然，李时珍发现药渣里有毒性很大的虎掌，药方上却没有。李父道："铃医方中有漏篮子这味药，其别名叫"虎掌"，而天南星也有相同的别名，错就出在这里了。"

《神农百草经》上记载的漏篮子别名"虎掌"，但真正的虎掌是天南星科的一种。两种具有不同药性、不同功效的药，却用了同一个名字，使得药铺按药方取药时常常出差错。

铃医药方里的"漏篮子"到底是什么药物，有什么功效呢？

漏篮子生于山地草坡或灌木丛中，味辛，性热，归脾经，有温中散寒、生肌排脓、祛湿止痢、消风疗疮的功效，可以治疗恶痢、冷漏疮、恶疮、疠风。

虎掌则属于天南星科，多生于山地、丘陵、林下、草丛等处阴湿肥沃的土壤中，其味苦、辛，性温，有毒，归肺、肝、脾经，有祛风止痉、化痰散结的功效，主要治疗中风痰壅、口眼歪斜、半身不遂、手足麻痹、风痰眩晕、癫痫、惊风、破伤风、咳嗽多痰、痈肿、瘰疬、跌打麻痹、毒蛇咬伤。通过它们的性味归经和功效不难发现，它们并不是一味药，而是不同种类、不同功效的药物。

茶叶解毒

据《李时珍全传》记载，李时珍为掌握各种草药的功能，每逢发现新草药，都要放入口中品尝，然后详细记录感受。有一次，李时珍尝了一种草药，导致满身肿胀，走路蹒跚，便知草药有毒。他迷迷糊糊地扯住身边灌木的枝条，嚼枝上的叶片，嚼着嚼着，便昏昏沉沉地睡着了。过了不知多久，李时珍醒来，发现身上的肿胀已消退，不适感荡然无存。他高兴极了，细看那丛灌木，发现是一丛茶树，心想茶叶可能具有解毒的作用。

为了验证自己的想法，李时珍再次吃下那有毒的草药，不一会儿，他的腿脚又肿了起来。他摘下一把茶叶嚼碎咽下，静静地坐了一个时辰，果然肿胀渐渐消退，全身再无痛苦感觉。后来，李时珍又经过多次试验，终于得出茶可化解药性的结论。

饮茶是人们日常生活的爱好，中医学认为，茶苦而寒，属阴中之阴，主沉主降，最能降火，所以饮茶水也有防中暑的作用。

火为百病之源，火降了，上部就清了。但火有虚实之分，年轻体壮胃口又好的人，大部分心、肺、脾、胃火盛，常饮茶对其有益。如果是虚寒及血弱的人，饮茶过多或过久，就会导致脾胃恶寒，元气损伤，脾土不制水，精血亏虚，形成痰饮或者出现痞胀，甚至会出现四肢肌肉萎缩或者疼痛，身体也会逐渐消瘦。

和蜈蚣能解甲鱼毒一样，茶叶解毒也是偶然被发现的。茶叶也是一种中药，可以治疗疾病。茶，以叶、子、根入药，叶春夏秋均可采集、焙制，根全年可采。茶叶的功效主要为强心利尿、抗菌消炎、收敛止泻，根据部位的不同，药性也不同，其中，叶苦、甘，微寒，可用于肠炎、痢疾、小便不利、水肿、嗜睡症，外用可以治疗烧烫伤；子苦，寒，有毒；根苦，平，可用于肝炎、心脏病性水肿。

小　结

济世救人、仁爱为怀是古代医家遵循的传统准则。李时珍在医疗实践中深感大夫的社会责任重大，以“仁济天下”为己任。他读书学习很精，每每学有所得，得而能用，用有所悟。《本草纲目》中，共有 1023 条药物发明的内容，这些发明均是李时珍通过研究式学习和实践所得，是《本草纲目》最重要的精华之一。

李时珍被后世尊为“药圣”，撰写《本草纲目》花费了他一生的心血。为了确定中药的性味功效，他亲自尝百草，不怕牺牲，这种严谨的态度和勇于奉献的精神，激励着一代又一代的医学人士不断探索，不断进步。

四、进士从医　——王肯堂

王肯堂(1549～1613 年)，字宇泰，一字损仲，号损庵，自号念西居士，金坛人。王肯堂出身于官宦之家，祖父王皋是进士出身，任过知府，迁山东按察副使；其父王樵也是进士出身，官至刑部侍郎、右都御使。明万历十七年(1589 年)，王肯堂中进士，选为翰林检讨，官至福建参政；万历二十年(1592

年)，他因上书直言抗倭，被诬以“浮躁”降职，遂称病辞归；1606年，他被补为南京行人司副；1612年，转任福建参政。他曾授翰林院检讨，参与国史编修。

王肯堂交游甚广，他与缪仲淳友谊颇笃，与来华传教士利玛窦探讨过历算。他在学术上有开明的思想，兴趣很广泛，曾与郭澹论数纬，与董其昌论书画，与曾柏大师论参禅，这对他丰富知识结构，开展医学研究是有益的。

王肯堂因亲人生病开始学医。他的妹妹曾生重病，经过多名大夫医治无效，后来经过他的精心调治才痊愈。后来，他的家里经常有很多来找他瞧病的人。父亲王樵认为这样会耽误王肯堂的科举之业，便劝诫他不要再行医。他从政之后，因屡屡上谏抗倭而不被采纳，愤然称病，辞职回乡，才得以再次学医、行医。他一边治疗百姓的疾病，一边编著医书，历时11年，编成《证治准绳》。《证治准绳》共有44卷，分伤寒、杂病、类方、外、儿、妇等六科，全书采摭丰富，条理分明，流通较广，是集明代以前医学之大成的不朽巨著。

王肯堂在《证治准绳·疡医》中，对许多外科疾病的记载内容水平之高，令人留下了深刻的印象。这与利玛窦对他的影响不无关系，如他对人体骨骼形状和数目的描述，就受到了西洋解剖学的影响。他在著作中记载了公元1587年由一售羊毛的妇人为源头的紫泡疔(炭疽病)的流行，对炭疽病的传染途径和患者全身症状及局部症状、体征、预后等都作了相当科学的论述。他对麻风病、梅毒、性病也进行了比较确切的论述。在外科手术和医疗技术方面。王肯堂记述了肿瘤摘除术、甲状腺切除术、治疗肛门闭锁症的肛门成形术、耳外伤缝合再植术、骨伤整复手法等，并对这些手术的消毒方法、手术步骤和护理技术都进行了十分详细的描述。他还是我国首先记述男性乳腺癌的医学家。

眼科方面，王肯堂在他的《证治准绳》中收载了眼科病症193种，凡现代用肉眼检查能见到的疾病，几乎都罗列在其中。他是世界上最早记载色盲的医家。他对角膜溃疡从发病到发展、转归、预后、痊愈和后遗症，都有详细描述，认识极为准确，为前人所不及。更令人叹为观止的是王肯堂对眼底出血的生动描述，他在没有任何辅助检查的情况下，把眼底病的自觉症状和征象进行了详尽的描述，把眼底出血的动态过程描绘得淋漓尽致，为眼底疾病诊断治疗的发展做出了很大贡献。《证治准绳》中关于眼科的记载被近现代中医眼科学家认为具有划时代意义。

《证治准绳·幼科》共有9卷，撰于万历三十五年(1607年)，书中从胎疾起介绍儿科的各种病症，列证详细，方论兼备，详细描述了王肯堂诊治小儿疾病的过程。王肯堂既重视诊察指纹三关，又不忽视其他诊法，如望诊等。对于小儿疾病中常见的急、慢惊风，王肯堂也有一套有效的方法。

《证治准绳·女科》共有5卷，撰于万历三十五年(1607年)，是根据宋代陈自明的《妇人大全良方》以及明代薛己的注释和各家之说，结合王肯堂自己的经验写成的，其中论述了胎、产、经、带等症。

王肯堂可以说是一位全面发展的医学家，他的医学成就和对医学的贡献非常大。他在从医生涯中总结的临证经验、撰写的医学著作是宝贵的医学财富，他的医学成就仍需我们进一步整理和发掘。

作为名医，关于王肯堂的医学故事也很多。

巧施妙招，员外女病愈

据传，某年秋天，儒林镇一员外之女外出观景赏菊后，突然莫名其妙地全身出疹，遍体红肿，呕吐不止，呼吸困难，四肢麻木。医生们用尽方药，但患者没有半点好转，不久便气若游丝。患者家属听说王肯堂医术高超，便请他来诊治。

王肯堂仔细望、闻、问、切，又对患者外出的经过询问再三后，吩咐人移一床铺搁于堂中，将患者平放于床上，然后关紧所有门窗，命人买来螃蟹，在堂内备一堆炭火，其上悬挂加水铁锅，将螃蟹放入锅中盖紧，点燃炭火。

很快，锅中的螃蟹便被煮熟，变得通红，冒出了一股扑鼻的香味。王肯堂并不急于为患者治疗，却开始吃螃蟹。他将剥下的螃蟹甲壳顺手放在炭火上焚烧，顿时，紧闭门窗的客堂里烟雾缭绕，弥漫起一股浓浓的焦臭怪味。如此将近一个时辰过去，躺在堂中床上的患者慢慢转醒，症状也减轻了。

有人对王肯堂“古怪”的治疗方法不解，求问其详，王肯堂答道：“患者是在外出赏景时，染了严重的花粉过敏症，只需用新鲜的螃蟹甲壳焚烧，以烟熏之，即可对症而消，一时半刻便除。”①

故事中的病症主要是由花粉颗粒引起。花粉直径一般为30～50微米，携带能引起过敏的抗原决定簇，它们在空气中飘散时，极易被人吸进呼吸道内。有花粉过敏史的人吸入花粉后，会产生过敏反应，这就是花粉过敏症。花粉过敏症的主要症状为打喷嚏、流涕、流眼泪，鼻、眼及外耳道奇痒，可伴有呼吸困难或荨麻疹、湿疹，严重者还会诱发气管炎、支气管哮喘、肺心病（多发在夏秋季）。

以现代医学的观点来看，花粉之所以会引起人体过敏，是由于花粉内含有丰富的蛋白质，其中某些蛋白质成分是导致过敏的主要致敏原。有花粉过敏史的人在发病季节尽可能不要到野外去，最好居于室内，并关闭门窗，以减少室外致敏花粉的进入。如果对蔬菜、果类过敏，应避免进食。目前，临床上对过敏患者多使用抗组胺药物，如氯苯那敏、阿司咪唑、开瑞坦等。抗组胺药物可以暂时解决过敏症状，但是无法改变过敏发生的病根。在过敏原的刺激下，过敏介质仍会不断释放。所以，过敏患者经抗组胺药物治疗恢复后，症状仍会反复发作。

中医认为，过敏是风邪侵袭导致，治疗原则是祛风散邪。王肯堂焚烧螃蟹甲壳，以烟熏患者，就是利用了其能够散风邪的作用。其实，螃蟹壳不仅可以治疗过敏症，还具有良好的止血、止痛作用，对血崩以及血崩引起的腹痛有很好的治疗作用；能解毒消肿，对蜜蜂蜇伤、冻疮也有很好的治疗作用；能清热散结、益气养阴、破瘀消积，可以用于腰腿疼痛、风湿性关节炎以及结核病等多种常见病的治疗。另外，蟹壳的干燥粉末还可以调敷止血、冲服补血。

不辞辛苦，小方救孕妇

据《灵兰要览》记载，有个商人的妻子正在妊娠期，在季节交换的时候，染上了温病。她的症状主要是头痛发热，不恶寒，但是口渴，她的家人都误以为这是妊娠病，就没有重视。孕妇自己也认为怀孕期间不太适合服药，担

---

① 参见蒋凤娇：《百年百部故事经典　同在屋檐下》，四川人民出版社2014年版。

心影响腹中胎儿的健康，因而没有及早请大夫治疗。谁知过了不久，孕妇的病情加重了很多，导致了流产，她自己也因为失血过多几次昏迷，气息微弱，十分危急。商人一连请了好几个大夫，在听了病情后，都表示无能为力，几经波折后，才终于请到了王肯堂上门诊治。

王肯堂仔细向商人询问病人的情况，经过把脉后，对商人说："不必惊慌，这种病的治法其实很简单，如果能早些医治，胎儿也完全可以保住。"王肯堂说完后，走到桌前写好了药方：麦门冬一斤，淡竹叶一小把，淡豆豉适量，共煎水，频饮之。他又反复叮嘱商人一定要让患者及时服药，解释说待患者服药之后全身出汗，就会安然无恙，届时只需加强营养便是。不出王肯堂所言，患者服药之后不久，果然全身大汗，神志也清醒了许多，又经过二十多天的调养，身体就完全康复了。

王肯堂在得知多位大夫不应诊的情况下依然为患者诊治，不怕给自己招来麻烦，这足以体现王肯堂心系病人的医者仁心。

每逢春夏之交，气温升高，万物繁茂，易使人出现身体上的不适，其中最常见的就是因风寒和风热所引起的病症。这在现在看来很平常，以如今的医疗条件，我们也很快就可以恢复。可在王肯堂所处的年代，很多百姓连温饱也保证不了，加上缺医少药，简单的小病也会酿成不治之症，甚至使人失去生命。

故事中，患者头痛发热，不恶寒，这是感受风热之邪，传化入里的表现；出现口渴，则是热证灼伤阴津的表现。本来，这只是简单的感受风热之邪，入里伤津的病症，但由于患者及家人不重视，没有及时医治，造成了阴津进一步被耗伤。所谓津血同源，当津液被消耗太过后，血液也无法化生，就会导致阴血不足，无以充养胎儿，使胎儿发育不善。又有血气同源之说，阴血不足就会气虚，气虚则无以推动血行，更加重了阴血供养胎儿的不足。同时，患者气虚，就会丧失对胞胎的升提之力，最终导致流产。

王肯堂所开的药方中，麦门冬、淡竹叶、淡豆豉旨在清热生津，皆为清轻之品。其中，麦门冬的功效为养阴生津、润肺清心，可用于肺燥干咳、虚痨咳嗽、津伤口渴、心烦失眠、内热消渴、肠燥便秘、咽白喉等症，它甘寒质润，具阴柔之性、滋阴之功，善于清养肺胃之阴雨润燥，又可清心经之热而除烦，是一味滋清兼备的补益良药，可入丸、散，或熬膏，或泡茶饮服。王肯堂用麦门冬一斤，旨在增加养阴生津之功。

淡竹叶具有清热除烦和利尿的作用，可用于热病烦渴、小便赤涩淋痛、口舌生疮等症，王肯堂将其加入方中，目的是增加清热之力。

淡豆豉具有解肌发表、宣郁除烦的作用，主治外感表证、寒热头痛、心烦、胸中烦闷、口舌生疮、虚烦不眠，凡外感表证，无论风寒、风热均可应用，但效力较弱，故常与其他解表药配伍使用，方中所用是为了增加清热除烦之力。

王肯堂嘱咐患者煎好药后多喝几次，也是为了增加补阴津、去烦热的效果。正是本着这种滋阴清热的治疗思路，患者才得以痊愈。

知己缪希雍

缪希雍是与王肯堂同时代的名医，据《先醒斋医学广笔记》记载，他义肝侠胆，如果听说谁有危急病痛，往往毫不犹豫地承诺诊治，所以朋友也特别多。王肯堂与缪希雍相识于万历七年(1579年)的白下(今南京)，那时缪希雍三十三岁，王肯堂三十岁，两个人一见如故，成为知己。

有一次，两人畅谈时，王肯堂看到缪希雍从袖子里拿出东西放进嘴里咀嚼，奇怪之下便开口相问。缪希雍告知，他吃的是资生丸①，具有调理脾胃的功能，饥饿的人服用后会解饿，吃饱的人服用后会消食。王肯堂问缪希雍药方组成，缪希雍毫不犹豫地将方子写下来送给了王肯堂。王肯堂拿来方子一看，不禁拍案称奇。

一天，王肯堂与朋友饮酒，酒足饭饱以后却不敢睡觉了。因为吃得太饱后立刻睡觉，是很伤脾的。怎么办呢？王肯堂突然想到缪希雍之前给的资生丸，便服用了两丸，喝了点儿水睡下了。第二天早晨起来，他一点积滞的感觉都没有，便对这个方子特别信服，并把它作为父亲的常用药。

---

① 资生丸：人参三两(可用党参)、白术三两、茯苓一两半、陈皮二两、山楂肉二两、炙甘草五钱、炒山药一两五钱、炒黄连三钱、炒薏苡仁一两半、炒白扁豆一两半、白蔻仁三钱五分、藿香五钱、炒莲子肉一两五钱、泽泻三钱半、桔梗五钱、芡实一两五钱、炒麦芽一两，研成粉末，做成药丸。

资生丸流传至今，应用非常广泛。它的药方里，补脾阳的药有人参、白术，补脾阴的药有山药、白扁豆、莲子肉，利湿的药有茯苓、薏苡仁、泽泻；其中的陈皮行肺气，使得补而不壅；麦芽、白蔻仁、藿香开胃气，使得药物能够进入脾经胃经，走的是气分；山楂也是开脾胃的，但它走的是血分；黄连可以清掉脾胃中的浮火；芡实是一味收敛的药，可以防止薏米等药物利湿太过；桔梗是升清阳之气的，和方子里利湿的药物互相配合，升清降浊。这个方子里面，阴阳、补泻、升降都齐了，着实是考虑周全，对于脾胃系统的调治非常有好处。缪希雍并没有将这个药方藏起来，而是毫无保留地告诉王肯堂，足见其为人大度，也能从侧面体现王肯堂的人格魅力。

王肯堂和缪希雍不仅惺惺相惜，还互相帮助。一次，缪希雍生病，发热不止，他把病症当作外感来治疗，服用了辛凉解表之药，但是没有效果，反而使病情沉困之极，殆将不支。王肯堂见到缪希雍，给他把脉、看舌苔，问其诊治过程，然后便说道："缪兄你搞错了，这不是外感，这是瘀血啊。"王肯堂为缪希雍开了治疗瘀血的药物，缪希雍吃完药，当天就退热了，第二大，泻下了许多黑色的大便，然后便病愈了。

什么是瘀血发热呢？

造成瘀血的原因有很多，或跌打损伤失治、瘀血内积，或外伤留连内结成瘀，或忧思气郁成瘀，或久病内伤、久痛入络成瘀。凡瘀血停积于体内，气血郁遏不通，化热而引起的发热，都称之为瘀血发热。瘀血发热的主要症状为午后或夜晚发热，口干咽燥不多饮，体内常有固定刺痛或肿块，甚则肌肤甲错、面色黧黑或萎黄，舌质紫暗或有瘀斑、瘀点，脉细涩。

五、御医黄药师——黄元御

黄元御（1705～1758 年），名玉璐，字元御，一字坤载，号研农，别号玉楸子，是清代著名医学家，也是尊经派的代表人物。黄元御是乾隆皇帝的御医，乾隆曾亲书"妙悟岐黄""仁道药济"，以褒奖其学识，概括其一生。黄元御继承和发展了博大精深的中医学理论，对后世医家影响深远，被誉为“黄药师”“一代宗师”，他还是清军四川军医馆——久真堂的祖师爷，当时的人们将黄元御与诸城名医臧枚吉并称“南臧北黄”。

黄元御出生在一个世代簪缨的书香门第，自幼深受家学影响。清雍正二年(1724 年)，黄元御即考中邑庠生。但在雍正十二年(1734 年)黄元御三十岁时，因用功过勤，他左眼罹患眼疾，并因大夫的误治彻底失明，彻底断送了仕进之路，因为在当时的科举制度下，五官不正，是不准人仕的。

当地名医、黄元御的好友刘太吉劝黄元御学医。黄元御在哀痛之余，发愤立志“生不为名相济世，亦当为名医济人”，走上了弃儒从医的道路。凭着深厚的文化功底，又得到刘太吉认真传授，黄元御苦读历代中医典籍，浸淫数年，终有所成，开始悬壶济世。

黄元御学医是从研读张仲景的《伤寒论》开始的，之后，他又研读了《金匮要略》《黄帝内经》《难经》等中医典籍。他奉黄帝、岐伯、扁鹊、张仲景等四人为“医门四圣”，发现“四圣”之书错简零乱，传注谬误，便立志对“四圣”之书从源到流重加考订，还其本来面目，好为后世流传正确的医学典籍。乾隆二年(1737 年)，黄元御着手撰写《素灵微蕴》，乾隆五年(1740 年)九月，该书完稿，全书共四卷，二十六篇，黄元御在其中首次提出了“培植中气，扶阳抑阴”的诊病理论。

据《雪堂医语》记载，乾隆十五年(1750 年)，黄元御行医到北京，正好遇到皇帝病重，太医院与京城名医都束手无策。当时，宫中有人深知黄元御的医术高超，便推荐了他。黄元御为皇帝诊治之后，皇帝很快康复。皇帝大喜之下，便命黄元御进入太医院做御医。乾隆十六年(1751 年)二月，乾隆皇帝南巡，黄元御奉诏侍从，沿途一直为人治病，效果很好。皇帝感佩黄元御的学识渊博，亲书御匾“妙悟岐黄”。黄元御在太医院任职期间，医术日益精湛，治愈了许多王公贵族的疑难杂症，晚年更是著书立说，为中医学的发展做出了诸多贡献。

乾隆二十二年(1757 年)，黄元御在行医、著述生活中因过度劳累，身体中虚，渐成重症，抱病回到故里。乾隆二十三年(1758 年)，黄元御溘然长逝，归葬新郭祖茔，时年五十四岁。乾隆皇帝得知黄元御过世的消息后深感痛惜，亲书“仁道药济”四个字，缅怀其一生。

久真堂祖师

据《四圣心源》记载，乾隆十七年（1752 年），杂谷土司苍旺为乱，四川总督策楞、提督岳钟琪奏请平乱。鉴于第一次金川之战时，大批清军水土不服、疾病缠身，致使战斗力低下、伤亡惨重的情景，乾隆皇帝认为军士病症皆是经络不通，正气不足造成，所以找御医黄元御署理川军军医馆久真堂，提供解决将士水土不服的方剂。

临危受命的黄元御仔细了解了藏区的气候，研究了高原缺氧、高寒的情况以及流行的伤寒、咳嗽，结合宫廷秘方，使用御药房中治疗肺病、咳嗽最好的药材，搭配藏区的虫草、贝母、红景天等名贵药材，秘制出各类使人强健体魄、提高免疫力、抗高原低氧环境的膏、丹、丸、散，供清军携带服用，以应对低氧、伤寒、咳嗽、倦怠等病症。最终，清军大获全胜，黄元御也受到了乾隆皇帝的嘉奖。

出狠招施救外孙

据《雪堂医话》记载，黄元御的外孙小时候出水痘，病情危重，他的女儿带孩子来找他求治。黄元御诊察一番，告诉女儿没有办法，让女儿带外孙回家。女儿无奈，只好顶着炎炎夏日驾骡车带孩子返回，中途突遇倾盆大雨，全身都淋得透湿，便又返回黄元御家。

此时天色已晚，但黄元御依旧站在门外，打着灯笼等候女儿归来。待女儿抱着孩子下了车，黄元御对女儿说：“孩子有活下来的机会了！这种病，内热已经到达了极点，如果不用这种方法，就不能挽救他的性命。我早就观察了这几天的天气情况，知道今天中午过后必会有大雨，便想了此办法。”女儿听了这话，幡然醒悟，知道了父亲的用心良苦。黄元御说完，便将孩子接到屋内，为孩子把脉开方。孩子吃药后不久，果然水痘透发出来，又坚持喝药调理一段时间，便痊愈了。

黄元御为什么要在外孙病重之时，让女儿顶着大热天带孩子回家呢？

原来，黄元御深知外孙的水痘发不出来，是因为内热不够，如果单纯地给孩子口服中药难有疗效。其实，治疗水痘的最佳方法就是待患者发出水痘，再口服汤药。炎热夏日，加之下雨，闷热异常，使患者体内之热达到极盛，正是促使发痘的极佳时期。由此也可以看出黄元御对于病情的准确把握。

水痘是什么样的疾病呢？

水痘多发于婴幼儿和学龄前儿童，成人发病症状比儿童更严重，在古代是一种严重的疾病，如果治疗不当、不及时，很有可能会要了患者的命。水痘是由水痘-带状疱疹病毒初次感染引起的急性传染病，主要以发热及皮肤和黏膜成批出现周身性的红色斑丘疹、疱疹、痂疹为特征，冬春两季多发，传染力强。水痘患者是唯一的传染源，自发病前1～2天至皮疹干燥结痂期均有传染性，接触或飞沫吸入均可传染，易感儿发病率可达95%以上。该病为自限性疾病，患者病后可获得终身免疫，一般不留瘢痕，但如合并细菌感染，则会留瘢痕。

水痘患者在发病24小时内出现皮疹，皮疹先发于头皮、躯干受压部分，呈向心性分布，最开始为粉红色小斑疹，迅即变为米粒至豌豆大的圆形紧张水疱，周围明显红晕，中央呈脐窝状。黏膜亦常受侵，见于口腔、咽部、眼结膜、外阴、肛门等处。

水痘的潜伏期为12～21日，平均14日，起病较急，年长儿童和成人在皮疹出现前可有发热、头痛、全身倦怠、恶心、呕吐、腹痛等前驱症状，年幼儿童则皮疹和全身症状同时出现。

如何判断患者是否患上了水痘呢？

其实，根据病史和皮疹特征就不难作出诊断，必要时还可做实验室检查明确诊断。判断的关键在于确认患者病前2～3周是否有与水痘或带状疱疹患者的密切接触史，其次是患者的症状，即是否发热与皮疹（斑丘疹、疱疹）同时发生，或无发热即出疹。另外，还要观察皮疹是否呈向心性分布，是否以躯干、头、腰处多见。实验室检查可发现，水痘患者的白细胞计数正常或稍低，淋巴细胞相对增高。

得了水痘，该怎么治疗呢？

要隔离患者，直到其全部皮疹结痂为止，一般不少于病后两周。隔离时，患者的生活起居也要注意，包括注意消毒与清洁，注意定时开窗，注意退烧，注意病情的变化，避免用手抓破疱疹等。

巧方疗怪病

据《黄氏医书十一种》记载，有一钱姓农民积劳成疾，出现咳嗽、咳痰的症状，严重时会吐出血来。患者家人告诉黄元御，患者吐血的颜色很深，呈紫黑色，里面夹杂着血块。另外，患者还有头痛的症状，一会儿寒，一会儿热，听到声音容易惊恐，容易忘事，厌食，身体没有力气，腹泻，便溏。

黄元御仔细地为患者把脉、瞧了舌苔，便对他的病情了然于胸。他对患者说："钱大爷，您别急，这病看似严重，其实并不重。我给您开上方子，让您家人去药铺买药，喝些日子就能好。"寒暄之后，黄元御便带着徒弟离开患者家。

徒弟非常不解，问黄元御："师父，我看钱大爷的病情很重，病情很是复杂，为什么您对他说喝些日子的汤药就能好呢？"

黄元御对徒弟说："钱大爷因为着急地里农活，导致心火上炎，从而出现失眠、健忘的神志病；又因为肺气虚弱，不能宣降，导致咳嗽、咳痰等肺气病；还有肾水下寒，导致遗精；肝气郁结，肝木克脾土，导致吐血。中气一衰，则百病丛生。钱大爷的症状虽然复杂多端，但都是因为中气不足导致。因此，我选用温中燥湿降逆之法，方中用了茯苓、甘草、半夏、丹皮、牡蛎、桂枝调治。方子虽小，但是贵在巧妙。茯苓、半夏旨在健脾宁心、祛湿降燥，丹皮旨在清热凉血，牡蛎有镇静安神之效，桂枝则用其发汗解表、助阳化气之功，佐以甘草，补脾益气、调和诸药。钱大爷服用三服后，便能开始好转。"

果不其然，钱大爷连续服药一个多月后，疾病就痊愈了。

黄元御不仅对皇帝细心诊治，对于平民也会细心诊治，不会因为患者是农民而轻视。正如《大医精诚》中说的："若有疾厄来求救者，不得问其贵贱贫富，长幼妍蚩，怨亲善友，华夷愚智，普同一等，皆如至亲之想。"这就是身为"大医"所应有的风范。

六、宗经法古——徐大椿

徐大椿，又名大业，字灵胎，号洄溪老人，江苏吴江县人，生于清康熙三十二年(1693年)，卒于乾隆三十六年(1771年)，享年79岁，后人一般称其为徐灵胎。徐大椿出生在书香之家，家里存了很多书籍，但他淡泊功名利禄，对于八股文不屑一顾，反而对经学和医学产生了兴趣，后来，他走上了行医济世的道路，成为我国历史上少有的中医批评家。

徐大椿家人多病，他的三弟患痞病，四弟、五弟相继不治而亡，父亲也因悲伤得病，终年医药不绝。他深深感到医学的重要，感慨于庸医误人，于是愤而学医。他把家藏的几十种医书拿来读，时间一长，也就明白其中的医理了。从他开始学医，到之后的五十余年中，经他批阅的书有千余卷，泛览的书有万余卷。据《苏州府志》记载，他好读黄、老与阴符家的书，对星经、地志、九宫、音律、刀剑、技击、勾卒、嬴越之法，没有不通晓的，对于医学更是进行了深入研究。

徐大椿很是强调“学古”，对古法推崇备至，有宗经法古的思想。但是，他并非食古不化，相反，还有疑古的精神，敢于批评前人的得失。他读古书坚持“掇其精华，摘其谬误”的原则，往往把读过的书重加整理注释，节其冗，取其要，补其缺，正其伪。

徐大椿精勤于学，平生著述非常多，其中大多是他的评论，如《难经经释》《医学源流论》《神农本草经百种录》《医贯砭》《兰台轨范》《伤寒类方》等，均被后学奉为金科玉律。他治学态度严谨，一丝不苟，往往十年“磨一书”。他在《难经经释·序》中说，他研究医学十余年，乃注《难经》；又十余年，才注《本草》；又十余年，才作《医学源流论》；又五年，才著《伤寒类方》。写《伤寒论类方》时，他已满六十七岁，完稿后又钻研七年，改稿五次，才彻底编著完成。

徐大椿曾两度奉诏赴京。首次为乾隆二十五年(1760年)，他直言质朴，得乾隆帝嘉赏，皇帝原拟将其留职京师，但他坚辞，故放归隐居画眉泉；第二次是在乾隆三十六年(1771 年),此时他年已七十九岁,自知不久于人世,遂携子徐爔同行,到京后三日去世,死前自拟墓前对联:“满山芳草仙人药,一径清风处士坟。”

作为清代名医,徐大椿的医学故事也是颇多的。

温阳之法救毛介堂

据《洄溪医案》记载,有一年夏天,天气尤其炎热,江南之地更是热得让人难以忍受,人在太阳下走一段路,仿佛都能被热昏过去。有个叫毛履和的商人跟徐大椿是朋友,他的儿子毛介堂因为暑热而病,脸色发红,小便也发红,大汗不止,身上发热很厉害,但是脉搏十分微弱,四肢冰冷。这种病在中医理论里是归入温病的范畴内的,患者家人一连请了好几个大夫,也都按温病来治疗,却都没有效果,于是,他们便请来了徐大椿。

徐大椿见到毛介堂后,经过一番仔细的望、闻、问、切,明确了病情。毛履和在旁说道:“前面的大夫都判断是热证,并且一直都在使用清热的药物,但没有什么效果。可是他们的诊断确实没错啊,这么大热的天儿,当然是热病了。”徐大椿听完后,对毛履和说:“的确是暑病,但是你儿子的阳气马上就要消失了,应该赶快用人参、附子之类的温热药物来回阳救逆,否则就回天乏术了!”

毛履和听了,面露疑色,徐大椿便道:“这是温病没错,可是温病也有变证,病情变化了,药物也要随之变化。”果然,一服药喝下去,毛介堂的汗就止住了,四肢也暖过来了。徐大椿又调换了方药,最后用了十天的时间,毛介堂便痊愈了。

从故事中患者的症状可以看出,他的病确实属于温病,是感受了暑邪,其典型表现为发病急、变化快、变证多,除发热外,同时伴有心烦、口渴、尿黄赤、舌红、脉数等证,常见的变证有斑疹、吐衄、便血、痉厥、神昏等。其他大夫用清热药,也是按照当时温病学派的用方,看起来并没有什么错误,但是都忽略了一点:患者汗大出、四肢寒凉、脉微欲绝,这是典型的气随汗脱,亡阳证。

亡阳证是什么呢? 就是指人体内阳气极度衰微而欲脱,失却温煦、固摄、推动之能，临床表现为以冷汗淋漓、汗质稀淡、神情淡漠、肌肤不温、手足厥冷、呼吸气弱、面色苍白、舌淡而润、脉微欲绝等为主的危重证候。

徐大椿在经过仔细的望、闻、问、切之后，更是明确了这点。他判断在这种情况下，患者不应该继续服用清热的药物，而应该回阳固脱、温补阳气，便让其服用人参、附子等药。

人参性味甘、微苦，平，归脾、肺、心经，可大补元气、复脉固脱、补脾益肺、生津、安神，用于体虚欲脱、肢冷脉微、脾虚食少、肺虚喘咳、津伤口渴、内热消渴、久病虚羸、惊悸失眠、阳痿宫冷，临床应用包括：急救、治疗心血管系统疾病、治疗胃肝疾病、治疗糖尿病、治疗神经衰弱、治疗阳痿等。现代药理学研究发现，人参中的有效成分对人的神经系统具有双向调节作用，可防治因缺氧引起的急性、慢性高原病，提高人的脑摄氧能力和抗高原缺氧能力，具有抗疲劳的作用，可提高机体的适应性，影响物质代谢，增加抵抗力，抗休克。目前，人参的提取物在临床应用十分广泛。

附子是中药中的“回阳救逆第一品”，可回阳救逆、补火助阳、散寒止痛，治阴盛格阳、大汗亡阳、吐痢厥逆、心腹冷痛、脾泄冷痢、脚气、水肿、小儿慢惊、风寒湿痹、踒躄拘挛、阳痿宫冷、阴疽疮漏及一切沉寒痼冷之疾。现代研究发现，附子能增强人的心肌收缩力，加快心率，增加心输出量，增加心肌耗氧量；可以扩张血管，增加血流，改善血液循环；有升降血压的作用。附子的回阳救逆功效主要是以强心抗休克作用为基础，它的煎剂对急性炎症模型有明显抑制作用。

徐大椿正是在精通理法方药的基础上，才能准确使用回阳救逆的中药来及时治疗毛介堂的亡阳证。后来，徐大椿在医案里记录了他诊断的依据：“苟非脉微足冷，汗出舌润，则仍是热证。”即如果患者发汗后，舌苔仍然是湿润的，就是热证。

莱菔子巧救公子

据《宋元明清名医类案》记载，苏州城里有一位公子，因偷窃家中财物被父亲责打，然后就生病了。公子的家人请徐大椿为他诊治，徐大椿问道：“公子的病具体是什么症状呢？”其家人回答：“刚开始有点儿像感冒，然后精神不振，身体沉重。先前的大夫开了大补之药，方子里面每天都有人参三钱，结果病不但没好，身体还硬得像尸体一样。”

徐大椿诊完脉，又按了按患者的身体，发现他浑身上下有许多痰核，分布在皮肤里、肌肉外，有大有小。于是，徐大椿便为患者开了些极其平淡的清火安神药，并向患者家人嘱咐道：“我有一瓶药粉，在煎好汤药后，请将药粉取出适量给少爷冲服。”

徐大椿走后，患者按方服药，三天后就可以讲话，一个月后就可以正常走动了。后来，有人问起患者汤药里加的粉末究竟是何物，徐大椿说：“那是萝卜籽（即中药莱菔子）。”①原来，患者身上的痰核是因长时间误服人参，使痰邪②凝结而成。在服用莱菔子半年后，患者全身的痰核才开始消失。

什么是痰核呢？

痰核指的是人皮下肿起如核的结块，多由湿痰流聚而成。结块多少不一，不红不肿，不硬不痛，用手触摸，如同果核状，软滑而能移动，一般不会化脓溃破。痰核大多生于人的颈、项、下颌部，亦可见于四肢，肩背，生于身体上部的多兼风热，生于身体下部的多兼湿热。故事中，患者浑身上下都有痰核，必是热证无疑，所以徐大椿为其开了清热安神的药物。徐大椿认为患者身上的痰核就是过量服用人参，造成体内积热而成，同时，过分的滋补造成患者脾弱不运，使湿痰结聚于皮下。

因此，徐大椿令患者停止服用人参，在开的药方的基础上加上莱菔子以助药力。莱菔子具有消食除胀、降气化痰的作用，可用于饮食停滞、脘腹胀痛、大便秘结、积滞泻痢、痰壅喘咳，入脾、胃、肺经，临床多用于治疗实（食、湿、积滞）证。朱丹溪谓莱菔子治痰，有“冲墙倒壁之功”（《丹溪心法》），意其力大。

遇庸医误治痢疾

据《洄溪医案》记载，徐大椿好友张雨亭的亲戚患了痢疾，病情很严重，

---

① 参见徐衡之、姚若琴：《宋元明清名医类案》，湖南科技出版社 2006 年版。

② 痰邪是中医界的特殊概念。中医称人体内不正常的黏稠液体为痰，与人平时吐的痰不同。

请来徐大椿诊治。徐大椿为患者诊脉之后，告诉其家属："这是热毒蕴结于肠中，应当用黄连、阿胶等药来调治。"他开出药方，并对患者家属叮嘱一番。而患者服药后，果然也很快就感觉肚子不再那么痛了。

等到第二天复诊，徐大椿即见患者神清气爽，面有喜色。他在诊完脉后又开了方子，叮嘱患者按时服用，又约好隔一天再来复诊。谁料天有不测风云，到复诊的日子，忽然来了狂风暴雨，无法乘船，而患者家离徐大椿家较远，需要渡河才能到达。待到雨停，徐大椿赶到患者家中，却遭患者家属一顿呵斥。

徐大椿百思不得其解，请好友张雨亭打听事情原委。张雨亭告知徐大椿，原来那天暴雨，徐大椿未去，患者请了当地的其他大夫。大夫说患者阳虚，不能解毒，就开了人参、干姜等药补阳。结果患者服药后，口干得像要冒火一样，特别想吃西瓜，大夫却说：痢疾吃西瓜必死；患者想喝口凉水，大夫也坚决不给喝。最后，患者说要取井水漱口，漱口时喝了一半，然后果然病情加重，号呼两日而死。

后来，徐大椿在记载这个医案的时候总结："近日治暑痢者，皆用《伤寒论》中治阴寒入脏之寒痢法，以理中汤加减，无不腐脏惨死，甚至有七窍流血者，而医家病家视为一定治法，死者接踵，全不知悔，最可哀也。"

故事中的患者患有湿热痢，是热毒蕴结肠中。中医认为，痢疾是因外感时行疫毒，内伤饮食而致邪蕴肠腑，气血壅滞，传导失司，以腹痛腹泻，里急后重，排赤白脓血便为主要临床表现，是一种具有传染性的外感疾病，分为湿热痢、疫毒痢、寒湿痢、虚寒痢、休息痢。痢疾是最常见的肠道传染病之一，一年四季均可发病，但以夏秋季节最多，可散在发生，也可形成流行，无论男女老幼，对本病多相染易，儿童和老年患者常因急骤发病、高热惊厥、厥脱昏迷而导致死亡，故须积极防治。中医药对各类型痢疾有良好的疗效，尤其是久痢，在辨证的基础上，采用内服中药或灌肠疗法，常能收到显著的效果。

现代医学认为，痢疾是志贺菌属(痢疾杆菌)引起的肠道传染病，是由志贺菌经消化道感染人体后，引起结肠黏膜的炎症和溃疡，并释放毒素入血，临床表现主要有发热、腹痛、腹泻、里急后重、黏液脓血便，同时伴有全身毒血症症状，严重者可引发感染性休克和(或)中毒性脑病。

徐大椿根据自己的诊断，为患者开了黄连、阿胶等药煎汤服用。黄连的功效为清热燥湿、泻火解毒，可用于湿热痞满、呕吐吞酸、泻痢、黄疸、高热神昏、心火亢盛、心烦不寐、血热吐衄、目赤、牙痛、消渴、痈肿疔疮等症，还可外治湿疹、湿疮、耳道流脓，为治疗湿热泻痢的要药，单用亦有效。徐大椿考虑到患者血痢时间久会耗伤阴血，损伤正气，还给患者服用了阿胶。阿胶具有补血滋阴、润燥、止血的作用。徐大椿认为患者属于湿热痢疾，清热解毒实属首位，但是阴血耗伤也当滋补，故选用黄连、阿胶之品，使患者的病情有了极大的缓解。然而患者后续请的大夫误诊，认为患者阳虚，便用了人参、干姜等补阳的药物，实则加重了病情。后来，患者又喝了凉水，更是使本来就脆弱的胃肠负担加重，最终不幸身亡。

庸医误治噎嗝，好友命丧黄泉

据《洄溪医案》记载，徐大椿的朋友朱亭立身体一直不太好，便请徐大椿前来诊治，他对徐大椿说："我一直呕吐，时发时愈，时吐不止，现在已经有三天粒米不下了。别的大夫都说我患的是膈证[①]，难以救治，药都不开就走了。"徐大椿为朱亭立诊脉后说："这是翻胃证，不是膈证。翻胃证是痰火上逆，膈证是胃腑干枯。"说完，他为朱亭立开了半夏泻心汤加减的方子，并向朱亭立家人嘱咐道："我用的是医圣张仲景的方子，熬药方法是有讲究的，要用十分的水，煎熬成六分后把药渣倒掉，剩下的再煎成三分，就可以了。每次喝的量是一分，每天喝三次。"

过了几天，徐大椿再来出诊的时候，见到朱亭立精神多了。他根据朱亭立的症状，稍稍修改了药方，嘱咐其继续服用。再过了些日子，朱亭立就恢复到了健康时的状态。

后来，有一次徐大椿偶遇朱亭立，两人聊天时，朱亭立对徐大椿说："我遇到了一位杭州的名医，他说我的身体虚，必须服用人参、附子等温阳的药物。"徐大椿深觉不妙，问："那你服用了吗?"朱亭立说："服用了。服了之后

---

① 膈证：中医界四大重证之一，与现代医学所说的食道癌、胃癌类似。

我感觉身体强壮了很多，胃口也大开，能吃东西了。"徐大椿说："此乃助火以腐食，元气必耗，将有热毒之害啊！"朱亭立却并未听徐大椿的话，两个多月后，就吐血而亡了。

对此，徐大椿痛彻心扉，感慨道："十年幸活，殒于一朝，天下之服热剂而隐受其害者，何可胜数也！"

故事中，朱亭立患上的很有可能就是现代医学所说的食道癌或胃癌。徐大椿为了减轻朱亭立的心理负担，便安慰他说是翻胃证。翻胃证的一般表现为食后脘腹闷胀、宿食不化、朝食暮吐、暮食朝吐，多由饮食不节、酒色伤害或长期忧思郁怒使脾胃功能受损，以致气滞、血瘀、痰凝而成。至于朱亭立所得的病，中医称为"噎膈"，是指食物吞咽受阻或食入即吐的一种疾病，多见于高龄男性。噎与膈有轻重之分，噎是吞咽之时，哽噎不顺，食物哽噎而下；膈是胸膈阻塞，食物下咽即吐。噎可单独出现，是膈的前驱症状，而膈常由噎发展而成，临床常将噎膈并称。噎膈多由忧思恼怒、饮酒嗜辛、劳伤过度而起，导致肝郁、脾虚、肾伤，形成气郁、血瘀、痰凝、火旺、津枯等，是由一系列病理变化所致。

徐大椿根据朱亭立的病情开的半夏泻心汤，是张仲景《伤寒杂病论》中记载的药方，用来治疗中焦寒热错杂、气机逆乱所导致的心下痞但满而不痛，或呕吐、肠鸣下利、舌苔腻而微黄。该方在现代常用于急慢性胃肠炎、慢性结肠炎、慢性肝炎、早期肝硬化等属中气虚弱、寒热互结者。就这样，经过徐大椿的治疗，朱亭立在平稳的身体状态下存活了多年。但不幸的是，朱亭立碰到了庸医，不明轻重地用了人参、附子这类温阳的药物。正如徐大椿所说：助火以腐食，元气必耗。果然，只两个多月，本来的平稳就被破坏了，朱亭立也最终丧命。后来，徐大椿在临床中不断地遇到这种悲剧，他不再迷信医书，开始批判其中的不足，并针对此著了很多书。

巧方治顽疾

据《清代名医医案选读》记载，松江有位王夫人，素有血证①，身体一直不

① 血证是指由多种原因引起的火热熏灼或气虚不摄，致使血液不循常道，或上溢于口鼻诸窍，或下泄于前后二阴，或渗出于肌肤，这类出血性疾患统称为"血证"，此处指吐血。

好，后来又患了外感病，一直咳喘，越来越重，找了好几个当地的大夫也治不好。因为病情，王夫人无法卧床，只能日夜靠门框而坐，时间一久竟不能自己坐住了。王夫人的家人请了当地名医法丹书，治疗了几天，依旧没有效果，便又请来了徐大椿。

徐大椿对患者诊察一番后，觉得很奇怪，因为患者的症状就是小青龙汤证①，喝一服药就能好，法丹书为什么不用呢？他见法丹书使眼色，就随其来到外堂。法丹书说："小青龙汤里有麻黄、桂枝等热药，血证怕热药，若患者的血证是因为热证所引起的话，稍微用点热药，血就可能吐得更厉害。"

徐大椿答："您说的对。我们急则治其标，缓则治其本，若更喘数日则立毙矣。"法丹书接着说："若我给患者治血证，用滋补的药慢慢调理，这个病谁都知道不好治，患者去世了也和我没关系。可外感病是急症，我用一点猛药，患者去世了，这就是我的责任。"

徐大椿听明白了法丹书的意思，说："原来您考虑的是自己的利益，是怕担责任。"法丹书说："我是行医的人，不能犯错误。你若处理不好，恐怕也会与我有牵连。"徐大椿说："如果患者服药后有任何危害，我自己承担便罢，先生不要阻拦。"

于是，徐大椿为患者开了小青龙汤，患者喝完药，就感觉呼吸通畅了许多，能够卧床睡觉了，然后徐大椿又为患者调血证，用了养胃、滋阴的方子，慢慢地把患者治愈了。

故事中，徐大椿根据急则治其标，缓则治其本的原则，先用小青龙汤为解表剂，然后为患者调理血证。小青龙汤，具有辛温解表、解表散寒、温肺化饮之功效，主治外寒里饮证，临床用于治疗慢性阻塞性肺气肿、支气管哮喘、急性支气管炎、肺炎、百日咳、过敏性鼻炎、卡他性眼炎、卡他性中耳炎等属于外寒里饮证者。

其实，徐大椿给我们的启发不仅仅有医学方面，还有做人的准则方面。

---

① 小青龙汤是《伤寒杂病论》里的方子，治疗内有水饮，外感风寒的病症。张仲景在书中总结了小青龙汤对应的症状，只要出现，就说明身体处于可以用小青龙汤的阶段，这在中医界叫"汤证对应"。张仲景的方子有个特点，只要汤证对上了，则治疗效果立竿见影，经方不过三。

如果我们做事首先考虑自己的利益，就会有很多争名夺利、斤斤计较、患得患失的情绪出现，做事就会受到很多阻碍，明明知道该去做，都不去做了。但是如果我们立下志向为大家做事，“小我”就消失了，只剩“大我”在心里，即把众生的利益和自己的利益结合起来。这样，我们做事才能真正放开手脚，怎么努力都不为过，怎么努力都值得。

徐大椿的健康之道

徐大椿自幼体弱，因而非常重视体育锻炼。他年少时曾熟读先秦诸子，对《吕氏春秋》中提到过的“流水不腐，户枢不蠹，动也。形不动，则精不流，精不流则气郁”深信不疑，并且落实到了自己的行动上。他年少的时候曾学习各种武艺，身体矫健，力大无比。他行医时，步履轻快，四肢灵活，思维敏捷，头脑机灵，直到晚年都身心俱健，这一切与他长期坚持体育锻炼是分不开的。

另外，他还反对滥服补药。他认为，人们一贯贪服贵重补药以求防病、长生，这种做法是错误的。而很多大夫为了向患者讨好和献媚，也专门开贵重的补药，这种行径简直就是故意欺骗和残害人，是不可取的。

七、叶半仙——叶天士

叶桂（1666～1745 年），字天士，号香岩，别号南阳先生，吴县（今江苏苏州）人。叶天士是清代著名医学家，四大温病学家之一，祖籍安徽歙县，其高祖叶封山从安徽歙县蓝田村迁居苏州，居上津桥畔，故叶天士晚年又号上津老人。时人提起江南名医叶天士，均称赞他有手到病除的本事，连康熙皇帝也感激他治好了自己的搭背疮，曾御笔亲题“华佗再世”的匾额赐给他。

叶天士的父亲叶阳生，医术精湛，但不到五十岁就去世了。叶天士少时继承家学，父亲去世后，便开始行医应诊，赚钱补贴家用。他非常好学，一边行医，一边学习其他医家的长处，不断地增强自己的医学本领。

叶天士擅长治疗时疫和痧痘，是中国最早发现猩红热的人。他在温病学上的成就尤其突出，是温病学的奠基人之一。在清乾隆时期，江南地区出现了一批以研究温病著称的医者，他们以叶天士为首，总结前人的经验，突破旧理论，开创了治疗温病的新途径。

叶天士编著的《温热论》，可以说为我国温病学说的发展提供了理论和辨证基础。他首先提出“温邪上受，首先犯肺，逆传心包”(《温热论》)的论点，根据温病病变的发展，将其分为卫、气、营、血四个阶段，作为辨证施治的纲领。在诊断上，他发展了察舌、验齿、辨斑疹、辨白瘖等方法。清代名医章虚谷高度评价《温热论》，说它不仅是后学指南，而且弥补了张仲景所著医书的残缺，功劳很大。

但稍有遗憾的是，叶天士接诊的伤病患者特别多，他日日忙于诊治病人，以至于没有时间编书立著。他留下的医学著作，全部都是由门人和后人搜集、整理而来，包括《温热论》《临证指南医案》《未刻本叶氏医案》等。

梧桐叶巧治难产

据《临证指南医案》记载，有一位与叶天士同乡的陈郎中，四十多岁了妻子才怀孕，他十分细心呵护。妻子怀胎十月，基本上都是在软榻上度过的。到分娩时，产妇就遇到了难产，挣扎了两天，孩子依旧没有生出，陈郎中无奈，只好请来叶天士。

叶天士诊察一番，果断地说：“人参三钱，熬粥两碗，送服十全大补丸两丸。”说完，他又对孕妇说：“还需你亲自去院中捡三片梧桐叶，水煎，顿服。”

陈郎中在旁听了，立刻反驳：“怎能让如此弱不禁风的人到院里去取梧桐叶？会受风的，我去取吧。”叶天士却说：“必须夫人亲自去取，才能有效果。”陈郎中见状，只好搀扶着气息微弱的夫人，缓慢移步到院子里取梧桐叶。

见产妇已经下地，叶天士便对陈郎中道：“还得针刺合谷、三阴交。”

事毕，产妇喝下药粥和梧桐叶汤，过了一会儿，便再次腹痛起来。陈郎中按照叶天士所指点的穴位对产妇进行针刺，不一会儿，产妇便产下了孩子。

相似的案例在明代的《复斋日记》中也有记载。在这个案例中，陈夫人中年怀孕，全家人都悉心照料，她长时间躺卧在软榻上，很少下地行走，严重缺少运动，这也是导致难产的原因之一。叶天士让陈夫人去院中弯腰拾起梧桐树叶，是为了让陈夫人活动一下，顺顺胎气，就是通过运动促使局部肌肉活动收缩。尤其弯腰的动作更是能够对腰腹部核心肌群特别是腹横肌、腹直肌等起到刺激作用，通过肌肉收缩、运动的力量调整胎儿在子宫中的位置，从而促使胎儿被产出。

叶天士所开药材中，梧桐叶可入药，秋天落下的梧桐叶具有肃降之气，辅助药粥可以大补元气，并且可以催生。人参可以大补元气、复脉固脱、补脾益肺、生津、安神，多用于体虚欲脱、肢冷脉微、脾虚食少、肺虚喘咳、津伤口渴、内热消渴、久病虚羸、惊悸失眠、阳痿宫冷、心力衰竭、心源性休克。对产妇用人参，不仅仅是为了大补元气，更是利用了人参的补气行气之妙，达到气旺统摄血液的目的，可防止产妇大出血，且气旺则血行，也有助于生产。佐以米粥，一是为了提供营养，使产妇生产可有气力；二是为了使产妇固养脾胃之气，培补后天之本。十全大补丸为气血双补剂，具有温补气血的功效，可用于气血两虚、面色苍白、气短心悸、头晕自汗、体倦乏力、四肢不温、月经量多等症。叶天士给产妇服用十全大补丸，就是为了气血双补。

叶天士还让陈郎中针刺产妇的合谷、三阴交两穴。为什么选择这两个穴位呢？

合谷穴，属手阳明大肠经，在人的手背第一二掌骨间，当第二掌骨桡侧的中点处；或以一手的拇指指骨关节横纹，放在另一手拇、食指之间的指蹼缘上，当拇指尖下是穴。阳明经多气多血，此穴是阳明经之原穴，又位于关口，是调理人体气机之大穴，通过调气，以达理血活血，通经止痛之效，故可用于治疗妇产科各种气血不和之疾患。三阴交穴是足部的三条阴经，也就是足太阴脾经、足少阴肾经、足厥阴肝经交汇处，位于小腿内侧，踝关节上三寸，刺激该穴可起到健脾益血、调肝补肾的作用。一般来说，孕妇是禁止针刺合谷、三阴交的，容易引起堕胎。陈夫人难产，叶天士便选择针刺这两个穴位。采用补合谷，泻三阴交的方法，不仅止痛，还可以滋补肝脾肾的气血，推动血行。

综合来看，叶天士先嘱产妇弯腰，使其调整胎位，再借助人参、米粥、十全大补丸之力，促使其生产。但叶天士认为这些方法仍不足以生效，便加以针刺，可以说是妙笔添花。

治疗皇帝的搭背疮

据《临证指南医案》记载，有一年，康熙皇帝外出巡查民情，途中一连好几天都是阴雨连绵，天气潮湿，便开始感觉左肩疼痛。太医为其诊断，认为他是因劳损受寒而引起疼痛，为他贴了膏药，然而并没有什么效果。后来，他背上的疮开始溃烂，太医束手无策，只得去请叶天士。

叶天士来到皇帝面前，只见皇帝肩膀上的疮已经溃破，面积有铜钱大小，边缘高起，周围泛着黄色，中间溃破的部分上面附着一层暗红色的腐肉，创面周围红肿高突，不由得皱了皱眉头，问："这疮，想必时日已久了吧？"

皇帝答道："到今天已经七日有余了，请问要怎么治才能好呢？"

叶天士说："实不相瞒，您患上的是搭背疮，疮已经溃烂，吃药扎针已经没有用了。只能开刀，将创面上的腐肉全部削去，然后敷上去腐生肌的药粉，才能够恢复。"

皇帝思索一番，同意了叶天士的方法。于是，叶天士从诊疗箱中取出小刀，将小刀在灯上仔仔细细烘烤一番过后，便开始为皇帝剔除腐肉。没过一会儿，原来腐肉遍布的创面上便流出了新鲜的血液。叶天士从诊箱中取出药粉，轻轻敷在创面上，又为皇帝包扎一番，完成了治疗。

此后几日，皇帝的疮面渐渐收敛、结痂，又过了一段时间，疮疾便彻底好了。皇帝非常高兴，对叶天士说："感谢先生治好了我的疮。请问先生有何喜好？"叶天士推辞一番后，答说偏爱字画，便见皇帝哈哈大笑，挥墨写下"华佗再世"四个大字，送给叶天士。

康熙皇帝的搭背疮是怎么得的呢？

皇帝在巡查的途中遇上阴雨连绵的天气，难免心生烦躁，燥生内热，而此时气候过于湿润，必是湿热内蕴，久之发为疮疡。叶天士在最初仔细听取了病情描述后，便断定皇帝患上的是疮疡之疾，在看到皇帝肩部的疮面时，更是坚定了自己最初的诊断。

中医认为，疮疡多由外感（外感六淫邪毒、感受特殊之毒、外来伤害等）和内伤（情志内伤、饮食不节、房室损伤等）致病，具有发病迅速的特点，部分患者病情较重。当致病因素侵入人体后，就会破坏正常的生理功能，引起局部气血凝滞，营卫不和，经络阻塞，使人产生肿痛症状。如果人体抗病能力低下，病邪不能及时被控制，就会进一步使热胜肉腐，肉腐为脓，从而形成脓肿。疮疡毒邪炽盛时，能够破坏人体防御功能，通过经络的传导，影响或侵入内脏，引起一系列的内在病理反应，轻则使人出现发热、口渴、便秘、溲赤等症，重则出现恶心呕吐、烦躁不安、神昏谵语、咳嗽、痰中带血等症，甚或危及生命。

为什么叶天士没有采用一般的针刺和口服汤药的方法来治疗皇帝呢？因为他发现疮疡已经溃破，疮疡面也比较大，且发病时间较长，是典型的疮疡后期，而之前的大夫已经用过外敷药膏、口服汤药的方法，都没有效果。他很清楚皇帝病情的危急，所以决定以小刀割去腐肉，再调敷上药粉，促进新肉的生长。能够大胆选择外科手法来进行治疗，也是因为叶天士深谙治疗疮疡之道。

中医治疗疮疡的方法分为内治法和外治法。

疮疡内治法的总则为消、托、补。初期尚未成脓时，用消法使之消散，并针对病因、病情运用清热解毒、和营行瘀、行气、解表、温通、通里、理湿等法则。其中清热解毒为疮疡最常用的治法，代表方剂五味消毒饮。中期脓成不溃或脓出不畅，用托法以托毒外出。托法又分透托法和补托法，代表方剂为透脓散。后期正气虚弱者，用补法恢复正气，使疮口早日愈合，通常有益气、养血、滋阴、助阳等法则，代表方剂为四物汤。具体施治时，应根据患者全身和局部情况，按病情的变化和发展，抓住主要矛盾，立法用药。

疮疡外治法应根据疮疡初、中、后期分别辨证用药。初期宜箍围消肿，阳证可选用金黄散等，或用清热解毒、消肿止痛的新鲜草药捣烂外敷；阴证可选用回阳玉龙散等；半阴半阳证选用冲和散、冲和膏。中期脓熟时宜切开排脓，尤其应注意切开时机、切口位置、切口方向的选择。及时有效地切开，认真细致地换药是疮疡脓肿形成后最有效的治疗方法，可缩短治疗周期，减少并发症。后期宜提脓去腐，生肌收口，并根据具体情况配合使用垫棉法或扩创法，加速疮口愈合。

奇术疗暴盲

据《临证指南医案》记载，有个一直在京城当差的官员，因为没有实权，所以非常想离开京城，到其他地方当官。有一天，这位官员突然接到去苏州上任的任命，他特别高兴，当即就在庭院中狂奔大喊："我终于出去做官了，我终于出去做官了……"但话音刚落，官员便觉得自己看不清周围的东西，便大喊："我看不到了，我看不到了……"官员的家人大急，忙派仆人去请叶天士来诊病。

仆人见到叶天士，说："我家老爷刚刚听到皇上任命，派他到苏州上任。老爷异常兴奋，在院子里狂奔、高呼，然后突然自己说到看不见东西了。"叶天士问："大人是高兴后突然看不到东西的？"仆人说："对。"

听完仆人说的话，叶天士心里有了办法，道："我叶天士也是一方名医，你家怎么能这样请我？回去跟你家大人说，必须找仪仗队打锣敲鼓来请我，我才能去。"

仆人回禀官员后，官员暴怒，但为治疗疾病，只能答应叶天士的要求，派遣了仪仗队，敲着锣、打着鼓去请叶天士。谁知叶天士并没有跟随仪仗队去官员府中，他又对仆人说："你去禀报大人，必须由你家夫人亲自来请，我才能去。"

仆人如实向官员禀报后，官员怒不可遏，咆哮如雷，但怒气还没有消，就觉得突然能看清周围的东西了。正当众人疑惑时，叶天士匆忙赶到，对官员说："这一切都是为了治好您的病。"一番解释后，官员由怒转喜。

叶天士没有用药就治好了官员的眼疾，这件事传开后，世人无不称奇。那么，他的方法为何能治好官员的暴盲呢？

其实，叶天士是根据《黄帝内经》中的理论来进行诊治的。《素问·阴阳应象大论》中记载："心志为喜，肝志为怒，脾志为思，肺志为忧，肾志为恐。"

心藏神，过度的兴奋和喜乐必然会伤神。人在暴喜之后，心神荡散，神不守舍，就会导致暴盲。且大喜气缓，气血更是无以滋养眼目，加重眼疾。

叶天士用无礼的要求激怒官员，就是利用肝木生心火、主疏泄、阳胜制阴之功。木为火之母，使气机和畅，肝血充足，心神得养。肝之疏泄有力，气机得以推行，气行则血行，眼目得以滋养，也有助于恢复眼疾。

再者，怒为阳胜，喜为阴胜，阴胜制阳，阳胜制阴。故叶天士使官员暴怒，以阳制阴，使阴阳平衡，则暴盲因激怒而消散。叶天士能够用情志之法疗好官员的眼疾，不仅仅源于他对患者病情的准确把握，更是因为他深入了解了患者的发病因素。

叶天士的健康之法

叶天士是中医温病学派的创始人，他集各家之长并融会贯通，在老年健康方面也颇有造诣。对于体质虚弱、患有老年性疾病的人群，叶天士认为，使用药膳最为适宜，因为“老年衰惫，无攻病成法，大意血气有情之属，栽培生气而已”。老年人脾胃虚弱，滋腻碍脾，刚燥损胃，在治疗用药上尤须注意“重脾胃，忌燥腻，护正气，审体质”。叶天士告诫老人：“高年不敢过清过消，保真为要。”处方用药方面，要考虑气候因素，慎用猛药。他提倡“食之不愈，尔后用药为妥”。（《临证指南医案》）

叶天士认为，老年人要想健康，就必须从以下几方面做起：

第一，节制饮食。叶天士提倡“老年饮食薄味静调，力戒酒肉厚味”，因“饮酒聚酒，太阴脾阳受伤”（《临证指南医案》），会使痰湿于体内堆积，易患痰火、中风之类的疾病。按照现代的说法，薄滋腻、戒烟酒对预防心脑血管病变及呼吸道、消化道疾病以及恶性肿瘤，都有积极的意义。

第二，慎处寒温。气候多变的季节，老年人生病的几率会增高，故“顺天之气，是老年调理之法”。叶天士强调，要“加意于寒暄保摄”，要特别提防暴热暴寒的天气，要在气温变化之前就做到“预宜持护”（《临证指南医案》），以防患于未然。

第三，力戒躁怒。叶天士认为，很多疾病是由内伤七情等精神因素引发的，有的人长期忧郁、嗔怒，造成精神失常，所以“务宜怡悦开怀”。对老年患者中的肝气郁积、肝风动火、肝胃不和者，则应该晓以利害，劝说其“速戒恼怒，安闲自在，诚治斯疾之良图”“有年最宜开怀”“唯怡悦开爽”（《临证指南医案》）。

第四，谨防劳累。老年人积劳内伤者比较多，所以叶天士主张“节劳”，要求人们按《黄帝内经》中所载的“形劳而不倦”去做，选择“动而不疲、劳而不倦”的锻炼方法，以免过劳伤气，积劳伤脾，劳神伤心。

第五，节欲保精。叶天士规劝体虚力衰的老人，应珍惜肾精，“远房帏，独居静室”。《黄帝内经》中也有“以酒为浆，以妄为常，醉以入房，以欲竭其精，以耗散其真，不知持满，不时御神，务快其心，逆于生乐，起居无节，故半百而衰也”的记载，警戒大家节制情欲。

叶天士寿至八十高龄，一直为患者诊病，精力不衰，体魄康健，这与他的医学理念是分不开的。他对老年健康的精辟论述，也值得大家效法、发扬。

八、博学多才的大夫——薛雪

薛雪，字生白，自号一瓢，吴县（今江苏省苏州市）人，生于康熙二十年（1681年），卒于乾隆三十五年（1770年），享年九十岁，是清代温病四大家之一，与叶天士同时代，但比叶天士年轻。

薛雪出生于名门世家，他的曾祖薛虞卿是明代江南四大才子之一文征明的外孙。薛雪自幼聪慧，勤奋好学，在少年时就拜吴中诗文名家叶燮为师，学习诗文。他为人放诞风雅，擅长拳法剑法，经常骑马打猎，精通武术。

薛雪早年和大多数读书人一样，想要科举出仕，他曾两次参加博学鸿儒科考试，都没有中榜。后来，因为他的母亲多病体弱，他才开始钻研中医。他博学能诗，精研易理，著有《一瓢斋诗存》《一瓢诗话》《扫叶庄集》《医经原旨》《湿热条辨》等书。

薛雪的著作中，以《湿热条辨》影响最大，该书对湿温病的专题研究弥补了叶天士温病研究的不足。薛雪在《湿热条辨》中，对湿温病发病机理、证候演变、审证要点及有关疾病的鉴别等均作了全面和深刻的阐述。可以说，在中国医学史上，对湿热病专篇进行论述的，薛雪是第一人。

薛雪是一位博学多才的医家，他既有孤高自傲的一面，又有虚心好学的一面。他在八十四岁高龄时，还刊刻李中梓的《内经知要》。《清史稿》说他“工画兰，善拳勇，博学多通，于医时有独见。断人生死不爽，疗治多异迹。生平与桂不相能，自名所居曰扫叶庄，然每见桂处方而善，未尝不击节也”。

扫叶庄与踏雪斋

据《冷庐医话》记载，薛雪与叶天士齐名，都是吴县人，年纪差不多，医术也同样精湛，十分擅长治疗温病，所以常常被人拿来比较，他们之间曾有“扫叶庄与踏雪斋”的杏林传闻：

有个更夫患水肿病，求薛雪诊治，薛雪认为他已经病入膏肓，便没有给予治疗。更夫在回家的时候晕倒在路旁。正巧被路过的叶天士发现，经过一番仔细诊断，叶天士认为更夫的病是因为常年受有毒的蚊香熏染而成。经过精心调治后，更夫最终痊愈，并将这件事告诉了很多人。一时间，苏州城里人人都知道叶天士治好了令薛雪束手无策的病人。薛雪对叶天士又嫉妒又恼火，深觉自己丢了面子，声誉受到毁坏，于是决定和叶天士比个高低。

为此，薛雪为自己居住的地方命名为“扫叶庄”，并亲手写了匾额悬挂门口。这件事情被叶天士知道了，叶天士也是怒火上冲，亲手写了匾额“踏雪斋”，悬挂在书斋门口。

正在两者跃跃欲试，准备争个高低的时候，叶天士的母亲忽然病倒了。叶天士精心医治，但他的母亲一直没有好转的迹象，叶天士为此深深忧虑。

薛雪的弟弟与叶天士关系很好，经常相聚。一天，他将叶天士母亲的病情告诉了薛雪，并说：“虽然经过叶天士一番治疗，叶母的病却一直不见效果，兄长可否一瞧？”薛雪在详细地了解了病情后，说：“我认为叶母所患的病属于阳明经证，必须重用白虎汤，才能扑灭她体内的熊熊之火。其中，生石膏必须用至二斤，才能有效。”薛雪的弟弟将他的意见告诉叶天士，叶天士恍然大悟，为其母煎了重剂的白虎汤，叶母果然在服药后病情痊愈。

这件事情让叶天士非常佩服薛雪的医术，他将往日的积怨一抛而空，主动登门拜访薛雪，深鞠道歉。薛雪十分感动，也深感内疚，便摘下了“扫叶庄”匾额。从此以后，薛雪和叶天士互相学习，一起为温病学说的发展做出了重大贡献。

故事中，叶天士治好了薛雪认为治不好的病，经过病人的宣扬，薛雪感觉自己很没有面子，于是手写“扫叶庄”匾额。这体现了薛雪身上的古代读书人特有的孤傲与相轻。但是在叶天士的母亲患病，久治不愈的情况下，薛雪能够不顾往日的积怨，很大度地给予建议，使叶母痊愈。这其中可能有薛雪显露自己医术的私心，但更多的是源于大医精诚的纯粹内心和高尚的医德。

薛雪提到的阳明经证，是指阳明病邪热弥漫全身，充斥阳明之经，肠中并无燥屎内结所表现出的临床证候，又称“阳明热证”。故事中并没有说明叶母的具体临床症状，但是根据薛雪的诊断，我们可以推测出她的症状：身大热，大汗出，大渴引饮，脉洪大。通俗来讲，就是患者周身发热明显，出汗量很大，口渴得厉害，想要饮水，脉象洪大有力。

现代医学如何解释这种症状呢？

人体受到外源物的侵入，导致发热激活物作用于产生内生致热源的细胞，使其产生和释放内生致热源，由内生致热源作用于下丘脑体温调节中枢，在中枢发热介质的介导下，使体温调节点上移，进而产热增加，散热减少，最终引起体温升高。因为人体内热量太大，身体为了维持正常的体温平衡，就会排出大量的汗来降温。因为汗液大量排出，人体内就会缺少津液水分，人体为了维持体内的水液平衡，就会在大脑释放出口渴、想要喝水的信号，这就是口渴引饮。

薛雪指出的应给叶母使用的白虎汤，包含知母、石膏、炙甘草、粳米等药材，主治伤寒阳明热盛或温病热在气分证，用于壮热面赤、烦渴引饮、口舌干燥、大汗出、脉洪大有力等症，现用于流行性乙型脑炎、流行性脑脊髓膜炎、大叶性肺炎、夏季热等属于热在气分者。

薛雪补充的在白虎汤中重用石膏，在现代医学中又有什么解释呢？

石膏是一味价格低廉的中药，虽然不是抗生素，但是它起到了抑制致病微生物繁殖的作用，而且作用广谱，不会发生耐药性。虽然石膏不是退烧药，但是它可以中和毒素，使机体退烧，起到解热药的作用。另外，石膏制剂中的钙离子能维持人的神经正常功能，还能抗过敏。钙制剂还有止血、阻止体液渗出、消除炎症等作用，治疗烧伤时也有神奇的功效。

救活“死人”

清代诗人袁枚在《随园诗话》中提到，袁枚在苏州时，家中厨师久治不愈，最终“死了”，在准备盖棺的时候，薛雪正好来到袁枚家。薛雪仔细查看了厨师后，从诊箱中拿出一个药丸，嘱咐仆人将药丸与石菖蒲磨成的汁混合在一起，然后命人撬开厨师的牙齿灌进去。旁人只见厨师紧闭着眼睛，药灌下去时汩汩作响，似咽非咽，似吐非吐。

薛雪又嘱咐旁人仔细照料，并言说厨师天明的时候就可以醒来。等到天明，厨师果然苏醒，又继续服用了两剂药，便病愈了。

故事中，薛雪给患者服下的药丸，应该是醒脑开窍的中药制剂，为什么要配合石菖蒲磨的汁服用呢？

石菖蒲性味辛、苦，温，归心、胃经，具有化湿开胃、开窍豁痰、醒神益智的作用，用于脘痞不饥、噤口下痢、神昏癫痫、健忘耳聋等证。对石菖蒲，《本草正义》中有“开心孔，补五脏者，亦以痰浊壅塞而言；荡涤邪秽，则九窍通灵，而脏气自得其补益，非温燥之物，能补五脏真阴也”的记载。民间俗称石菖蒲能够开通心窍，升举下陷之气。石菖蒲气味清香，能够助人振奋精神，因此能够使人耳目聪明、九窍通利。石菖蒲的水煎液具有化湿开胃、开窍豁痰、醒神益智的功效，可用于治疗痰迷心窍、失眠健忘、耳鸣耳聋、胸闷胀痛、胃口不佳、老年痴呆等症。根据现代医学研究，石菖蒲提取液可用于保护血管、抗菌消炎、治疗神经性呕吐。

袁枚在《小仓山房诗文集》中写到，朋友生病，无论在什么情况下，薛雪都闻讯即往：“一闻良友病，身带白云飞。玉杖偏冲暑，金丹为解围。清谈都是药，仙雨欲沾衣。即此论风义，如公古所稀。”

由此可以看出，薛雪为救朋友，可以说是不遗余力的。一是立即行动，发挥最快的速度，“身带白云飞”，恨不得瞬间到达；二是不顾自身的安危，甘冒酷暑和风雨，“玉杖偏冲暑”“仙雨欲沾衣”；三是运用高效的药物和方法，“金丹为解围”“清谈都是药”。如此“风义”，古来少有。

并且，在朋友的病情缓解后，薛雪就会立即离开，目的是在让朋友得到良好的休整。“先生大笑出门语，君病既除吾亦去。一船明月一钓竿，明日烟波不知处。”其中表达了三层意思：一是薛雪不贪恋患者家属给予的优待，深知客去主安，尽量减少给患者家属带来的麻烦，所以便趁月夜辞行；二是预后明确，患者无忧，医者无事可做，完全能够离开；三是薛雪在回程中还要为其他人诊治疾病，故很难断定明日身在何处。

这都表明薛雪既有医家的使命感，又有诗人的情怀，是一个可敬、可亲、可爱而又潇洒自在的医家。

刮痧治顽疾

据《薛雪医案》记载，有一年冬天，苏州城内有一位厨师得了癫狂病，常常把日光认作白雪，咳出少量的痰，肚子疼痛得难以忍受。这位厨师看了很多大夫都没有什么效果，便请薛雪来诊病。

薛雪见到患者后，发现其身上有黑斑，便说：“这是冷痧。刮一下便好，不用诊脉。”旁人很是惊奇，但患者经过刮痧治疗后，确实痊愈了。

薛雪诊断的冷痧是一种因伤于寒邪所致的痧证。《痧证度针》卷上记载：“阴痧，俗称冷痧。人当夏月乘凉于深堂广厦之中，消暑于冰雪瓜桃之类，遂致遏郁清阳，阴寒内沍，伤脾败胃，凝结成痧者有之；又或寒凉败脾，食痰内滞；或夜凉失被，触犯外邪；又如暑天行路，骤饮冰浆，酷日操劳，多啖生冷，均易发病。”冷痧的症状为呕泻、腹痛、面白唇青、汗出肢冷，甚则畜血唾血、寒偪热溢、阴极似阳，或为盘肠、吊脚等痧症，治当温通脾胃，并用刮痧、放痧之法。

时值寒冬，厨师又肚子疼痛难忍，因此必是寒证。中医认为，寒证在五色属黑，恰好王庆身上有黑斑，也佐证了寒象。那么，薛雪为什么使用刮痧疗法呢？

首先，我们应当了解什么是刮痧。刮痧是以中医经络腧穴理论为指导，通过特制的刮痧器具和相应的手法，蘸取一定的介质，在人的体表进行反复刮动、摩擦，使皮肤局部出现红色粟粒状或暗红色出血点，即出痧，从而达到活血透痧的作用。刮痧的治病作用表现在以下五点：

第一，刮痧可调节肌肉的收缩和舒张，使组织间的压力得到调节，以促进刮拭组织周围的血液循环，增加组织流量，从而起到“活血化瘀”“祛瘀生新”的作用。

第二，刮痧对内脏功能有明显的调整阴阳平衡的作用，可以改善和调整脏腑功能，使脏腑阴阳得到平衡。

第三，刮痧疗法可增强局部血液循环，使局部组织温度升高，在刮痧板的直接刺激下，提高局部组织的痛阈，使紧张或痉挛的肌肉得以舒展，从而消除疼痛。

第四，刮痧过程可使局部组织高度充血，血管神经受到刺激，血管扩张，血液及淋巴液流动增快，细胞吞噬作用及搬运力量加强，使体内废物、毒素加速排除，组织细胞得到营养，从而使血液得到净化，增加人的全身抵抗力，减轻病势，促进康复。

第五，现代医学认为，刮痧的刺激可通过神经-内分泌调节血管的舒缩功能和血管壁的通透性，增强局部血液供应，改善全身血液循环。刮痧出痧的过程是一种血管扩张渐至毛细血管破裂，血流外溢，皮肤局部形成瘀血斑的现象，血凝块(出痧)不久即能溃散，引起自体溶血作用，形成一种新的刺激素，加强局部的新陈代谢，有消炎的作用。自体溶血是一个延缓的良性弱刺激过程，不但可以刺激免疫机能，使其得到调整，还可以通过向心性神经作用于大脑皮质，调节大脑的兴奋与抑制过程和内分泌系统的平衡。薛雪正是在综合考虑之后，嘱以刮痧疗疾，使患者得以痊愈，这足以彰显薛雪高超的医术。而在很多大夫医治无效的情况下，薛雪敢于接手治疗，这也体现了他作为一名医者的责任心。他在面对患者时，并没有见死不救，而是敢于去施救。

薛雪的健康之法

关于薛雪的健康之法，下面分而述之。

其一，学吐纳，常健步。薛雪学习乌龟的调气吐息法，时常张大口吞下空气，向不固定的方向转身摇头，俯下身或者是仰面向上，以此来锻炼呼吸功能。薛雪也会在天气晴朗、四时调畅的时候出门远足。他时常拄着手杖，登上高山，大声呼啸、赋诗，一直坚持到了八十多岁。以现在的眼光来看，学习乌龟的吐纳呼吸，这是肺功能训练；登山远足是有氧运动，有助于新陈代谢，这些都是我们可以做的。

其二，水火交，永不老。薛雪强调心肾与肝木的关系，认为肝木由肾水所生，而心火乃肝木所发。因此，薛雪在宁心、实肾的同时，还注重和肝。他认为，想要达到水火相交，无非就是在日常生活之间，心欲宁、肝欲和、肾欲实。心宁则神清智慧，肝和则气畅血调，肾实则精充志强，这对于养性延年确是十分重要的。

其三，论颐养，须静摄。薛雪认为，颐养之术，在常人固当重视，对病者更为重要。他指出：心不藏神、水气不衡的病人如欲求心宁、肝和、肾实，则其颐养之法最要在于“静摄工夫”，使得阴平阳秘。他认为肺脏的疾患不应当疏忽，病人如果有金木两伤之势，单凭药石是难以奏效的，治疗的上策同样是“静摄乃得，药饵其次”（《临证必读八部医案　叁——薛雪医案》）。此外，凡虚损患者，必须绝去费心劳碌之事，一毫凡念不起，助之以药。思劳过度、刻意营求者，应注意一个“静”字。静则神气内敛，阴气自生，有利于心阴的滋养和肾阳的潜藏，可免心悸、失眠、遗泄等患，从而使人精力充沛地进行工作。总之，薛雪所提倡的“静摄工夫”，为烦劳过度、心肾两亏者指出了健康的正确途径，也是无病者可以借鉴的。

其四，求药饵，贵滋营。薛雪对人体的阴液极其重视，认为“一身之中，津液真精皆为切要”。他认为老年人多精血不足，肝肾精血俱衰，应行肝肾同补之法。对于先天精气不足、后天饮食不强者，薛雪主张将药制成膏、丸常服，所谓“必以直走先天之品，剂为膏丸，朝斯夕斯，久久自足。元气元精，一朝而复，后天饮食，不强自强矣”（《三家医案合刻　洄溪医案》）。

九、中医解剖纠错　——王清任

王清任（1768～1831年），字勋臣，直隶（今河北省）玉田县人，清代医学家。王清任祖上行医，受此影响，他二十岁时弃武习医，三十多岁时在北京设立医馆“知一堂”，成为北京城的名医，尤为善用黄芪。后来，他因为蔑视衙门，受到迫害，不得不出走，辗转于滦县稻地镇（今属河北省唐山市丰南区）、奉天（今辽宁省沈阳市）等地行医。

王清任的治学态度十分严谨，他反对因循守旧，勇于实践革新。经过几十年的钻研，他本着“非欲后人知我，亦不避后人罪我”，“临证有所遵循，不致南辕北辙”（《医林改错》）的愿望和态度，在逝世的前一年，著成《医林改错》一书。《医林改错》纠正了前人的解剖知识错误，西方医学界因此称王清任为中国近代解剖学家。

王清任是一个极富创新精神的医家，他认为气与血都是人生命的源泉，但同时也是致病因素。不论外感还是内伤，损伤的都是气血而不是脏腑。他认为瘀血是由于正气虚，推动无力造成的，故血瘀证皆属虚中夹实。因此，他倡导“补气活血”和“逐瘀活血”，创立了著名的“瘀血说”，创制了“血府逐瘀汤”“通窍活血汤”“膈下逐瘀汤”等多个方剂，疗效显著。

王清任创制的药方治疗范围十分广泛，其中“补阳还五汤”是治疗冠心病、半身不遂的名方。至今，我国医学界仍沿用王清任的一些方剂治疗脑膜炎后遗症、小儿伤寒瘟疫、吐泻等症。他的学术思想不仅对中医的内外妇儿等科作出了贡献，而且对针灸临床也有着重要的指导意义。

王清任不仅在活血化瘀方面造诣颇深，还根据李时珍“脑为元神之府”和同时代的金正希“人之记性皆在脑中”的观点，对脑髓的重要作用作了相当细致的论述，提出了“人的灵机记性（思维活动）在于脑，而不在心”的论说。他还详述了脑髓的生成过程，认为“饮食生气血，长肌肉，精汁之清者，化而为髓，由脊骨上行入脑，名曰脑髓”（《医林改错》）。他提出人的视觉、听觉、嗅觉、感觉、思维记忆都与脑有直接关系，指出人体所听之声归于脑、所见之物归于脑、所闻香臭归于脑，甚至语音、记忆、灵机等功能，全是脑在主宰。在中医发展史上，系统地把感觉、思维等与脑的功能联系起来加以论述，这还是首次。

查尸体，明解剖

王清任的《医林改错》在著成的过程中有颇多曲折经历。嘉庆二年

(1797年),王清任到达滦县稻地镇行医时,正好赶上当地流行"温疹痢症",每天有很多病死的小孩。为了能够对人体内脏有更加准确的理解,王清任毅然冒着染病风险,连续十多天在尸场详细对照研究了三十多具尸体的内脏。他将自己的观察仔细地与古医书所绘的脏腑图进行比较,发现古书的记载有很多错误。

王清任多次去北京、奉天等地观察尸体,并向军官求教,明确了横膈膜是人体内脏上下的分界线。他也曾多次做过"以畜较之,遂喂遂杀"的动物解剖实验,可以说是古代医家中解剖动物的先驱。

王清任极富实践精神、科学精神、革新精神,纵使传染病流行,他也不惧危险,不放过任何一个能够探求真理、接近真理的机会,通过实践来解答自己的疑惑,他的这种精神非常值得我们学习。

补阳还五汤的由来

现代临床上,卒中患者后遗症期常用的补阳还五汤由黄芪、当归、赤芍、地龙、川芎、桃仁、红花组成,具有补气、活血、通络等作用,是王清任治疗中风后半身不遂的著名方剂。有关该方剂的由来,还流传着一个有趣的故事。

据《医林改错》记载,清嘉庆年间,有位大臣中风后半身不遂、口角流涎、语言不利、小便失禁,经太医久治无效,便请王清任来诊治。王清任经过仔细地望、闻、问、切四诊合参之后,胸有成竹地写下处方。这时,患者结结巴巴地问:"依你之见,以前服用的药方是否恰当?"

王清任边看太医的药方边说:"当归通经活络、赤芍和川芎利血活血,红花和桃仁活血祛瘀,地龙化瘀通络,的确是剂活血通络方剂。"患者家人又问:"服了这些药,却没有什么效果,原因又在哪里呢?"

王清任不慌不忙地回答:"因为这个方子缺少君药。人体五脏功能的维持依赖气血运行。气为阳,血为阴,若阴阳调和,那么人体正常无病。中风多因气虚,无力推动血液运行,气滞血瘀所致。该方缺一味黄芪,因此缺乏补阳的动力药。如果重用黄芪,气行则血行,人体即可复原。"

于是,患者按照王清任给的药方,加用大量黄芪,症状很快就好转了。

事后，之前为患者开药的太医对王清任医术精深佩服得五体投地，特地登门求教方剂名称。王清任说："人体阳气有十成，左右各五成。凡一侧偏废，则已丧失五成之阳。本方意在补还五成之阳，故取名'补阳还五汤'。"

王清任善用黄芪，在他所制的补气方中，黄芪的应用次数较多，用量亦重。补气方多用活血药配伍，补阳还五汤是其中的代表方剂。补阳还五汤是治疗缺血性中风及脑血管病后遗症的常用方，它之所以能成为治疗中风后半身不遂的名方，除了临床疗效较好以外，还因其制方理论独到。

在王清任之前，古人对中风后的半身不遂多以风、火、痰、湿论之。而王清任认为，亏损元气是半身不遂的本源，要治半身不遂，必须先补气、活血、通络。

补阳还五汤的组成，不仅反映了王清任的这种思想，也很符合中医理论。中医认为气为血帅，血为气母，即气能生血、行血、摄血，血能载气，故气与血密不可分。该药方中，气药与血药主次分明，黄芪为补气药，是主药，其用量数倍于其他诸药，而赤芍、川芎、当归尾、地龙、桃红为活血化瘀通络药，与黄芪相辅相成，共显补气、活血、通络之功。

现代药理学证实，补阳还五汤有改善微循环、扩张脑血管、增加脑血流量、强心、降压、抑制血小板聚集以及抗炎、增强免疫的作用。对于中风患者，通过改善微循环、增加脑血流量，能有效治疗其后遗症。

如果初期半身不遂的人，服用本方时可加防风 3 克，服四五剂后去掉防风；如已患病两三个月，在用补阳还五汤之前曾用寒凉药物过多，则需在本方的基础上加附子 12～15 克；如用散风药过多，需加党参 12～15 克。补阳还五汤与西药、针灸疗法等配合应用，疗效会更好。患者痊愈后应该坚持服药，以免复发。

中风正气未虚或阴虚阳亢，风、火、痰、湿等余邪未尽者，应忌用补阳还五汤。对瘫痪过久，病情严重的患者，本方虽然不能治愈，但可防止病情加重。正如王清任在《医林改错》中所说："此法虽良善之方，然病久气大亏，肩膀脱落二三指缝，胳膊曲而扳不直，脚弧拐骨向外倒，哑不能言一字，皆不能愈之症。虽不能愈，常服可保病不加重。"

中风病后遗症的最佳康复治疗时期为发病后的六个月内。现代的康复治疗多为包括物理治疗、作业治疗、言语治疗、吞咽治疗、心理治疗、物理因子治疗以及中医的针灸、推拿、中药、传统功法等的综合治疗，目的是促进患者恢复，发挥患者最大的潜能，提高其日常生活能力和生存质量，使其早日回归到生活、工作中。

巧方治旧疾

据《医林改错》记载，有一位七十四岁的官员，晚上睡觉时常觉不适，只有袒露胸脯才能睡着，这种情况已经持续七年之久了，经过好多大夫调治均没有效果。恰逢王清任在同城行医，官员听说后，便邀请王清任来诊治。

王清任为官员号完脉后，说道："您年高体弱，夜间睡觉又不盖被子，拖延这么久，可以推知胸中窒闷，气滞血瘀，胸中必有血瘀，需要用祛湿活血的阿胶祛瘀汤进行活血化瘀，病情才可以治好。"

官员问道："之前那些大夫开的药方为什么没有用呢？"王清任说："一般的大夫看到您晚上睡觉不盖被子，都会认为您体内有积热，开的药方也都是为了祛除您体内的积热，却忽略了瘀血之证。"说罢，王清任写下药方，并特意嘱咐阿胶一定要隔水熬化了，再与煎好的汤药一起服用。官员连续服用五服阿胶祛瘀汤后，果然血通气畅，身体也恢复了。

官员的疾病是如何产生的呢？

造成瘀血的原因有很多，或跌打损伤失治，瘀血内积；或外伤留连，内结成瘀；或忧思气郁成瘀；或久病内伤、久痛入络成瘀。凡各种原因导致的瘀血停积于体内，气血郁遏不通，化热而引起的发热，均可称为瘀血发热。瘀血发热的主要症状为午后或夜晚发热，口干咽燥不多饮，体内常有固定刺痛或肿块，甚则肌肤甲错、面色黧黑或萎黄，舌质紫暗或有瘀斑、瘀点，脉细涩。

这个故事中，王清任认为患者胸中窒闷，气滞血瘀，血液流通不畅，就会在局部产生病理性的瘀血，阻碍血液循环，久而久之就会产生恶性循环，最终表现出一种热证。但这不仅仅是气滞血瘀，还夹杂着湿阻，所以应选用阿胶祛瘀汤来祛湿活血。阿胶祛瘀汤是将阿胶捣碎之后加入黄酒以及大风散、天南星等中药，将其隔水炖化之后服用，会使祛湿活血之力增加。再者，患者年老体弱，阿胶可以滋阴补血，帮助其补充营养，恢复体力。中医认为，阿胶性味甘、平，有滋阴补血的作用。现代研究发现，阿胶含有多种蛋白质、氨基酸、钙，能改善人体血钙平衡，促进红细胞的生成。